《姑妄言》词汇研究

王祖霞 著

上海古籍出版社

图书在版编目(CIP)数据

《姑妄言》词汇研究 / 王祖霞著. —上海：上海
古籍出版社，2023.12
ISBN 978-7-5732-0952-8

Ⅰ.①姑… Ⅱ.①王… Ⅲ.①汉语—词汇—研究—近
代 Ⅳ.①H134

中国国家版本馆 CIP 数据核字(2023)第 214668 号

《姑妄言》词汇研究

王祖霞 著

上海古籍出版社出版发行

(上海市闵行区号景路 159 弄 1－5 号 A 座 5F 邮政编码 201101)
(1) 网址：www.guji.com.cn
(2) E-mail：guji1@guji.com.cn
(3) 易文网网址：www.ewen.co

苏州市越洋印刷有限公司印刷

开本 700×1000 1/16 印张 20.25 插页 2 字数 280,000
2023 年 12 月第 1 版 2023 年 12 月第 1 次印刷

ISBN 978－7－5732－0952－8

H·272 定价：98.00 元

如有质量问题，请与承印公司联系

序　言

汉语史研究一直是语言研究的热点,汉语史研究的重要问题是汉语史的断代研究。汉语史各个阶段大的分期,学者们多有共识。然而,各个阶段的上限和下限,歧识异解,见仁见智,聚讼纷纭,莫衷一是。一个重要的原因是缺乏专书语言研究,特别是缺乏具有样板性语料价值的专书语言研究。有些专书的成书年代纷争不断,语言的年代信息不准确,语料价值难以确定。《〈姑妄言〉词汇研究》第一次对《姑妄言》词汇进行了全面而系统的研究,真实地反映了清初白话口语词汇的面貌,是不可多得的清初专书语言的佳构,也是汉语史研究不可多得的最新力作。

一、专书选择识见独到,文本语料真实可信

选择哪一种专书进行研究,检验作者的学识见解和文献功力,决定研究的品位和层次。近代汉语的专书研究人们常选择名家名著,容易忽视一般作者、不常见的著述和所谓俗语俚言。《姑妄言》是清代白话长篇言情小说,长期被禁,识者不多。选择《姑妄言》进行专书词汇研究,值得称道。

一是成书信息清楚。作者曹去晶"自序"中署明成书日期"雍正庚戌中元之次日",雍正庚戌为雍正八年,即 1730 年。作者曹去晶及批注者林钝翁,虽文献无征,但曹去晶自署"三韩"人。顾炎武《日知录·三韩》认为"今人乃谓辽东为三韩","原其故,本于天启初失辽阳以后,章奏之文,遂有谓辽人为三韩者,外之也。今辽人乃以之自称,夫亦自外也已"。"林钝翁总评"自署籍贯为"古营州","古营州"与"三韩"均指辽东。作者曾长期生活在南京,对清初南京及周边地区的人或事比较熟悉。《姑妄言》语料具有真实性。

二是文本状况和流传轨迹清晰。《姑妄言》有二十四回本和六十回本两种抄本。六十回本又有残抄和残刻两种版本,仅见第四十、四十一和四十二部分内容,大约相当于二十四回本的第十八回。清末,俄国人 K. L. Skachkov 首先发现了二十四回本《姑妄言》,后藏于俄罗斯国家图书馆。1964 年俄罗斯汉学家李福清(B. Riftin)发现了这份手稿,两年后在《亚细亚非洲民族》杂志上公布了文本情况。后来,法国国家科学研究中心与台湾大英百科股份有限公司合作出版了俄藏全抄本《姑妄言》,简称"台刊全本"。1999 年中国文联出版公司出版了《姑妄言》的删节本。《〈姑妄言〉词汇研究》即以"台刊全本"为工作底本,语料具有完整性。

三是近代汉语晚明和清代中后期的专书语言研究较多,雍正朝专书词汇研究尚少见闻。雍正朝虽仅有短短的十三年,但雍正帝力行改革,社会巨变,这一时期的语言研究对于近代汉语语言研究而言不可缺失。兼之,《姑妄言》较之《红楼梦》《金瓶梅词话》虽然文类相同,或者由于叙写主要对象所处的社会阶层和生活环境不同,或者由于叙写主要对象所处的地理区域以及文化程度等等有差别,语言生态不同,因而《姑妄言》的语料具有不可替代的诸多特点。

四是《姑妄言》以明代万历至甲申、乙酉之变为时代背景,以南京为地域中心,以主角瞀女钱贵和书生钟情的婚姻以及宦萼、贾文物、童自大等家庭为主线展开,旁及有名有姓的人物就有 450 人左右,其中三分之一是女性,在纷繁的历史事件中描绘了广阔的社会生活画面,批注者林钝翁感叹"世间所有之人,所有之事,无一不备。余阅稗官小说不下千部,未有如此之全者"。因之,《姑妄言》具有一个特定历史时期历史语料的样板性价值。

《姑妄言》语言丰富,形式多样,口语化程度高,且基本上没有经过后人加工改写,能够真实地反映当时白话生态,既有大量的方言口语,也有少许文言词,还有不少民谣、谜语、笑话、歇后语;既有比较定型的语言形式,也有变化的构形形态;语料真实,范围广泛,特征显明。

二、注重研究方法，论证逻辑严密

研究理念和研究方法的正确与否关乎研究的成败，任何语言研究的结论都需要语言材料的证明和支撑。语料的收集、整理和研究是基础工作，需要严谨的学风、科学的态度、踏实的努力。一般来说。文献语料的整理有两种方法，一是"窥斑见豹"，举一反三；一是"竭泽而渔"，穷尽语例。语言现象千差万别，我们看到的往往是语言演变的结果，演变的过程存在于微小的语言变化中。这些变化在一部专书里也许仅仅是孤例或者是不易察觉的几个语例。专书语言研究需要以"大禹治水"的精神，用"竭泽而渔"的方法，青灯寒夜，苦心孤诣，穷尽性地收集和整理语料，才能发现重要的处于萌芽状态的语言现象，完善语言发展演变的各个环节。

《〈姑妄言〉词汇研究》在运用"竭泽而渔"的方法穷尽性地收集材料的基础上，主要采取定量统计与定性分析相结合的方法展开进一步研究。先借助计算机技术分词，做好人工审核工作，然后以词条、例句、词条的音节数、来源、词性、内部结构、用法等为考察项，以及《汉语大词典》《现代汉语词典》等辞书的收录情况、首见用例等录入 EXCEL 中，其间使用 CCL、BCC、台湾翰典等多个语料库，查阅了工具书，构建包括台刊全本正文、林钝翁点评、林钝翁等批注这三部分内容的《姑妄言》词汇数据库，再进行分类分析。毋庸置疑，这些语料的整理、统计和归类都需要付出很多时间和巨大的工作量。例如 16 013 个双音节词语、3 192 个四音节词语、2 594 条新词新义都是作者在近百万字的文本中仔细分析，爬梳整比，反复斟酌，一个个词语、一条条新义找出来的。在一些词语的溯源探流工作中，作者广泛地征引了明清笔记、白话小说、地方志等同时语料以及后代的相关资料，穷原竟委，稽隐索微。全书证例丰赡，统计翔实，方法科学，数据准确，因而研究结论多称可信。

《〈姑妄言〉词汇研究》还注重共时描写和历时研究相结合，注重整体描写与个案分析相结合，在汉语历史词汇史的背景下考察《姑妄言》词汇，首先从词汇构成、内部结构、概念场三个方面对《姑妄言》中的普通词语做了一般研究,再比较全面而深入地探讨书中隐语、詈词两类特色词语。在共时分析之中深入进行历时分析,探究承古词的时间层次、新词的产生、方言词的流传、同素异序词等的发展、概念场成员的历时变化、隐语和詈词的生成机制与演变机制。

《〈姑妄言〉词汇研究》构思严密,布局合理。全文主要围绕三个方面开展研究,即普通词语的一般研究、特色词语的专题研究以及专书词语的应用研究。为了全面地考察《姑妄言》的普通词语,作者以个案分析与一般研究相结合的方式,探究了《姑妄言》词汇的构成,概括其特点;以考察词语的构成形式,归纳结构类型,重点关注同素异序、羡余等词汇现象;以个案研究的方式分析概念场;以共时与历时相结合的方式,考察了《姑妄言》的詈词、隐语的语言特征和社会特征,探讨詈词的来源与发展等问题;以例析的方式,指出《姑妄言》词汇研究在辞书编写、古籍整理、民俗文化等方面的研究价值。章节层次清楚,渐次推进;论述条理分明,逻辑严密。

三、紧扣研究重点,创新理论思维

《〈姑妄言〉词汇研究》力避专书语言研究的面面俱到,平铺直叙,注重研究文本的特殊语言现象,专辟两章分别讨论颇具特色的隐语和詈词。作者认为隐语是一种与社会因素有关的词汇变异现象,也是一种较好的语言变异研究对象,用力尤勤。

隐语早在先秦文献中就已出现,宋代就有隐语专辑《圆社锦语》。清初是隐语发展的兴盛期,内容丰富,形式复杂,表达成熟。20世纪中叶,学者们开始关注语言变异研究,从社会角度研究语言变异成为语言学研究的重要范式。《〈姑妄言〉词汇研究》全面梳理《姑妄言》中的词语类隐语,以语言变异研究理论的创始人拉波夫(Labov)的语言变异理论为指导,从结构、语义等方面厘清隐语的语言特征,从使用者身份、使用者性别、使用场合等方面厘清其社会特征,力求在共时层面上展现隐语的面貌与特点;然后在例析之中从历史来源、造词方式、形成过程、构形成因等方面探讨隐语的生成机制和演变机制。具体而言：

语言特征研究方面，作者对若干组"隐语-常规形式"进行个案比较，考察其结构形式、语义内容等，演绎出结论：与常规形式相比，隐语内部结构类型较为齐全，偏正结构居多，代码式、隐缺式是特殊的单纯词；单义词居多，语义不够明晰，且明晰程度不一致。

社会特征研究方面，作者把叙述性语言与对话区别开来，从身份、场合、功能等方面考察隐语的社会特征。一是以性别、年龄、社会阶层等为社会变体，考察隐语使用者、参与交际者的身份。二是考察隐语的使用场合，根据人数、人际关系的亲疏等分成公开场合、私密场合等。演绎出结论：《姑妄言》中隐语使用者的社会阶层不高；在使用隐语的数量、类别上，男性要远远超过女性，中青年的优势比较明显，这些都与其社会化程度有关；隐语几乎都用于私密场合，这与隐语的隐秘性一致。可见，隐语是使用者社会身份和社会关系的标记，具有显著的社会特征。

生成研究方面，作者对隐语的形成进行个案追溯，继而综合考察隐语的来源、产生的方式、途径、动因等问题。演绎出结论：隐语源自不同时期、不同地区、不同言语社团，是一个词汇变异系统。隐语的造词方式主要有常规造词类、改变形式类和改变语义类。其中常规造词包括为数不多的派生造词法和复合造词法。改变形式类包括代码式、隐缺式、换素式、融合式等，前两种是新词形新词义，代码式是隐语特有的构词方式。改变语义类，指采用常规形式，语义发生变化，新的隐语义主要是通过比喻、比拟、借代等修辞方式形成的。因此，隐语主要是人们人为地改变常规形式（表层形式或语法形式）表达隐含义，或给原有形式人为地赋以新的隐含义形成的，是一种词汇变异现象。单个隐语的形成经历了"个体词汇变异——模仿变异——言语社团变异"的过程。在隐语形成的过程中，群体的认同态度是其得以扩散的内在条件，交际的频繁则是外在条件。此外，隐喻、转喻是隐语的产生机制。社会因素是隐语形成的最主要原因。

演变研究方面，作者对隐语的演变进行个案追踪，继而综合考察隐语演变的语言事实、过程、机制等问题。考察若干组隐语在明清之前、明清时期、现代汉语三个阶段中的演变情况；从传播的途径等方面考察隐语的演变机制；探求隐语的演变动因。在对若干隐语的探源溯流之中演绎出如下结论：接触是隐语传播的主要方式，"接触→接受→遵守"是隐语的传播过程中的一般形式，而白话小说在隐语的传播中具有一定的促进作用。隐语的演变有消失、保留两种情况。完全消失的情况较多，完全保留的情况则相当少。有的隐语随着频繁接触，渐传渐广，直到失去隐秘性，成为方言（共同语）常规形式。有的隐语虽然仍旧在某个或某几个社团中使用，但语言特征或社会特征发生了变化。社会因素是隐语演变的主要原因。

四、揭示过渡时期语言特点，致力理论研究结合应用

《〈姑妄言〉词汇研究》通过对《姑妄言》普通词语的研究，揭示《姑妄言》的词汇反映了近代汉语向现代汉语转变过程中的大量过渡现象。主要表现在如下几个方面：一是《姑妄言》词汇是一个多层面的"异质"的系统，发展稳定，社会特征显著，具有时代性和地域性的特点。二是《姑妄言》词语结构类型齐全，偏正式数量多，内部结构比较复杂，能产性强。并列式仅次于偏正式，而述宾式、主谓式、述补式等数量较少。同素异序词经历"产生-共存-分化/淘汰"的过程，是汉语词汇发展过程中的一种重要的词汇现象。重叠式以形容词为多，具有一定的修饰作用。羡余的作用或是为了强调、凸显语义，或是为了补足语体。三是汉字古今繁简的变化、方言的影响、义素的泛化和突显等等，对同义类化的结果产生或多或少、或大或小的变化。

詈词结构类型比较单一，以偏正结构为主，语义类型主要有诅咒、以粗俗物或行为骂人、以低劣骂人。詈词的使用者遍及社会各阶层，身份、性别、场合等都是考察詈词使用状况的观察项。詈词源自不同历史时期，源自不同地域，方言是詈词的主要来源，而詈词系统变化的速度较慢。

《〈姑妄言〉词汇研究》运用训诂学相关知识，特别考释一些词语，从词条、义项、例证等方面为《汉语大词典》的修订提供了新的语料。对台刊全本《姑

妄言》中出现的与词语相关的失校、误校问题进行订补。结合社会背景,分析词语中体现的清初南京的社会生活、民情风俗以及回族的生活习俗等内容,为民俗文化等相关研究提供语言依据。

例如,《姑妄言》首回:"某名妓是公子的令翠,某美姬是财主的相知,他倒也不图甚么风流实事,只要传一个识货的虚名而已。""令翠"特指对他人所爱妓女的称呼。令,《尔雅·释诂》:"善也。"一般用于对他人亲属的敬称。翠,《说文解字·羽部》"青羽雀也",全身青黄,毛色艳丽,羽有蓝、绿、赤、棕等色,可为饰品。《楚辞·招魂》:"翡翠珠被,烂齐光些。"王逸注:"雄曰翡,雌曰翠。"洪兴祖补注:"翡,赤羽雀;翠,青羽雀。《异物志》云:'翠鸟形如燕,赤而雄曰翡,青而雌曰翠。'"翠,又引申为绿色义。元、明两朝对乐妓的服饰有严格的规定。《明史·舆服志》指明:"教坊司伶人常服绿色巾,以别士庶之服。"青、绿颜色相近。以"翠"代指妓女。《姑妄言》中的"令翠"带有讽刺意味。《汉语大词典》失收该词条。"令翠"在明清小说中时见踪迹。《金瓶梅词话》中也有类似的用法,例如第 11 回:"这操筝的是花二哥令翠,勾栏后巷吴银儿。"

《姑妄言》有不少《汉语大词典》失收的词条,诸如:挡戗、寅翁、左堂、蚂蝗绊。反复研读《姑妄言》,我们还可以发现《汉语大词典》存在义项漏略、释义欠妥等问题,需要增补义项和订补词义,兹不一一列举。

《〈姑妄言〉词汇研究》的作者王祖霞,不仅研究《姑妄言》的词汇,还对近代汉语多部专书词汇、史料笔记词汇等进行专题研究,成果丰硕。诸如《〈西洋记〉方俗语词札记二则》(《古汉语研究》)、《〈醒世姻缘传〉"鸭子"新解》(《语文建设》)、《〈红楼梦〉"野鸡瓜齑"异文考》(《红楼梦学刊》)、《说"排档"》(《辞书研究》)、《明代史料笔记的借词研究》(《淮海工学院学报》),等等,读者朋友阅读以后定会有更多的启发。

当然,《〈姑妄言〉词汇研究》也有可斟酌修改之处。例如,第三章《姑妄言》概念场例析部分,作者本意是想做词义系统研究,但实际上做的是个案研究,以个案分析为主,从《姑妄言》中选取五个概念场,即砍斫、牵引、举物、愚昧、夹取食物的棍状餐具,采用概念要素分析法等,从词频、搭配的对象等方面探讨概念场成员的构词能力与语法功能;对概念场的词义系统与词语类聚的情况展开梳理,揭示概念场成员的语义特征以及概念场成员之间的消长增减,揭示词语演变的机制。显而易见,仅仅选择五个概念场,尚不够系统,深度和广度亦显不足。

在我所有的博士弟子中,王祖霞最为朴实憨厚,总是不多言语,常常静悄悄地待在一旁看着别人,听着别人说话。为学刻苦,聪明颖悟,博学审问,慎思明辨。她虽然喜欢研究近代汉语,但也喜欢阅读上古文献。她曾参加我主持的国家社科基金重大招标项目《〈尚书〉学文献集成整理与研究》,担任《〈尚书〉学文献集成·朝鲜卷》第二十七册《洪范衍义》的点校,并先后发表两篇学术论文。《朝鲜朝〈书〉学文献中特殊异文研究》发表于《扬州大学学报(人文社会科学版)》,《韩国〈尚书〉学文献异文总表及其类型研究》发表于《东亚文献研究》。王祖霞文献基础比较好,通古识今,又有很好的语言学理论修养,在今后的语言研究中,必定能取得更多更好的成果。我们拭目以待!

斯为序。写于扬州京华城荟景苑,时在壬寅年榴月。

钱宗武

目　　录

绪　　论

《姑妄言》是清代初期曹去晶创作的长篇小说，该书一面世就引起学界的极大关注。本研究以该书的词汇作为研究对象，研究 18 世纪初期白话小说词汇的实际状况，为汉语词汇史的研究提供新的材料和新的思考。

第一节　版本概况与语料价值

《姑妄言》以明代万历至甲申、乙酉之变为时代背景，以南京为地域中心，以钟情、宦萼、贾文物、童自大四家为主线展开，在纷繁的历史事件中将晚明清初社会的方方面面都辐射在内，描绘了广阔的社会生活画面，"世间所有之人，所有之事，无一不备。余阅稗官小说不下千部，未有如此之全者"（《姑妄言》林钝翁批语）。从曹去晶"自序"中所写"雍正庚戌中元之次日三韩曹去晶编于独醒园"，可知该书成于雍正八年（1730），作者是曹去晶。

一、《姑妄言》的版本概况

关于《姑妄言》的版本情况，李福清、陈庆浩、陈益源、陈辽、王长友、朱萍等都有讨论。在参考前人相关研究成果的基础上，简要梳理如下：

清末，俄国人 K. L. Skachkov 在北京发现了二十四回本《姑妄言》，并将其带回俄国，寄存在当时的圣彼得堡皇家公共图书馆，后又藏于列宁图书馆（后改名为俄罗斯国立图书馆）。1964 年俄罗斯汉学家李福清（B. Riftin）发现了这份手稿，两年后他在《亚细亚非洲民族》杂志上公布了该抄本的情况，后来在台湾演讲时他再次提到该抄本。在得到列宁图书馆的授权后，1997

年法国学者陈庆浩、台湾学者王秋桂将《姑妄言》(简称"俄藏全抄本")收入其主编的《思无邪汇宝》丛书中,法国国家科学研究中心与台湾大英百科股份有限公司合作出版了全刊本《姑妄言》(简称"台刊全本"),共计十册。1999 年中国文联出版公司出版了《姑妄言》的删节本,该本保留了林钝翁等人的批注,但删掉了约 17 万字。至此,《姑妄言》在沉寂了 200 余年后,终于再度面世。

关于《姑妄言》的版本情况,据陈辽(1999)、王长友(2000)、朱萍(2002)等考证,该书有两种手抄本:二十四回本、六十回本。

六十回本《姑妄言》有残抄本、残刊本两种。一是残抄本,即残存第四十、第四十一回及第四十二回的两页(相当于二十四回本的第十八回,只是略作删节)。周越然在《孤本小说十种》中谈到该残抄本有四十回、四十一回、四十二回,"清初素纸精书本,每半页九行,每行二十五字,四十二回缺首两页"①。二是残刊本,1941 年上海优生学会曾以"内部资料"的形式排印残本《姑妄言》第四十及第四十一回,书前标明"会员借观不许出售";1942 年中华书局又出排印本,封面题"人生学会山农校阅",此系"优生学会本的一个翻印本"②。以上残刊本受发行形式的限制,影响不大。王长友(2000)曾比较残抄本、残刊本,认为残抄本第四十回、四十一回讲崔命儿淫乱丧生的故事,较为完整,第四十二回讲宦萼行善的故事且有残缺,故舍弃第四十二回不印,他推断残抄本当抄于乾隆年间,其意义要胜于残刊本,但由于诸多原因,今天只能据残刊本推知残抄本③。

二十四回本《姑妄言》,即俄藏全抄本。内容先后有自序、曹去晶自评、目录、林钝翁总评、姑妄言首卷(秦淮旧迹,瞽妓遗踪)、姑妄言卷之一(第 1 回)等,长达近百万言④,该书体例为回目前有"钝翁曰",即林钝翁总评,正文有"双行批注",多为林钝翁所批;全书素白纸抄,虽有多人笔迹,以楷书为主,夹

① 转自王长友:《关于周越然与〈姑妄言〉残抄本和残刊本》,《文献》2000 年第 2 期,第 113 页。
② 王长友:《关于周越然与〈姑妄言〉残抄本和残刊本》,《文献》2000 年第 2 期,第 113 页。
③ 王长友:《关于周越然与〈姑妄言〉残抄本和残刊本》,《文献》2000 年第 2 期,第 113—131 页。
④ 陈益源:《〈中国通俗小说总目提要〉补遗》,《明清小说研究》1997 年第 2 期,第 239 页。

杂行书,但比较工整;虽存在少数批注与正文相混等疏漏之处,但总体"抄录质量还算不错";该本偶有缺页、残破等情况,但整体而言,内容保存完好。因该书避康熙的讳,改"玄"为"玄",但不避乾隆的讳,故"应是抄于乾隆之前"①。台刊全本以俄藏全抄本为底本,重新排印,全书以"。"断开。该书第一册所收"出版说明"中第 27 页言及"残刊本不及抄本一回,然亦可用以校正抄本之误字及混入正文之批语,故用作参校本焉"。王长友认为因俄藏全抄本更接近作者原本,应以俄藏全抄本为准②。

下面,根据台刊全本中所收资料,把优生学会残刊本与台刊全本做一点比较:

1. 残刊本《姑妄言》第四十回首页(相当于台刊全本第 18 回)③:

　　他嫁与寻常人家④,要选一个做官有钱的佳婿,谁知姻缘不凑,总无其人。到了二十多岁,吴老儿素闻其美,烦人去说,崔司狱虽知道他是要做小,因上边没有夫人,一心情愿,才嫁了这个富贵全备的老汉⑤,做了一位尖[位]夫人⑥。你道何为尖夫人? 他要说是小,上边又无正室,公然与大无异,要说是大,却又是娶来做小,在又小又大之间,所以有此美称⑦。

2. 残刊本《姑妄言》第四十回末页(相当于台刊全本第 18 回):

　　起只十六岁⑧,已自心喜,看他的文章也还明白,看少美两个字,竟高

① 朱萍:《〈姑妄言〉的发现与研究述评》,《江淮论坛》2002 年第 6 期,第 106 页。
② 王长友:《关于周越然与〈姑妄言〉残抄本和残刊本》,《文献》2000 年第 2 期,第 131 页。
③ 以下转引自台刊全本《姑妄言》所收的残刊本。
④ 台刊全本句首有"舍不得把"四字。
⑤ 台刊全本"愿"后有批注",【婿虽官而有钱,未必甚佳】"。
⑥ 台刊全本无"位"字,且"夫人"后有批注【尖尖新奇】。
⑦ 台刊全本有批注【第十回内童自大说贾文物云"你是半大不小的个老爷",此处又有这又小又大之夫人,俱是奇称。辱翁曰:然则杨贵妃亦尖夫人也】。
⑧ 台刊全本句首有"问"字,另有批注【这宗师要是福建人,便有些不妥当了】。

取了，这学中朋友，见他这样个青年，谁不想来亲近，但他自幼被父母管教着，不曾多会人，迂迂板板，从不喜同人谈笑，众人见他如此，疑他是少年老成，倒不敢同他儿戏，就有狠羡慕他的①，也只好看他两眼罢了。他自进学之后，他母亲就放松了些，也就时常出来走走，听得人说慈悲庵有个绝色的姑子，又如何风流善战，有美少年到那里皆欣然笑纳，他一个少年情性，未免也就心动，问了慈悲庵的去处，走了来看看，不意崔命儿视为腹上之宾②，以脐下之美味相遗③，且格外垂青④，又有朱提金簪之赠，他不但慕色，且又感情，时常走来相看，未知后来如何？且看下回分解⑤！

　　两个版本的区别：一是残刊本没有批注，而台刊全本有林钝翁的批注；二是文字上稍有出入。可见台刊全本是比较值得信赖的本子，可作为专书词汇研究的工作本。

二、《姑妄言》的语料价值

　　《姑妄言》内容丰富真实，语言生动，是研究清初白话小说词汇的重要资料，具有很高的语料价值。

　　（一）语料真实可靠

　　著名学者太田辰夫在《中国语历史文法》中提到语料选择问题："在语言的历史研究中，最主要的是资料的选择。资料选择得怎样，对研究结果起着决定性的作用。"⑥要研究汉语史就是要研究口语发展史，但现实中完全的口

---

①　台刊全本"狠"为"很"字。
②　台刊全本"意"后有"蒙"字，"视"为"相待"。
③　台刊全本"遗"为"款"字。
④　台刊全本"青"为"情"字。
⑤　台刊全本无"，未知后来如何？且看下回分解"。
⑥　［日］太田辰夫：《中国语历史文法（修订译本）》，蒋绍愚、徐昌华译，北京：北京大学出版社，2003年，第380页。

语资料是比较少见的，多数资料存在后人增删修改的情况。《姑妄言》完成于清初，书中以白话为主，且未经他人删改，能够反映清初的语言面貌，是研究清初词汇的重要语料。

一是作者、成书年代明确。该书写成于雍正八年(1730)，是"完全由一位作家个人创作的小说"①，作者是"三韩曹去晶"。关于"三韩"，顾炎武较早地指出：明末清初人们称呼"辽东"为"三韩"。"原其故，本于天启初失辽阳以后，章奏之文，遂有谓辽人为三韩者，外之也。今辽人乃以之自称，夫亦自外也已"②。崔溶澈(1999)认为"三韩"特指辽东一带③。虽然清代文献中没有相关介绍，但曹去晶是辽东人是毫无疑问的。曹去晶曾在南京长期生活，"对南京及其周边地区的风土人情极为熟悉"④。该书出自一人之手，且作者明确，成书年代清楚，语言纯粹，值得研究。

二是保持了原貌，能反映清代初期汉语的真实情况。《姑妄言》仅在小范围内抄录流传，知书者甚少，相关小说书目及清代文献中亦不见著录或记载，这可能与清代禁书运动有关。康熙二十六年(1687)开出禁毁小说书目150余种；康熙五十三年(1714)谕："私行造卖刷印者，系官革职，军民杖一百，流三千里。卖者杖一百，看者杖一百。"⑤乾隆年间有大批的书属于禁书之列。道光即位后颁布《御制声色货利谕》，丁日昌在江苏开展禁书运动，凡"淫词小说，向干例禁""严饬府县，明定限期，谕令各书铺将已刷陈本及未印板片，一律赴局呈缴，由局汇齐，分别给价，即由该局亲督销毁"⑥，他先后开列的禁书达265种。在此背景之下，曹去晶的《姑妄言》未能被刊刻，清代也无相关文字记载。20世纪90年代，该书重新面世时，基本没有别人加工改写的痕迹，

---

① 王长友：《〈姑妄言〉的语言特色》，《明清小说研究》1999年第4期，第196页。
② 顾炎武著，陈垣校注：《日知录校注》，合肥：安徽大学出版社，2007年，第1690页。
③ 崔溶澈：《曹去晶的〈姑妄言〉——新发掘的清代艳情小说》，《学海》1999年第3期，第115页。
④ 王长友：《〈姑妄言〉与南京地域文化》，《明清小说研究》2008年第2期，第275页。
⑤ 《大清圣祖仁皇帝实录》卷二百五十八，转引自王利器辑录《元明清三代禁毁小说戏曲史料》，上海：上海古籍出版社，1981年，第27—28页。
⑥ 陈益源：《丁日昌的刻书与禁书》，《明清小说研究》1997年第2期，第209页。

保持了原书的面貌,能够反映清初汉语历史词汇的真实状况。

(二)语言口语化程度高

《姑妄言》的语言基本上是白话为主,比较贴近日常生活。周越然在《姑妄言·序》中曾言该书"用普通白话,最易明白"①。作者想通过因果报应的故事来达到教化的目的,故素材多取自民间,又因小说的消费主体是广大平民,其语言通俗易懂,使用一些方俗口语词可以拉近小说与受众的距离。例如:

> 童自大道:"邬哥,你好搊,你拿花盆儿给哥顶呢。据我说,说那鬼话不过听得耳朵快活,不如吃酒吃菜,嘴同肚子两处快活,倒不好么?"……童自大道:"可又来,老子娘会唱,女儿再没有不会唱的。女儿会唱,女婿自然就会唱了。人说,若要会,同着师傅一头睡。你同着母师傅睡,自然会唱,买个驴子拉尾巴,不是这个谦法,不要谦了,唱罢。"(第10回)

"嘴""老子娘"是口语词。"搊"是方言词语,有两义:一是搀扶。明沈榜《宛署杂记·民风二·方言》:"扶曰搊。"二是迎合。明顾起元《客座赘语·诠俗》:"善迎人之意而助长之曰搊。"《姑妄言》中的"搊"表示迎合。清代官员所戴暖帽多为圆形,周边有一道檐边,形似花盆,例子中"拿花盆儿给哥顶"的意思是给我戴高帽。江苏扬州方言中还有用"卖花盆"来表示说恭维话奉承人的用法,如评话《三国》:"哪晓得这就叫卖花盆,一下子把花盆子顶到曹操头顶上去了。""若要会,同着师傅一头睡"是俗语,表示若想学到技艺真传,就要和师傅生活在一起。"买个驴子拉尾巴,不是这个谦法"是歇后语,"谦"与"牵"谐音,表示故作谦虚。

《姑妄言》中虽然出现了一些文言成分,但从其内容所占比例来看,要远

---

① 王长友:《关于周越然与〈姑妄言〉残抄本和残刊本》,《文献》2000年第2期,第115页。

远低于白话。书中有少数成段的文言文,主要是引文、公文之类,这些内容文言色彩较浓。此外,还有散见于白话中的文言成分,如文化程度较高的钟情、"伪文人"贾文物的话语中带有文言色彩。文言成分的出现既与作者长期浸淫于文言文之中有关,也与作者的创作需要有关。书中除了由其他著作中移植、抄录、改写的段落或因特定需要作者自己用文言创作的段落外①,基本上是白话,口语化程度高,且基本上没有后人加工改写的情况,能够反映当时白话的真实情况,因此在汉语词汇史研究等方面具有一定的意义。

(三) 词汇丰富

《姑妄言》以整个社会为表现对象,内容覆盖面广,涉及政治经济、社会生活、民俗等多个方面,因此词汇内容丰富,反映了社会的方方面面。这些词汇包括源自不同时期的承古词、新词,源自不同地区、民族、国家的方言词、外来词,以及源自不同言语社团的行业语、隐语等。

书中有"丹墀""衮冕"等产生于不同时期的承古词,也有"广锅""月华裙""挂榜""左堂"等新词,其中仅新词形新词义这一类就有 2 594 条。

方言词语丰富。例如第 18 回:"侬罢哉,你同渠两个耍子一歇,做个大家欢乐。""侬""渠""一歇"是吴语中的典型词。又如第 19 回中毕本说道:"他叫作赖盈,也是俺一搭儿的人,同在店里住着。"毕本、赖盈都是山东人,"俺""一搭儿"地域色彩明显。有时,作者或批注者会在正文或夹注中注明方言词语的来源,如第 8 回中的"江南人称为呆鹅头",第 10 回中的"大亨儿八的显官【此乃江南市井之语,哼儿八三字却不解何意】""些把些的人【真正江南口声】""我的哺还抱着我吃奶【徽州呼母为哺】",第 13 回中的"原来是个大利巴【江南土话,谓人不在行曰利巴】",第 15 回中的"短八厘的一分厚礼【江南口头语】",第 19 回中的"见许多人在那里围住着【江南风俗,街上勿论有大小事,即围上无限的人看,所以谓之呆鹅头也】"等。有的方言词隐藏于正文之中,如"锅盔""挡饿""子子"等。这些方言资料为清代历史词汇研究,尤其是清代方言研究提供了重要的补充。

———————

① 王长友:《〈姑妄言〉的语言特色》,《明清小说研究》1999 年第 4 期,第 200 页。

社会方言词形式多样,功能丰富,用法自由。例如:

> 他听了进来了,白他娘道:"恁两个砍千刀的忘八在门口过,夹着走他娘的村路,走罢了,说我金童玉、青天白,又甚么七大八的,恁个嚼舌根的囚,烂了嘴的龟子。"喃喃嘟嘟骂个不休。(第1回)

"砍千刀的忘八""嚼舌根的囚"中詈词连用,表达了十足的"骂意"。如"龟子"本来指旧时在妓院里担任杂务的男子,此处用作詈词,暗指其妻不洁,对被骂者而言,侮辱性极强。这些詈词中有的一直沿用至今,如"忘八"。"七大八""金童玉""青天白"是隐缺式隐语,下文有详细介绍。

熟语较为丰富,仅歇后语就有60余条。例如:

> 那创氏大闹起来,道:"老杀才,臭忘八,不说你没能干,倒尽着抱怨我。如今的年程,早起不做官,晚上不唱喏。他倒了运,自然就不理他。他又有了时运,自然又该敬他。这是普天下人情之常,你难道就不曾听说:白马红缨彩色新,不是亲者强来亲。一朝马死黄金尽,亲人如同陌路人。今日他又有了势,再去陪个小心奉承他何防?况是为女婿的事,怕甚么羞?丢了你甚么脸面?你是个甚么大东大西,怕折了你的架子么?若恼了我,我把裤带子一松,拿顶绿帽子套在你头上,那才真没脸面呢。"(第23回)

这段文字口语性很强,"早起不做官,晚上不唱喏"之类熟语非常生动。《姑妄言》中此类熟语很多,又如"十八个铜钱放两处——久闻又久闻""卖萝卜的跟着盐担子——咸操心""打破头,趁热揉""回炉的烧饼不脆"等等,这些对熟语的研究有着补充作用。

此外,《姑妄言》中有不少词语训释资料,例如第10回:"他妻子花氏早亡,这花氏原是个团头的乃爱。团头者,即花子头儿之尊称也。"第12回:"县册无名,在码头上做生意者,谓之散班。"其中"团头"本来指地保,此处指丐户之长。"散班"本指清闲散官的班次,此处指在码头上做生意的人。这些训释资料可以为其他白话小说的词语研究提供一定的参考。

"汉语史的研究是通过对各时期接近口语的文献资料进行研究,来描写汉语历史发展的状况并寻找其演变规律"①。口语化的白话叙述是《姑妄言》的特点之一,我们可以从该书中了解当时口语词汇的使用状况,从而由此了解 18 世纪初期汉语历史词汇的真实情况。

三、语料使用的说明

台刊全本《姑妄言》第一册的"出版说明"中详述作者、内容、体例、版本等,并指出校勘处理原则及俗体字、简体字、异体字的处理方式:如以"〈〉"标出原书文字衍出应删去者;以"○"标出原书文字缺去者,若缺字,且所缺数量不明的,一定在校记中加以说明;以"□"号标出原书文字漶漫者;以"[]"号标出原书缺去应补入者;至于原书误字需要改正的,则在该误字后用"( )"标出正确的字。

我们在使用该语料之前,先对台刊全本做了相关的整理工作:一是加上现代标点符号。若原本断句有误,则以脚注的方式加以说明。二是对书中出现的衍字、脱字、误字等情况加以纠正。为了与台刊全本校勘符号区别开来,我们用"[脱某]"补其脱文,用"(当某)"指明正字,用"[衍某]"指明衍文,其他需要说明的地方采用脚注进行补充。《姑妄言》的文字较为复杂,在对其展开整理时,我们尽量对"炇、蹲、撘、刡"等字作了保留原样的处理。有一类现象需要在此说明一下,那就是异形词现象。异形词是指一组词的音义相同,词形不同。这里讨论的每组异形词都在《姑妄言》出现过。一组异形词,有的出现得较早,如"凌遅/凌剮"组。"剮"是后起字。南朝梁顾野王《玉篇·刀部》:"剮,剥皮也。"明梅膺祚《字汇·刀部》:"剮,剮鱼。"剮鱼的具体做法是:刮去

---

① 蒋绍愚:《汉语史的研究和汉语史的语料》,《语文研究》2019 年第 3 期,第 9 页。

鱼鳞，划开鱼腹，掏出内脏。从方式来看，"劏"与"脔割""剐"相近。文献中常见形式是"凌迟"，但"凌劏"的词义与其语素义一致，更符合词义，属于"直接形义一致理据"的情况①。有的到清代才构成一组异形词，如"认账/认帐"组。《姑妄言》第 7 回："恐他夫妻和美，不肯认帐，反弄出是非来。"第 20 回："他这一醒，决不肯认账。"明顾起元《客座赘语·巾部》："呼簿册记物事用度者曰帐。"明张自烈、廖文英《正字通·巾部》："帐，今俗会计事物之数曰帐。"清代出现"账"，指银钱货物出入的记载。清毕沅《经典文字辨证书·巾部》："帐，正；账，俗。"清王鸣盛《蛾术编·说字十》："今俗有账字，谓一切计数之簿也。"清翟灏《通俗编》卷十："今市井或造账字用之，诸字书中皆未见。"《姑妄言》中出现了"还账/还帐""完帐/完账"等 15 组相关异形词，而表示"床帐"等义的词语中却没有类似的情况，说明《姑妄言》写成的时代正是"帐""账"混用的时期。《姑妄言》中类似的还有"等子/戥子""乏困/乏睏"等。每组异形词中，前者是文献中常见词形，后者是后出词形。后者的出现应与汉语表意的明确性有关。为了更加准确地讨论《姑妄言》的词汇现象，在处理上述这些异形词时，都尽量保留其原貌，有的会加以说明。

　　本研究所用例句以台刊全本为准，所引用例句若出现上述问题则加以说明，若涉及林钝翁批注的内容时，一律以"【】"标出。

第二节　研究现状、研究价值与方法

　　专书词汇研究是汉语历史词汇研究中的一个重要部分。蒋绍愚（2005）指出近代汉语的词汇研究包括"词语的考释、常用词演变的研究、构词法的研究、专书词汇研究、各阶段词汇系统的研究、近代汉语词汇发展史的研究"②。专书词汇研究是近代汉语词汇研究的一个基础工作，该工作的

---

① 王迎春、谭景春：《谈谈异形词整理中的理据性原则》，《语言文字应用》2021 年第 4 期，第 123 页。

② 蒋绍愚：《近代汉语研究概要》，北京：北京大学出版社，2005 年，第 287 页。

开展有利于反映近代汉语词汇面貌,为汉语历史词汇学研究提供一定的基础资料。

一、研　究　现　状

蒋绍愚先生在《汉语历史词汇学概要》中提出"汉语历史词汇学"的概念,他认为该名称把"史的研究和理论的研究都包括在内"[①],这是从"平面""演变"两个方面来讨论汉语词汇研究的。以此为参照,我们对近代汉语词汇、清代词汇的研究现状作简要梳理。

（一）近代汉语词汇研究现状

近代汉语词汇研究成果显著,研究对象扩大,从个别的词语考释研究,到词汇系统、词义系统的研究,以及专书词汇研究、专题词汇研究;研究方法更加科学,更加注重语料的质量,将现代语言理论与近代汉语词汇结合起来考察,注重共时分析与历时探究的结合。简述如下:

第一,词语考释方面,论文类成果数量可观,训释类专著或词典丰富。

词语训释范围不断扩大,金茗竹、邹德(2016),赵永明(2018、2019),张小艳(2019),张文冠(2019)等论文考释了契约文书、域外文献等中的大批特殊词语。例如王阳(2021)考释了元代买地券中颇具时代、地域和专业特色的12个称谓词语[②]。词典、训释类专著是词语考释成果的集中体现。从内容来看,既有《〈金瓶梅词话〉〈醒世姻缘传〉〈聊斋俚曲集〉语言词典》《〈金瓶梅〉方言俗语汇释》等不同类型的专书词典与汇释集,也有《宋金元明清曲辞通释》《宋元明市语汇释》《元明戏曲中的蒙古语》等专类词典与汇释集,还有《近代汉语大词典》(许少锋,2008)、《近代汉语词典》(白维国、江蓝生、汪维辉,2015)等综合性断代词典。其中《近代汉语词典》在收词、列项、释义、引例等方面"求全、求精、求新",共收录词语5万多条,是迄今为止规模最大、质量最高的一部近

---

① 蒋绍愚:《汉语历史词汇学概要》,北京:商务印书馆,2015年,第12页。
② 王阳:《元代买地券称谓词语考释》,《成都大学学报(社会科学版)》2021年第1期,第93—98页。

代汉语断代词典。上述词语考释成果可为汉语词汇史的研究提供参考。

第二,专题研究方面,内容丰富,系统化、理论化研究加强。

专类词方面,主要包括常用词、称谓词、俗语词、詈词等多个方面。蒋绍愚先生在《近代汉语研究概况》(1994)中提出要开展常用词研究的主张,此后张永言、汪维辉(1995),李宗江(2016),汪维辉(2000)等论文、著作的出现使得常用词研究开始兴起,并逐渐成为研究热点。丁喜霞、张美兰、吴福祥等诸位先生均有相关研究成果。雷冬平(2008)以近代汉语中常用双音虚词为考察对象,运用认知语言学理论,考察其演变的过程、动因、机制及规律等。张庆庆(2007)、殷晓杰(2011、2018)、梁浩(2014)考察了"寻-觅""找-寻""饥-饿""栉-梳"等常用词历时替换的情况。汪维辉(2017)考察"困(睏)"的历史,指出唐代"睡"兴起,晚唐五代起"困"在南方开始向"睡"义转化,此后两者逐渐形成南北对立①。张美兰(2017)认为在汉语常用词演变个案研究过程中,不仅要继续运用常规性研究方法,还要注意每个(组)词的个性化特点,要选择一些带有个性研究的语料②。真大成(2018)指出当前常用词演变研究中要注意语料、词义、书写形式、溯源四个方面问题③。蒋绍愚(2021)提出常用词的历史演变"不仅仅表现在词汇更替,还有更丰富的内容",常用词的更替"并非只有一对一的模式"④。目前常用词研究在"内容的丰富性、语料范围的拓展、研究方法的更新、理论问题的探讨"等方面都取得了很大进展。此外,许秋华(2013)、齐瑞霞(2016)、袁耀辉(2019)等分别对近代汉语文献中的称谓词、俗语词等展开共时分析。王锁(2008)、汪维辉(2013)等考察了近代汉语的市语现象。赵明(2016)对明清文献中外来词的构成特点、来源等作了具体的分析。詈词研究现状下文会提到。随着专类词研究的逐步深入,人们对

---

① 　汪维辉:《说"困(睏)"》,《古汉语研究》2017年第2期,第2页。

② 　张美兰:《汉语常用词演变研究与个性化语料选用》,《阅江学刊》2017年第6期,第29—37页。

③ 　真大成:《谈当前汉语常用词演变研究的四个问题》,《中国语文》2018年第5期,第606—620页。

④ 　蒋绍愚:《常用词演变研究的一些问题》,《汉语学报》2021年第4期,第2页。

近代汉语词汇的认识更加全面。

构词法研究方面，祖生利（1996）、陈羿竹（2014）等考察了《景德传灯录》《高僧传》等文献中的复音词或者三音词的结构方式、语义构成等。曹廷玉（2000）、曹小云（2009）、邢永革（2017）等从类型、成因、功能等方面探讨了近代汉语中的同素异序现象。杨爱姣的《近代汉语三音词研究》（2005）较为全面地考察了近代汉语中三音词的语义构成、语法特征等情况，并探析了三音词的发展原因①。

词义系统研究是近代汉语研究的热点之一。蒋绍愚（1989）首次将概念场理论运用于古汉语词汇的研究之中，对"视-看""走/趋/行-走/跑""往-去"等动词展开分析，在梳理聚合关系、组合关系中总结出词汇替换演变的途径②。徐时仪（2012、2013）对《朱子语类》中知晓、欺骗等概念的词语类聚的情况展开讨论，为描写该书的词汇系统提供资料；颜洽茂等（2012）、杨振华（2016）、殷晓杰等（2019、2021）等以概念场理论为指导分析"拦截""丢弃""躺卧""店铺"等概念场的词义或词汇系统。姬慧（2018）则以同步引申、相因生义、义素分析等理论为指导，对敦煌社邑文书中"宴设"类、"助赠"类、"偿借"类语义场展开分析③。这些研究成果加强了汉语词汇研究的系统性，可为近代汉语词义系统研究提供重要参考。

第三，专书研究方面，语料范围不断扩大，研究内容不断深化，成果丰硕。

语料范围涉及变文、禅宗语录、宋儒语录、笔记小说、诗词曲、史料、会话书、契约等，以及国外学习汉语的教科书、传教士所写的研究汉语的著作等，语料类型丰富，几乎覆盖了能反映近代汉语词汇特点的所有文献类型。成果丰硕，出现大量的专著、硕博论文。例如董志翘（2000）、郭作飞（2007）、徐时仪（2013）、袁耀辉（2019）等分别以《入唐求法巡礼行记》《张协状元》《朱子语

---

①　杨爱姣：《近代汉语三音词研究》，武汉：武汉大学出版社，2005年。

②　蒋绍愚：《古汉语词汇纲要》，北京：北京大学出版社，1989年。

③　姬慧：《敦煌社邑文书常用动作语义场词语研究》，兰州大学2018年博士学位论文（指导教师：王晶波）。

类》等的词汇为研究对象,从构词法、新词新义等不同方面考察了专书的词汇特点;张美兰(2011)、罗嬺(2018)、丁喜霞(2020)等专著、论文则以域外汉籍为研究对象。专书词汇研究为近代汉语词汇研究提供丰富资料,促进其研究更加全面化。

第四,综合性研究方面,蒋冀骋《近代汉语词汇研究》(1991)、袁宾《近代汉语概论》(1992)、张美兰《近代汉语论稿》(2004)、董志翘《中古近代汉语探微》(2007)、方一新《中古近代汉语词汇学》(2010)、徐时仪《近代汉语词汇学》(2013)等对近代汉语词汇研究具有指导意义和引领作用。蒋绍愚的《汉语历史词汇学概要》(2015)运用新理论,"吸收了现代语义学和认知语言学的研究成果",提出了许多富有启发性的新见,"搭建起了汉语历史词汇学的基本框架"①,为近代汉语词汇学研究奠定了理论基础。

(二)清代词汇研究现状

清代词汇研究是近代汉语研究的重要组成部分,也是汉语历史词汇研究的内容。目前许多学者已从不同层面、不同角度对其进行了深入的研究,其研究成果主要特点表现为:研究对象逐步扩大,语料多样化,研究角度多元化,研究内容丰富化。具体如下:

第一,词语考释类以论文为主,成果丰富,语料范围扩大,方法多样化。

小说,尤其是名著中的疑难词语一直是学者关注的对象,如孙华先(2003)、何新华(2014)、陈家愉(2019)等结合用例、方言等,诠释了《红楼梦》中的"辣子""骚达子""蹄子"等的理据。张生汉(2000)、陈明富(2010)等则考释了《歧路灯》《老残游记》等一般小说中词语。戏曲、奏折、契约文书等已经进入研究者的视野,如高岩(2015),杨小平、潘文倩(2022)等。为了使释义更加准确,学者往往把词语考释与文字、音韵、方言等结合起来,综合运用多种方法。

第二,专题研究范围逐渐扩大。

构词法研究方面,这一时期除了期刊论文外,还涌现出不少以专书词语

---

① 汪维辉、史文磊:《汉语历史词汇学的回顾与展望》,《辞书研究》2022 年第 3 期,第 1 页。

的构词法为对象的硕士论文。刘冰洁（2007）、李兵岩（2017）分析了《儒林外史》《孽海花》中复音词的特点与结构类型等；张文文（2013）等对《歧路灯》《醒世姻缘传》中的同素异序词现象作了梳理与分析；王静（2010）归纳了《儿女英雄传》的"儿话词"的特点；胡庆章（2019）则专注于《红楼梦》的三音词。这些专书构词法研究大多以共时描写为主，为近代汉语构词法进一步深入研究提供了一些具体的参考。

专类词研究方面，称谓语研究比较充分。期刊论文、部分博硕论文关注《红楼梦》《儒林外史》《老残游记》等小说中的称谓语，其中徐小婷（2009）描写了晚清四大谴责小说的称谓语，指出"社会称谓语有鲜明的时代性，因此变化较大"，一些社会称谓语出现平等化倾向①。冯帅（2018）结合《红楼梦》探析称谓语"奶奶"的语用流变及成因。此外，学界还关注清代文献中的方俗词语、外来词、常用词等内容，殷晓杰（2008）、肖永凤（2014）等对《儿女英雄传》《红楼梦》等中的方俗词语尤为关注。刘艳玲（2011、2012）对《醒世姻缘传》的詈词作了详细的分类，概括其使用特点；刘宝霞（2012）考察程高本《红楼梦》的异文，指出异文在常用词演变研究中的作用②；王宝红（2010）、吕俭平（2020）对清代文献中的外来词作了梳理与分析。其中王宝红（2010）在解释清代笔记中的藏语、蒙古语词汇的基础上，指出历代笔记可以为少数民族词语研究提供"大量的佐证材料"③。

词义系统研究方面，王绍新（2001、2002）从词形和词义角度，对《红楼梦》词汇与现代词汇展开比较，借以探讨近代以来词汇演变的概况。周琳娜（2009、2016）用传统语言学、认知语言学、哲学等的方法论考察清代的新词新义位，试着构建清代的新词、新义位的系统。

此外，汪维辉（2010）从同词异义、同义异词、同词而使用频率或用法不

---

① 徐小婷：《晚清四大谴责小说称谓词语研究》，山东大学 2009 博士学位论文（指导教师：吉发涵）。

② 刘宝霞：《程高本〈红楼梦〉异文与词汇研究》，《红楼梦学刊》2012 年第 3 期，第 123—138 页。

③ 王宝红：《清代笔记中的藏语、蒙古语》，《西藏民族学院学报（哲学社会科学版）》2010 年第 4 期，第 45 页。

同、仅见于前 80 回或后 40 回的词语这四个方面,比较《红楼梦》前 80 回和后 40 回之间词汇使用情况,指出其存在差异,从词汇的角度证明该书非一人所作,指出词汇研究在文献学研究中的价值①。

第三,专书词汇研究主要以清代中晚期的文献为主。

遇笑容《〈儒林外史〉词汇研究》(2001)、张威《晚清四大谴责小说词汇研究》(2008)、张夏《〈红楼梦〉词汇研究》(2009)、马秀兰《太平天国文书特色词汇研究》(2012)等成果着力描写专书语料的词汇,主要涉及基本词汇和一般词汇的分类研究、构词法研究、新词新义研究等内容。

上述研究成果多数是对清代词汇进行"平面""演变"上的研究,为清代词汇研究提供了丰富的资料。这些研究主要以《红楼梦》《儿女英雄传》《儒林外史》等清代中叶及往后的白话小说为语料,而这些作品多数反映的是清代中叶及以后的词汇现象,涉及清初汉语词汇研究的成果不多。

清代是近代汉语向现代汉语转变的过渡期,这一时期的词汇中必然有一些过渡现象。从清初到清代中叶,古白话经历了"南北通语强势地位的此消彼长",即"北方方言在南北白话口语的交融中渐占优势""白话由微而显,吸收了文言、口语和方言中大量有生命的语言成分"②,方言上的变化必然会对词汇产生一定的影响,因此,清初与清代中叶的词汇面貌定然存在一定的差异。为了更好地了解清初汉语词汇的基本面貌,我们需要选取清初的白话文献作为词汇研究的语料。清初市井文化得到进一步发展,白话文献不少,语料丰富。完成于雍正年间的《姑妄言》,语言生动,词汇丰富,语料价值高,成为我们的首选语料。

(三)《姑妄言》的研究现状

《姑妄言》成书后以手抄本的形式流传,不久就湮没不闻,故清代及之后

---

① 汪维辉:《〈红楼梦〉前 80 回和后 40 回的词汇差异》,《古汉语研究》2010 年第 3 期,第 35—40 页。

② 徐时仪:《古白话的形成与发展考探》,《陕西师范大学学报(哲学社会科学版)》2017 年第 1 期,第 90 页。

的藏书和禁书目录都没有相关记载。直到 1997 年,该书才引起学界的注意。此后人们相继对其展开多方面的研究,目前相关研究已涉及文献学、文学、语言学等多个方面。

第一,文献学方面,主要集中于版本、作者、校勘等方面。

关于版本、校勘,王长友(2000)、朱萍(2002)等介绍了抄本、残抄本、残刊本的情况,该书版本情况清晰;黄廷富(2007)对"文联删节本"中存在的错字、脱文与衍文、标点之误、正文误作评语等问题做了简要梳理①。

关于作者及其与点评者的关系,何天杰(1997)、王长友(2001)等论文都有所讨论。陈辽(1999)认为点评者林钝翁与作者曹去晶实为一人,并试图勾勒曹去晶的大致生平②;陈庆浩(1997)根据籍贯、生活经历,推测曹去晶与曹雪芹可能有某种关系③;郭醒(2002)主张《姑妄言》真正的作者和批注者都是林钝翁,曹去晶是他的托名④;崔溶澈(1999)认为曹去晶与曹雪芹或许彼此熟悉⑤。傅憎享(2004)采用拆字法,得出作者与评点者实为一人的结论,并进一步推测曹去晶有可能是曹雪芹的族叔脂砚斋⑥。黄廷富(2007)提出在没有有力外证材料的情况下,仅据书中令人扑朔迷离的内证就得出作者和点评者属同一人的结论还为时过早。他认为二人关系密切,但未做出进一步的探讨⑦。可以看出,关于作者与点评者的相关考察尚无一致的定论,还需要挖掘更多的材料进行研究。

第二,文学方面,主要集中于《姑妄言》的文学内容及与相关小说的比较研究方面。

思想内容、艺术特色及素材来源等方面,陈辽(1999)、尹德存(2008)、黄

①　黄廷富:《〈姑妄言〉校点本的几个问题》,《古籍整理研究学刊》2007 年第 2 期,第 39—40 页。
②　陈辽:《奇书〈姑妄言〉及其作者曹去晶》,《南京理工大学学报(社会科学版)》1999 年第 5 期,第 26—29 页。
③　陈庆浩:《〈姑妄言〉出版说明》(《姑妄言》第一册中)。
④　郭醒:《也谈〈姑妄言〉的作者"曹去晶"》,《光明日报》2002 年 10 月 9 日。
⑤　崔溶澈:《曹去晶的〈姑妄言〉——新发掘的清代艳情小说》,《学海》1999 年第 3 期,第 12—16 页。
⑥　傅憎享:《雪芹脂叔去晶姑妄言》,《保定师范专科学校学报》2004 年第 3 期,第 40—44 页。
⑦　黄廷富:《〈姑妄言〉校点本的几个问题》,《古籍整理研究学刊》2007 年第 2 期,第 39—40 页。

廷富（2015）等从不同侧面分析了思想内容与艺术特色；陈益源（1997）、张鸿勋（2007）等考证了正文、批注中笑话的来源。王长友（2008）认为官僚文化、士人文化、商人文化、妓女文化的共存和结合是《姑妄言》反映的一个重要的地域文化特点①。

比较研究方面，何天杰（1997）、向楷（1998）、王永健（2003）等对《姑妄言》及其前后的明清章回小说进行比较，认为该书的形成受到《金瓶梅》《醒世姻缘传》等的影响，对《红楼梦》《儒林外史》等产生启发作用。

此外，罗杰（2017）认为《姑妄言》中云南竹枝词"跨文化书写"属于清代白话小说的"羼入现象"，指出跨文化书写策略对白话小说中"他者"形象的书写产生启示②。

第三，语言学方面，目力所及有 2 篇相关论文。

王长友（1999）认为《姑妄言》中存在两种不同的语言，即"文言或文言气颇重的书面语言和几乎是纯粹的口语化的白话的并存"③；傅憎享（2002）论及书中的 6 条歇后语。

总之，就《姑妄言》的研究成果来说，学者主要围绕其内容与形式、思想和艺术等展开相关研究。《姑妄言》有"几乎是纯粹的口语化的白话"，语言生动，是研究近代汉语的重要语料，我们有必要从不同的角度对书中的词汇展开多方面的研究，从而为清初词汇研究及汉语历史词汇学研究做出积极的实践与贡献。

二、研 究 价 值

方一新先生在《中古近代汉语词汇学》中介绍"近代汉语时期的传世文献"时谈到"海外也出版了不少明清小说的丛书、丛刊，例如《思无邪汇宝》"，

---

① 王长友：《〈姑妄言〉与南京地域文化》，《明清小说研究》2008 年第 2 期，第 275—284 页。

② 罗杰：《〈姑妄言〉中云南竹枝词的跨文化书写策略》，《西南石油大学学报（社会科学版）》2017 年第 5 期，第 97—104 页。

③ 王长友：《〈姑妄言〉的语言特色》，《明清小说研究》1999 年第 4 期，第 197 页。

这些小说"语言生动,大都用口语写就,保存了大量的口语词和反映明清时期社会政治、经济、文化、风俗习惯等方面的词语,在近代汉语词汇方面具有很高的研究价值"①。《思无邪汇宝》下编中的第三十六册至四十五册即《姑妄言》。《姑妄言》专门描写清代下层市井小民生活状态,较之其他小说,语言具有诸多特征。但该书完成后未能得到广泛流传,直到 20 世纪 90 年代人们才得知。目前现有研究成果,尤其是语言学方面的成果不够丰富。以《姑妄言》词汇(实词为主)为研究对象,从词汇的构成、内部结构、特殊词语等方面对其展开考察,其意义如下:

第一,为汉语历史词汇学研究提供第一手材料。《姑妄言》描写清初下层市井小民生活状态,语言生动,是研究近代汉语词汇的重要语料。在词语考释工作的基础上,从多个方面对该书的词汇进行全面静态分析与深度动态探究,为描写更加丰富完备的清代词汇系统,以及汉语历史词汇学研究提供第一手资料。

第二,丰富汉语历史词汇学的研究内容。清代是近代汉语向现代汉语发展的过渡期,这一时期的词汇研究是近代汉语研究的重要组成部分,也是汉语历史词汇学研究的内容。作为清初专书词汇研究,引入了语言变异、社会语言学的理论与方法观察书中的隐语、詈词的语言特征与社会特征,探求其生成与演变机制,这对专书词汇研究而言是个创新。这不仅拓宽了语言变异、社会语言学研究的视野,更丰富了汉语历史词汇学的研究内容。

第三,为辞书编写、《姑妄言》的进一步整理与解读提供依据。《姑妄言》语料新且非常可靠,可为《汉语大词典》等大型辞书、专书词典的编撰提供文献依据。在已经整理过的古籍中,经常见到因误解词义而出现标点欠妥、校勘有误等现象,故词语考释与研究有利于古籍整理工作的开展。台刊全本《姑妄言》是俄藏全抄本的排印本,其中难免会出现疏漏,处理好因不明词形、词义等引起的误校、漏校问题,提高文献整理的质量,有利于其他研究者对该

---

① 方一新:《中古近代汉语词汇学》,北京:商务印书馆,2010 年,第 369—370 页。

书的把握与利用。

第四,为明清时期的社会文化史、民俗史等的研究提供语言证据。《姑妄言》记载了清初南京等地的政治经济、民族风俗等内容,如"油香"(回族食品),可为民族学等相关学科研究提供有益补充;正文及批注中还涉及戏剧、鼓子词、唱本、宝卷、吴歌等相关内容,为人们研究当时的文化艺术形态提供了"鲜活"的标本。

三、研 究 方 法

(一) 定量统计与定性分析相结合。在《姑妄言》这一封闭系统中采用穷尽性计量的方法来搜集相关词汇资料,然后根据各自的特点逐一定性,对一词多形、一形多词等现象加以辨认,分类梳理之后,构建初步的语料库,以展现《姑妄言》的词汇面貌。具体做法是:借助计算机技术分词,做好人工审核工作,之后以词条、例句、词条的音节数、来源、词性、内部结构、用法等为考察项,以及《汉语大词典》《现代汉语词典》等辞书的收录情况、首见用例等录入EXCEL 中,其间使用 CCL、BCC、台湾翰典等多个语料库,查阅了工具书,构建该书正文的词汇的简单数据库(台刊全本有正文、林钝翁点评、林钝翁等批注三个部分内容,正文部分有 96 万字左右),在此基础上进行分类分析。

(二) 共时描写和历时研究相结合。在汉语历史词汇史的背景下考察《姑妄言》词汇,首先从词汇构成、内部结构、词义系统三个方面对《姑妄言》中的普通词语作了一般研究,在此基础上比较全面而深入地探讨书中隐语、詈词两类特色词语。在整个研究中突显出历时分析的特点:承古词的时间层次、新词的发展、方言词的流传与发展、同素异序词等的历时发展、概念场成员的历时变化、隐语的生成机制与发展演变、詈词的发展变化,这些都是在共时分析之中作了深入的历时探究,只有这样才能更加全面了解被研究对象。

(三) 个案研究与一般研究相结合。在结构、詈词、隐语、概念场等研究中,以众多个案分析为主,在个案研究中演绎出一般的结论。如对隐语的构词理据进行个案探析,继而考察一般隐语的来源、成因、产生方式等问题。

（四）"外证"与"内证"相结合。"内证"指《姑妄言》自身的材料，"外证"指其他资料。例如，为了更好地考察方言词语，更加注重于使用同时代的方言词语著作、方言色彩较浓的小说、笔记、地方志等作为参考材料，再辅以后人所编的方言类辞书。又如，考释疑难词语时要审查《姑妄言》的文例，还要参照"活"的方言及其他文献，力求释义精确。

第一章 《姑妄言》词汇构成研究

"一个时代词汇的存在和发展,离不开对前代词汇的继承和创新,同时又为后世词汇的形成及演变打下了基础"①。清代是汉语由近代汉语向现代汉语过渡的时期,清代词汇是历代词汇的积淀,其词汇构成比以往更丰富。《姑妄言》是清初白话小说,能够真实地反映清初口语状况,描写其词汇构成,既能以点带面地展现清初汉语词汇构成的情况,又可为汉语历史词汇学的研究提供资料。

本章以《姑妄言》为封闭系统,从历时、共时两个层面对该书的词汇构成进行描写分析:从历时的角度考察《姑妄言》中承古词的沿用与新词的产生情况,即分析承古词的时间层次及该书采用此类词语的方式;从共时的角度考察《姑妄言》中的方言词、外来词、行业语等,即分析方言词来源的分布情况,揭示其成因,探讨这些方言词的流传与发展问题;探析外来词的来源与行业语的使用情况。

第一节 承古词与新词

一、《姑妄言》的承古词

清初的《姑妄言》中必然运用了很多前代的词语,它们产生、流行于清代之前,包括文言词、古白话词。为了便于说明,我们将之称为"承古词"。

（一）承古词的产生时代

词汇的发展具有"累积性的特点""共时平面上使用的词汇就其来源而言

---

① 方一新:《东汉魏晋南北朝史书词语笺释》,合肥:黄山书社,1997年,第21页。

蕴含着历时的积淀"①。此处我们讨论《姑妄言》中承古词的时间层次问题,采用比较宽泛的时间段展开考察。要确定词出现的时代,要以语言事实为依据,但有时会遇到语言资料不足的情况,为此我们要从多个方面进行考察:一是考察词在现有古籍中出现时间的早晚,这可以借用目前可利用的语料库进行检索,然后核对文献;二是参考《汉语大词典》中词语的首条书证的时代。下面仅从表示名物、表示动作行为、表示性质状态的三类词中略举数例试作说明。

先秦时期一般词汇的门类逐渐发展壮大,其数量逐渐增多,"组成成分、内部结构和关系也变得相当复杂"②。两汉时期词汇日益丰富,出现大量新词,其中复音词的比例加大,汉语词汇由单音走向复音的趋势更加明显③。先秦两汉时期产生的一些词语在清初《姑妄言》中仍有沿用,如"遗体",《礼记·祭义》:"身也者,父母之遗体也。"古人认为"身体发肤,受之父母",因此称自己的身体是父母的"遗体"。《姑妄言》第2回:"人身都是父母的遗体,男人的纵大也不过略大些罢了。"又如"皂""隶"原本所指不同,如《左传·昭公七年》:"故王臣公,公臣大夫,大夫臣士,士臣皂,皂臣舆,舆臣隶,隶臣僚,僚臣仆,仆臣台。""皂"或是养马的奴隶,或是穿黑衣的养马官,"隶"则是对一种奴隶或差役的称谓。"皂""隶"社会地位较低,常连用,如《左传·襄公九年》:"其庶人力于农穑,商工皂隶不知迁业。"后来"皂隶"逐渐凝固成词,泛指古代从事贱役的奴仆。因差役在衙中的地位最低,且穿黑衣,因此被称为"皂隶"。又如"纠合",即集合、召集。《左传·僖公二十四年》:"召穆公思周德之不类,故纠合宗族于成周而作诗。"《姑妄言》第20回:"那村中有个姓马的,就做领袖,替他纠合了一二十个学生念起书来。"又如"狷介","狷""介"都可以表示耿直。如《国语·楚语下》:"彼(王孙胜)其父为戮于楚,其心又狷而不洁。"韦昭注:"狷者,直己之志,不从人也。""狷介"是并列式,表示孤高洁身。如《国

---

① 徐时仪:《近代汉语词汇学》,广州:暨南大学出版社,2013年,第206页。
② 陈长书:《〈国语〉词汇研究》,北京:中国社会科学出版社,2014年,第9页。
③ 徐朝华:《上古汉语词汇史》,北京:商务印书馆,2003年,第199—202页。

语·晋语二》：“款也不才……不能深知君之心度，弃宠求广土而窜伏焉；小心狷介，不敢行也。”《姑妄言》第19回：“那年老父为事之时，他老夫妻忙来叫我急寻门路相救，可见他并不是没有亲情，皆因生性狷介之故。”《姑妄言》中类似的还有“疫疠”“自恃”“宗祧”等。

魏晋南北朝时期词汇从上古汉语中的文言词汇开始向近代汉语白话词汇过渡。《姑妄言》中有不少词语源自这一时期。如“尪羸”，形容瘦弱，亦指瘦弱之人。晋葛洪《抱朴子·遐览》：“唯余尪羸，不堪他劳。”《姑妄言》第17回：“只有万余人口，却也都是尪羸骨立，恹恹待毙形状。”又如“鱼鲊”，即腌鱼；糟鱼。《释名·释饮食》：“鲊，菹也，以盐、米酿鱼以为菹，熟而食之也。”“鲊”指用腌、糟等方法加工。“鱼鲊”早见于北魏贾思勰《齐民要术·作鱼鲊》：“作鱼鲊法：剉鱼毕，便盐腌。”《姑妄言》第2回：“我们家的伙计才打安庆来，带了几罐鱼鲊送我家老奶奶。”又如“分袂”指离别。晋干宝《秦女卖枕记》：“（秦女）取金枕一枚，与度（孙道度）为信，乃分袂泣别。”《姑妄言》第16回：“次日起程，虽送者多人，钟生都辞回，惟梅生送到江干，方才分袂。”这些词有的今天已经不再使用，有的在现代汉语中还有使用，如“尪羸”在四川云阳等方言中沿用。1935年《云阳县志》：“尪羸，不胜事也。”《姑妄言》中类似的词语还有“案牍”“花烛”等。

《姑妄言》的词汇中有一些词语源自唐宋时期，例如“侑觞”指佐助饮兴。宋周密《齐东野语·张功甫豪侈》：“别有名姬十辈，皆白衣，凡首饰衣领皆牡丹，首带照殿红一枝，执板奏歌侑觞，歌罢乐止乃退。”《姑妄言》第18回：“（司进朝）回来家，就想陪吃酒，叫了丫头来弹唱侑觞。”又如“螺钿”指用螺蛳壳或贝壳镶嵌在漆器、硬木家具等的表面，做成有天然彩色光泽的花纹、图形。例如宋李心传《建炎以来系年要录·建炎元年十二月》：“初温、杭二州上供物寄留镇江，其间椅棹有以螺钿为之者。”《姑妄言》中有两种写法，即“螺钿/螺甸”，如第4回：“代目捧着一个螺甸方盘。”第20回：“其余则金杯玉盏、玛瑙、琥珀、玳瑁、犀角、象牙、海蛋、海螺、竹根、倭漆、螺钿、银爵，或大或小不等。”又如“娇嫩”，即柔嫩。宋周密《声声慢·柳花》词：“堪爱处，是扑帘娇嫩，随马轻盈。"《姑妄言》第 3 回："说你这样个娇嫩人儿，如何做得粗重生活。"

元明时期出现许多新词，如"扑簌簌""也么哥"等，这些新词中有不少在《姑妄言》中沿用。如"鹦哥"，鹦鹉的俗称。元聂镛《宫词》："闻到南闽新入贡，雕笼进上白鹦哥。"或为"翠哥"，因其毛色翠绿得名。如元杨维桢《铁崖古乐府·六宫戏婴图》诗："雕笼翠哥手擎出，为爱解语通心肠。""哥"本是亲属称谓词，后来泛化为拟亲属称谓，成为同族或亲戚中兄长的称呼，进一步泛化后，指与自己年龄相仿男子的尊称或昵称，如"老哥、小哥、二哥（小二哥）"。元明清期间，"鹦鹉"有"鹦哥、莺哥、辩哥"等俗称。据《事物异名分类词典》，称呼动物为"～哥"还有"丹哥(鹤)、了哥(秦吉了)、八哥(鹦鸽)、班哥(虎)"等说法。《姑妄言》首回："升阶，则猧儿吠客，鹦哥唤茶。"又如"契厚"，指交往密切，感情深厚。元秦简夫《东堂老》楔子："居士与老夫最是契厚，请猜猜我这病症咱。"《姑妄言》第 5 回："弟与老年台何等年谊，多年契厚，何出此言？"

从统计的数据来看，《姑妄言》中源自明代的词语有"眼镜、清查、拥挤、圆领、喜相逢(明代朝服样式的一种)、大比、诰赠、十族、月课、正堂、总旗、座师、追比、场期"等，数量较多。之所以会出现这种情况，一是词汇的发展具有稳固性，明代的词汇在清初白话小说中大量出现是正常不过的；二是该书叙写的是明朝万历年间的故事，且魏忠贤、阮大铖等一众人物出自明代。因此，书中自然会保存一些反映明代社会的政治经济、文化习俗等相关的词语。如第 21 回："（慕义、林忠、尚智）又挑选了几十名力壮身强的好汉，委充百总管队总旗小旗同营头目。""总旗"是明代军队编制中的名称，即五十人为总旗，十人为小旗。

（二）《姑妄言》采用承古词的方式

《姑妄言》采用前代文言词语、古白话词语的方式主要有两种：

一是原来的词形、词义不变，如"案牍、拖欠、花烛、皂隶、柳斗、也么哥"等。这是《姑妄言》采用承古词的最主要方式。如"疫疠"即瘟疫，早见于汉蔡邕《月令问答》："著《月令》者，预设水旱、疫疠，当祷祈也。""书吏"指承办官府文书案牍的吏员，早在汉朝就已有该用法。如《汉书·陈遵传》："既至官，当遣从史西,召善书吏十人于前,治私书谢京师故人。"又如"也么哥",亦作"也波哥/也末哥",元明戏曲中常用的衬词。如元王实甫《西厢记》第二本楔子:"是必休误了也么哥!"又如"于飞",指夫妻和谐,语自《诗经·周南·葛覃》:"黄鸟于飞,集于灌木,其鸣喈喈。"例如《姑妄言》第 5 回:"菊姐也就半推半就,同他做了于飞之乐。""于飞"的形成是"割裂式借代"①,即从某个语言段(固定短语或句子)中截取部分文字来代替整个语言段或该语言段中其他文字所表示的意思。

二是原来的词形不变,词义发生变化,且新词义与原来的词义之间有联系。这一类词"不宜看作是新词,而只能视作原词新派生的意义"②。《姑妄言》中此类词有 321 条,如"水汪汪",本指水多貌,《姑妄言》第 5 回中"眶内水汪汪的",第 24 回"水汪汪的眼儿",其中前者表示"泪盈盈的样子",后者表示"眼睛明澈而灵活的样子",此两义是由"水多貌"引申而来的。《汉语大词典》卷五第 862 页"泪盈盈的样子"的义项,首引现代作品茅盾《小巫》中例句为例,可补上述《姑妄言》中的书证。

又如"下场",明代文献中已有用例,如明凌濛初《初刻拍案惊奇》卷三:"生平得尽弓矢力,直到下场逢大敌。"例句中刘东山与少年比力气,"下场"指参与比赛。明施耐庵《水浒传》第 2 回:"三回五次告辞,端王定要他踢,高俅只得叩头谢罪,解膝下场。"此处"下场"指参与踢球。《姑妄言》第 2 回:"恐怕一时考低了,不但坏了声名,且不得科举下场,要寻些乌须药来乌黑了,方好去考。"此处"下场"特指进考场应试。同回:"两三个老把势同他下场,一夜就赢了他七八百两,立逼着将房产地土都写了卖契,同伙许多人做保。"此处"下场"指参与赌博。当"下场"指在某一场所参与某项活动时,"下"的语素义是"参加"。

又如"筹码",又写作"筹马",本指"古代投壶计算胜负之具"。《礼记·投

<hr />

① 蒋绍愚:《唐诗语言研究》,北京:语文出版社,2008 年,第 86 页。
② 曹炜:《现代汉语词汇研究(修订本)》,广州:暨南大学出版社,2010 年,第 73 页。

壶》"请为胜者立马",郑玄注:"马,胜算也。谓之马者,若云技艺如此,任为将帅乘马也。"后来指赌博中用来计算胜负的东西。如《姑妄言》第 2 回:"他一日同着几个光棍耍钱,他的手气顺,从早至午,赢了有三四百两筹码。"清赵翼《陔余丛考·筹马》:"《天香楼偶得》云:今世赌博者,以物衡钱,谓之马子。"清蒲松龄《聊斋志异·念秧》:"既散局,各计筹马,王负欠颇多。"又如"户房",本是唐宋时期官署名,负责有关户部事务,清代指府厅州县等掌管民户的机构。如清黄六鸿《福惠全书·莅任》:"户房经管应征解给、夏税秋粮、丁差徭役、杂课等项。"《姑妄言》中因"机构"而联想相关的人,产生新义,指府厅州县等掌管民户的人员。如第 20 回:"宦蓉同着一个户房,知县的两个管家,还有二十多个衙役,拿着箩筐扁担到了家内。"《姑妄言》中类似的还有"巡道、代书、代笔、司官、开蒙、蓝衫"等。

上述词语都是《姑妄言》中多次使用的词语,其中有的逐渐成为近代汉语乃至现代汉语的常见词语,如"拖欠""筹码"等,有的逐渐消失,如"也么哥"等。

二、《姑妄言》的新词

生产的发展,新事物的出现,制度的因革,风俗习惯的改变,无一不在词汇系统中迅速反映出来[①]。清代作为封建社会的最后一个王朝,是在封建经济高度发展的基础上建立起来的。江南早在明末就出现资本主义的萌芽,清初其城市手工业和商业得到迅速发展。清初的政治、经济的发展必然促进新事物、新现象、新观念的不断产生,词汇系统能及时反映社会发展,新词的大量涌现是词汇的发展紧跟社会步伐的重要表现之一。当然,新词的出现也与其自身的发展变化有关。

关于新词的概念,学界看法不一,我们采用符淮青、曹炜两位先生的观点,把《姑妄言》词汇中出现的三种情况——即形义皆新,形旧义新且意义间

---

① 向熹:《简明汉语史(修订本)》,北京:高等教育出版社,2010 年,第 348 页。

没有联系，形新义旧，都作为新词进行统计分析。为了弄清楚某个词是否为清初新词，主要以《汉语大词典》中首见用例的时代为参照，《汉语大词典》是目前所见到的质量最高的大型历史性汉语语文词典，在援引书证方面，该辞书"源流并重"，"能够很好地显示出汉语词汇发展的轨迹和运用的全貌"①。同时，又利用 BCC（北京语言大学语料库）、CCL（北京大学语料库）等进行检索，以避免出现因《汉语大词典》书证滞后而误用的情况；对于那些出现于《姑妄言》但未见于《汉语大词典》的词，也采用上述方式。经过定量统计与定性分析，发现《姑妄言》中的清代新词很多，仅"形义皆新"类就有 2 594 条。严格来讲，新出现的方言词、外来词等也属于新词的范畴。但为了更好地说明问题，我们把这些放到"方言词""外来词"中说明。

（一）《姑妄言》新词的类别

《姑妄言》出现了很多新词，这些新词都反映了当时社会生活的方方面面。下面根据《姑妄言》新词反映的内容，粗略分类如下（以下有的释义引自《汉语大词典》）：

1. 与政治、经济有关的新词

与政治、经济有关的新词有"候选、捐纳、恩监、劳金、劳资、白钱、当票"等。例如：

①只见两扇黑漆油的大篱笆门关着，贴着一张吏部候选州左堂的红封皮。（第 9 回）

按：候选，"清制，京官自郎中以下，地方官自道员以下，凡初由考试或捐纳入仕，以及原官因故开缺依例起复，皆须赴吏部报到，听候依法选用，称为候选"（《汉语大词典》卷一第 1506 页）。又如清李渔《比目鱼·荣发》："且喜乡、会两场，俱已报捷，只是未曾补官，还在京师候选。"

---

① 李申、王本灵：《〈汉语大词典〉研究》，北京：商务印书馆，2015 年，第 9 页。

② 那时正有捐纳秀才的例,他费了百余金纳了一名,公然头巾蓝衫到丈人家去威武。(第 10 回)

按:捐纳,"捐资纳粟换取官职、官衔。此制起于秦汉,称纳粟。清中叶后大盛,称为捐纳。朝廷视为正项收入,明订价格行之,加剧吏治腐败,成为一大弊政"(《汉语大词典》卷六第 615 页)。又如清欧阳兆熊、金安清《水窗春呓》:"乾隆六十年停止捐纳,外官府以下皆正途,督抚司道则重用旗人,而吏治蒸蒸日上。"

③ 他是一个恩监,他牛性倒也还豪爽,腹中也还有些墨水,只有一桩毛病不好,别的都不甚爱,只在一个色字上专做工夫。(第 18 回)

按:恩监,清代国子监生员的一种。据清制,凡是因特恩赐入国子监肄业者为恩监。又如《清史稿·选举志》:"监生凡四:曰恩监、荫监、优监、例监……恩监,由八旗汉文官学生、算学满、汉肄业生考取。又临雍观礼圣贤后裔,由武生、奉祀生、俊秀入监者,皆为恩监。"

④ (宦萼)兑出十万金来做本,一分行息,专当与穷民小户,每年送他劳金二百四十两。(第 20 回)

按:劳金,旧时地主给长工或雇主给雇员的工钱。又如清吴炽昌《客窗闲话·赵甲》:"赵闻李子来,欣然款接……纳为主帐,而不议劳金。"

新制度的出现、商业的发展等促使这一时期汉语词汇中出现了一些新词。"候选""捐纳"等是清代出现的与制度相关的词。其中"候选"在现代汉语中沿用,泛指等候选拔录用。"当票""劳金""劳资""法马"等则与商品经济发展等有关。清翟灏《通俗编·器用·筹马》:"交易者以铜为法,衡银轻重,谓之法马,皆属计数之意。""法马"用于商品交易中,是天平测定重量标准的物体。"劳资"是付给他人的劳动报酬。

2. 与日常生活有关的新词

日常生活主要体现在衣、食、住、行等方面,《姑妄言》中有"观音兜、湖绉、暖肚、月华裙、项圈"等与服饰有关的词;有"锅铲、广锅、满江红、夹剪、床单"等与生活用品有关的词;有"锅盔、蛏干、奶子茶"等与饮食有关的词;有"代东、上夜"等与日常生活动作行为有关的词。如:

① 见他上身雪白露着,只穿豆绿广纱抹胸,下着大红绉纱单裙。（第 5 回）

按:广纱,产于广州的丝织品。又如清叶梦珠《阅世编》卷八:"既而用素幅秋绢纱,今用广绢、广纱、绒纱、葛纱、巧纱、漏地纱……"

② 这日晚间,素馨上来,在西间屋里同香儿、青梅在一床睡,绿萼在桂氏房中上夜。（第 5 回）

按:上夜,值班守夜。又如清曹雪芹《红楼梦》第 14 回:"这三十个每日轮流各处上夜,照管门户,监察火烛,打扫地方。"

③ 还恐怕他跌得疼一般,又揉摸了一会,拿了一条湖绉汗巾包好,拿出一个锦糊的扇子匣来装了,放在枕旁,以便不时取用。（第 13 回）

按:湖绉,产于浙江省湖州市的丝织品,因练染后表面起明显皱纹而得名。又如清刘鹗《老残游记》第 17 回:"原来房内新铺盖已陈设停妥,是红绿湖绉被各一床,红绿大呢褥子各一条,枕头两个。"

④ 富新举目一看,好一双标致的艳婢,都是桃红纱衫,石青露地,纱

比甲,月华裙,家常吊着桃儿……(第 18 回)

按:月华裙,清初江南妇女流行的裙子式样,因"似皎洁的月亮呈现晕耀光华"而得名。又如清李渔《闲情偶寄·声容部·治服第三》:"吴门新式,又有所谓'月华裙'者,一裥之中,五色俱备,犹皎月之现光华也,予独怪而不取。"

⑤(甄氏)头上紧紧扎个观音兜,把右手大袖卷起,拿一根大红丝带,叫夜合替他扎紧在肘后。(第 19 回)

按:观音兜,清代妇女所用的一种暖帽,形似佛像中观音菩萨的帽子。又如清魏秀仁《花月痕》第 48 回:"采秋内衣软甲,外戴顶观音兜,穿件竹叶对襟道袍,手执如意。"

日常生活中出现的新词中有一些名物类新词的命名是"产地+类别",与制造业有关,如"广锅",广州铁锅,又称为"粤锅"。清代广东的制铁业发达,成为全国铁器的生产中心①,有"盖天下产铁之区,莫良于粤;而冶铁之工,莫良于佛山"的说法。类似的还有"苏画""苏碟"等。"月华裙""观音兜"等则以特征命名。这些名物词发展至今多数会随着事物的消失而消失。

3. 与身份职业有关的新词

《姑妄言》中与社会身份职业等相关的词语有"铺家、坊官、左堂、牛兵、百总"等。例如:

① 一个长班在前喝道,竟同那些街道、巡厅、坊官、捕衙众位当道老爷们来往。(第 5 回)

按:坊官,管理街坊的小吏。又如清李伯元《官场现形记》第 36 回:"唐二

---

① 吴量恺:《清代经济史研究》,武汉:华中师范大学出版社,1991 年,第 249 页。

乱子也急得跺脚,大骂姓师的不是东西,立刻叫人去报了坊官,叫坊官替他办人。"

②汴梁谓佃户为牛人,此时称为牛兵。(第21回)

按:牛兵,清代特指佃户。又如清李光壂《守汴日志》:"巡抚三鼓发朱帖,令黄推官速拨牛兵三百赴援。"自注:"牛兵,即牛人。"

③(慕义、林忠、尚智)又挑选了几十名力壮身强的好汉,委充百总管队总旗小旗同营头目。(第21回)

按:百总,即百夫长,指清代军队的下级军官。又如清薛福成《治术学术在专精说》:"军政一途,由百总而千总,而都司,而副将,泝升为水陆军提督。"

4.反映其他方面的新词

《姑妄言》中还有"畜道、道爷、往生咒"等哲学、宗教等方面的新词;有"教馆、解馆、学房、迎学、候场、场期、道考(清代省下设道,道所举行的考试)、同案"等与教育、科举有关的新词;有"婶婆、姑爹、姊丈"等与称谓有关的新词。如:

①何幸仗着腹内文章进了学,祁辛亏了孔方之力也游了庠,虽然各别,少不得算同案的朋友了。(第2回)

按:同案,指科考姓名同列一榜的人,即同一年进学者。又如清吴敬梓《儒林外史》第3回:"不觉到了六月尽间,这些同案的人约范进去乡试。"

②府县考的名字容易,不消说得。到了道考,也进了学,热闹了一番。(第8回)

按：道考，即道试、院试，清代童生试的第三阶段考试。因由各省学政主持，而学政旧称提学道，故称。又如清初佚名《飞花咏》第13回："不期这年遇着考期，令郎才高，府、县俱取第一。到了道考，令郎前去入场，一时人多遗失了，唐家各处找寻，竟无下落。"

《姑妄言》中还有"豆绿、乌青、乌紫、银红"等与颜色有关的新词；有"果子狸、川马、龙猪、逼汗草、豆芽"等与动植物有关的词；有"灯船、杂耍"等与文化娱乐有关的词。如：

③ 刚到家门口，他妻子师氏正在门内看看街上两条大狮子狗链在一处。（第3回）

按：狮子狗，指一种头尾的毛像雄狮一样长而蓬松的狗。又如清李绿园《歧路灯》第7回："原来二门内，锁着一只披毛大狮子狗，老奴抱住狗头，说道：'你们过去罢。他不敢咬，我蒙住他的眼哩。'""狮子狗"后来成为"哈叭狗/哈巴狗"的俗名。如徐珂《清稗类钞·动物类》："哈叭狗，俗名狮子狗，亦作獬八狗。"这种狗是一种体小腿短的宠物狗，早在元曲中就有相关记载，如元孟汉卿《魔合罗》二："门上挂着斑竹帘儿，帘儿下卧着哈叭狗儿。"

④ 公公说："宝盖头底下着个女字，是个安字。他说公公安，故此也该赏。"（第15回）

按：宝盖头，即宀。又如清李伯元《官场现形记》第24回："跟手我又在示字上加一个宝盖头，他说这是我们宗室的'宗'字。"

此外，《姑妄言》中还有些新词，表示的概念早在，但词形新见。如第19回："前日有个人送了我几只湖笔，几匣徽墨，我用他不着，改日送来与你写字。""湖笔"，《清一统志·浙江·湖州府二》："旧志：元时冯应科、陆文宝善制笔，其乡习而精之，故湖笔名于世。"但以"湖笔"称之，则见于清代。书中也有一些旧词形的词义发生变化,且新义与以前的词义之间没有明显联系,最终成为新词。

词汇是个开放的系统,它总是在不断地"吐故纳新"。"词汇是语言诸要素中最活跃、发展最迅速的部分,语言的词汇对社会上的一切变化特别敏感:它不仅对政治、经济的变化很敏感,而且对生产、文化和日常生活各方面的变化也同样敏感"①。这一点可以从《姑妄言》出现的新词看出。有的词时代感强,如"牛兵、捐纳、银锞儿"等词,反映的是当时社会的某类事物或现象,今天已不再使用;有的今天还在使用,如"豆绿、银红、搭头"等;有的词义已发生变化,如"候场",《姑妄言》第18回:"弟近来为家务萦心,学业都荒废了,欲请一位朋友到舍下,彼此切磋砥砺,做一番候场工夫。""候场"指等候科举考试,今天用来表示等候上场。

(二)《姑妄言》新词的形成

《姑妄言》中有的通过派生法、复合法造词。例如"票子",清代钱庄、票号等信用机构所发凭以兑取银、钱的票据。《姑妄言》第19回:"宦萼道:'这是你自不小心。票子不拴在钱串上另收着,如何得丢?'""夹剪"指一种夹取物品或碎物的铁制工具。例如《姑妄言》第12回:"要论起你这有名无实没用的老奴才来,该拿铁夹剪夹得碎碎的喂狗才好。"

有的新词则是通过"换素"形成的。如"馒首"即馒头。《姑妄言》第20回:"虽不比宦萼家烹调味美,他都是猪羊鹅鸭烧煮着,大盘堆砌馒首薄饼米饭粉汤,也十分的丰盛。""馒头"的说法早就有之,《敦煌变文集·韩擒虎话本》:"官健唱喏。改换衣装,作一百姓装裹,担得一栲栳馒头,直到萧磨呵寨内,当时便卖。"因"首""头"同义,就出现"馒首"的说法。这是换意义相同的语素形成的。

有的则是利用模式造词。"大吆小喝"指大声喊叫,是在"大A小B"的影响下产生的。如《姑妄言》第17回:"邬合还恐他躲在僻静处,故意的大吆小

---

① 张永言:《词汇学简论》,武汉:华中工学院出版社,1982年,第85页。

喝,后面撺着。"

有的新词是通过缩略或词汇化而成的。如"做东道-做东"都指请客吃酒饭。"东"指东道,即东道主。据《左传·僖公三十年》:"若舍郑以为东道主,行李之往来,共其乏困,君亦无所害。"此后"东道""东"有"主"义。如《姑妄言》第9回:"上头说轮流做东,我如何来得起?"清曹雪芹《红楼梦》第22回:"这早晚找出这霉烂的二十两银子来做东,意思还叫我们赔上!"《姑妄言》中还有"赌东""代东"等。例如第9回:"我们明日到童兄府上,拜过之后同到我舍下,我替童兄代东。""代东"指代做主人。有的则是由三音节词语略去某个语素而成的。如"破天荒-破荒""畜生道-畜道"等。以"畜生道-畜道"为例,《姑妄言》第1回:"兽心虽不能全革,若个伤害性命,来世尚可保全人体,不然又堕畜道矣。"第2回:"因他贪淫凶恶,故堕畜生道。""畜生道"是佛教语,指人作恶,死后当变为禽兽、畜生等。《汉语大词典》卷七第1335页首引《法苑珠林》卷三一引《大庄严论》:"畜生道若干,历劫极久长。"后来省作"畜道",所列最早书证出自清代蒲松龄《聊斋志异》。有的则是由四音节词语略去某个语素构成的,如"笑里刀、看风使、心腹爱"等。可以看出,偏正结构中起着修饰限定性作用的语素往往省略,如"恨如醋(恨如头醋)"。有时,则是略去四音节的最后一个语素,如"看风使(看风使舵)"。

第二节 方言词与外来词

一、方 言 词

《姑妄言》语言质朴、自然,其中方言词比较丰富。晁瑞(2006)认为确定历史文献方言词的标准有六种,其中"训诂学家笔下的方言记录""各类辞书、方言志收录的方言词"是判断方言词的重要依据[①]。我们重视《汉语方言大词

---

① 晁瑞:《〈醒世姻缘传〉方言词研究》,南京师范大学2006年博士学位论文(指导教师:董志翘),第6页。

典》等工具书、地方志类文献的参考作用，以及同时期一些方言背景比较清晰的小说、笔记的互证作用，这是因为词语不仅有地域性，还有时代性。下面以《姑妄言》的方言词为考察对象，讨论其来源分布的范围及成因，并试着分析其发展的情况。

（一）方言词来源的分布情况

《姑妄言》中方言词的来源分布极广，涉及吴方言、江淮方言、山东方言、辽东方言、北京方言等。

1. 吴方言词

《姑妄言》中有不少吴地方言词，如第 20 回："这挤噶行得？侬若同他睏，他乘了酒兴，还饶得过侬么？这事侬弗会子干个。""渠在外面同众位大叔们睏呢。""他弗肯个，难道叫侬攮住渠的不成？""老呀回府，栅栏虽不敢阻，黑了弗好走个。"其中"侬""睏""渠""耍子"等是吴方言词。为了确保方言词的"地域性""时代性"，我们参考了《明清吴语词典》①《简明吴方言词典》②《吴下方言考》等方言词典、辑录、相关地方志，以及《吴下谚联》《清嘉录》等清代笔记，《海上花列传》"三言二拍"等吴方言色彩较浓的小说，《山歌》《挂枝儿》等吴地时调。其中《吴下方言考》是清代武进人胡文英所著，成书于乾隆二十五年（1760），该书释义、考源，收吴地方言词 993 条。清代顾禄的《清嘉录》则是一部关于吴地民俗风土的笔记杂著，书中吴方言词亦很丰富。这些同时代的著作是考察方言最好的参考资料。据此，我们发现《姑妄言》中有不少吴方言词语，如"鉊（物渐磨去）、春间、歇脚、些子、落肚、一歇、促恰（狡黠）、密缝（合缝）、盐花、柴棒、搇话（故意讽刺、讥笑人的话）、几几乎"等。例如：

> ① 昨日老爷醉了，在我寒噶要睏。侬丈夫蒙老呀许还阮噶印子，无
> 恩可报，故叫侬来服[侍]。（第 20 回）

---

① 石汝杰、宫田一郎：《明清吴语词典》，上海：上海辞书出版社，2005 年。
② 闵家骥、范晓、朱川、张嵩岳：《简明吴方言词典》，上海：上海辞书出版社，1986 年。

按：噶，记音字，吴语中相当于"了"或"的"，表示相应的语法意义。一般写作"戛""格"。如《姑妄言》第 20 回："我寻个皮匠替你缝戛两针。"《姑妄言》中有"眼"20 处，都与睡觉有关，如第 6 回："你是贵人，我家没有好床铺你眼。"该词形也出现于其他文献中。明冯梦龙《山歌》卷一："昨夜同郎做一头，阿娘眼在脚根头。"章炳麟《新方言·释言》："今直隶、淮西、江南、浙江皆谓寝曰困。"汪维辉(2017)考察"困（眼）"的历史，认为晚唐五代起"困"在南方开始向"睡"义转化，此后两者逐渐形成南北对立。《姑妄言》有"乏困/乏眼"，指精力不济，疲倦。例如第 11 回："牛氏正约了和尚在他床上高兴了半夜，都乏眼极着了。"

② 江南人称为呆鹅头，那鹅见人走着，他却伸着大长脖子来吓人，被人一脚踢去，他反吓得跑得老远，江南人就是这个样子。（第 7 回）

按：鹅头，吴语中指傻子；傻、笨。清王有光《吴下谚联》："苏、松人以迂腐为鹅头，以书腐为书鹅。""苏、松"即苏州、松江。

③ 赛红道："我疯么？看你们三个方才舞狮子压灰堆，才像疯了的呢。"（第 8 回）

按：吴地有"打灰堆"习俗，即除夕夜持杖打粪堆、灰积，以祈福辟灾。清顾禄《清嘉录·小年夜大年夜》："旧俗，鸡且鸣，持杖击灰积，致词以献利市，名曰打灰堆。"

④ 那门板上裂着一条大缝，地下拾起根柴棒儿来，一阵拨便拨开了。（第 10 回）

按：柴棒，木柴。又如明清溪道人《禅真逸史》第 21 回："忽然喊声起处，屋旁抢出十数个健汉来，乃是羊家庄客，各各手持柴棒，攒住二人乱打。"

⑤ 我两个打个平火,和好了罢,不要给人看着我们为这小事,薄罨罨的笑话。(第20回)

按:薄罨罨,形容很薄,其中"罨"即"薄"。《姑妄言》中还有"罨薄",如第10回:"棺材罨薄,又未经灰漆,那一股臭气冲人。""罨薄"与"薄"同义。明冯梦龙《夹竹桃顶针千家诗山歌》:"差千差万跌心头,想起情郎嘴薄罨罨,真是油里油。"《姑妄言》中任面(谐音"人面")、寿新(谐音"兽心")是结拜兄弟,因任面捡到一百文钱未与寿新均分,两人大打出手,"以性命相搏",宦萼递一百文钱给寿新,两人和好。"薄罨罨"是用物薄来比喻人际关系的淡薄。

2. 江淮方言词

此处以南京方言为主。主要以相关地方志、《客座赘语》《西游记》《儒林外史》等为参证,其中《客座赘语》是明代顾起元所著,书中"辩讹""方言""诠俗"等处记载了明代南京的一些方言俗语、名物称谓。据遇笑容研究,《儒林外史》的方言背景是江淮方言[①]。据此,《姑妄言》中有不少南京等地的江淮方言词语,如"烹、擆、透、瘪嘴、空坐(清坐)、片粉(江淮等地的"片粉"形状主要是成片的,比粉条略宽)、辣子、子子、秋油、贼嘴(不守信用乱说)、做鬼(弄鬼)、鱼泡儿(鱼鳔)、胯子(大腿)、火烧火辣(又热又痛,形容内心焦灼)、巴不能够(巴不得)"等,这些方言词语的使用既与作者在南京生活有关,也与其素材多来自南京有关。如:

① 李四哥的力气好,杨大哥素常醋你三分,你便上去抱住他,张三哥手脚伶便,你便抱住那老婆。(第12回)

按:醋,即"怵",方言记音,害怕、畏惧的意思。明吴承恩《西游记》第55回:"行者却也有些醋他,虚丢一棒,败阵而走。"

___

① 遇笑容:《〈儒林外史〉词汇研究》,北京:北京大学出版社,2001年。

② 他舅子也当是他真正看见，倒不好认着犯头，大家说别的话，就扨了过去。（第 2 回）

按：犯头，冒犯的缘由。明吴承恩《西游记》第 3 回："我等在此，恐作耍成真，或惊动人王，或有禽王、兽王认此犯头，说我们操兵造反，兴师来相杀……"

③ 吴知同那四个家人跑到书房中，那马台正睡得着呼呼的，被他们摇醒了。（第 11 回）

按：着呼呼，形容睡得很沉的样子。"呼呼"形容鼾声、风声、着火声等。

④ 游夏流自己不知机，把威风使得太过，竟忘了他的利害，兴抖抖的走来接酒。（第 10 回）

按：兴抖抖，形容兴致很高。如明吴承恩《西游记》第 63 回："那八戒几钟酒吃得兴抖抖的道：'天将明了，等老猪下水去索战也。'"

⑤ 我家卖熟牛肉，那剩下的骨头骨脑，他也不知扰过我多少担数。（第 20 回）

按：骨头骨脑，指大小骨头。清吴敬梓《儒林外史》第 18 回："胡三公子叫家人取了食盒，把剩下来的骨头骨脑和些果子装在里面。"

3. 山东方言词

《姑妄言》中有山东方言词语，如第 19 回："那人见问，便恨恨道：'老爷请听言，事情虽小，叫作杀人可恕，情理难容。俺是山东人，俺名字叫作毕本。因家乡荒乱，到了者（这）儿。又没多大的本钱，只有十来两银子，做个货郎，挣个镪镪吃，住在一个店里。'指着那揢打的道：'这个没良心［狗］娘养的，他叫作赖盈,也是俺一搭儿的人,同在店里住着。……谁只(知)这没良心[狗]娘养的,不知在那搭儿里去了三年,躲得影儿不见。'""俺""一搭儿""那搭儿""䭢䭢"等为山东方言词。以《金瓶梅》《聊斋俚曲集》《醒世姻缘传》,以及一些地方志为参考,我们发现还有一些山东方言词散见于《姑妄言》中,如"多昝、挤撮、挡戗、合气、打关、急三枪_(性情急躁或毛躁)"等。

① 若论模样,八个人中算你第一,要说风流,也算你第一,我心爱你久了,我要有一句谎言,促死促灭。(第5回)

按: 促死促灭,快死快灭,一般用于咒骂或起誓。如明兰陵笑笑生《金瓶梅》第83回:"本是我昨日在花园荼蘼架下拾得的。若哄你,便促死促灭!"

② 黄氏只得一口悠气,心中虽然害怕,这样年纪才得个儿子,也还有几分欢喜。(第2回)

按: 悠气,微弱的气息。如西周生《醒世姻缘传》第95回:"到跟前看了一看,一点猜得不差,使手摸了摸口,冰凉的嘴,一些悠气儿也没了。"亦作"油气",如西周生《醒世姻缘传》第100回:"素姐睡在床上,只有丝丝油气,也无那些的狠气了。"

③ 又过些时,肚子一日一日大起来,里头梭梭的动,才知果是怀了孕。(第14回)

按: 梭梭,(肌肉等)连续跳动的样子。如西周生《醒世姻缘传》第60回:"恰好这一日身上的肉倒不跳,止那右眼梭梭的跳得有二指高。"

4. 其他

《姑妄言》中尚有一些其他地区的方言词。一是辽东方言词。尽管作者在南京生活了很长时间,但"乡音"记忆尤深,书中有不少辽东一带的方言词,如"下力、麻溜、侧楞(侧着躺或放)、挑担(连襟)、俏利、鏊子(一种烙饼用的圆形平底锅)、叫秧、翻肥(非常肥)、气脖(甲状腺肿大症)、手杌、满脸花(唾沫或血污或创伤散布满脸的状态)";二是北京等其他地方的方言词,如"牙清口白、水礼、戳眼"等。

① 漆黑的麦面打那一寸厚的锅盔,挺帮铁硬,嚼也嚼不动。(第9回)

按:锅盔,指锅饼。《玉篇·皿部》:"盔,钵也。"《龙龛手鉴·皿部》:"盔,盔器,盂属也。""盔"又称为"盔子",即像瓦盆而略深的容器。在锅里或鏊盘上加工制作的烧饼或烙饼,其形似盔而得名。据《汉语方言大词典》卷四,今天吉林白城,北京,陕西汉中、宝鸡等地还见"锅盔"这种食物。

② (富氏)伸手出去摸了摸,如稀糨子一般。(第15回)

按:糨子,糨糊。清代天津人李光庭《乡言解颐》卷一:"以麦屑和水熟稠曰糨子,生稀曰面糊。"据《汉语方言大词典》卷五,今天沈阳、大连、丹东、北京、天津、石家庄、菏泽、郯城、平邑等地有"糨子"的说法。

③ 童自大按住道:"你方才自己说得牙清口白,不许撒赖,如何换得?"(第13回)

按:牙清口白,比喻说话清楚明白。如清文康《儿女英雄传》第9回:"怎当得十三妹定要问他个牙白口清,急得无法。"今天仍在一些方言中得到沿用。

④ 次早饭后,竹思宽押着一架食盒,送了十二色水礼,一坛酒,亲自

送来道谢。(第 17 回)

按：水礼,红白喜事时馈赠的食品之类礼物,后泛指一般的礼物。又如清李百川《绿野仙踪》第 44 回:"送他水礼,不是意思,到是袍料或氅料罢了。"今天该词在四川成都等地还有使用。

⑤ 他去了,不拘甚么事,我都一揽干包,全全做的,你只管先坐着受用。(第 19 回)

按：一揽干包,对一定范围的工作总包总管。今天在云南昭通等方言中还有使用。姜亮夫《昭通方言疏证·释词》:"总撮而持之……昭人言一揽干包。"

有的方言词在多个方言中使用,如"滑挞",有"滑搭""滑跶""滑达""滑达"等异形词,其中"滑跶"应是原有词形。"跶"指失足摔倒。《姑妄言》"滑挞"重叠为"滑挞滑挞",形容滑得不停的样子。如第 11 回:"人在泥淖中行,滑挞滑挞的不住。"今天江淮方言中仍用"滑挞",1934 年《阜宁县新志》:"滑挞,状物之滑者。"又有"打滑跶/达"的说法,清代太仓人顾张思《土风录》卷十:"行路欲颠仆曰打滑达。"据崔山佳《宁波方言词语考释》,"打滑跶"指地滑行走不稳①。此外,清陈康祺《郎潜纪闻》卷十二:"禁中冬月,打滑挞。"《汉语大词典》卷六第 327 页据该例释"打滑挞"为"古代一种滑冰游戏"。

方言是地域文化的一种表现形式,是地域文化的载体。《姑妄言》故事的空间背景是南京一带,其文化地域是"以南京为中心,向东南通往闽浙,向西南通往滇黔,向北通往齐鲁燕赵,直射辽东"②。小说中出现不同的方言成分,

① 崔山佳:《宁波方言词语考释》,重庆:巴蜀书社,2007 年,第 206 页。
② 王长友:《〈姑妄言〉与南京地域文化》,《明清小说研究》2008 年第 2 期,第 275 页。

基本上与该书所体现的地域文化涉及的范围一致。可见,讨论《姑妄言》中的方言词可为该书文化地域的认定提供新的证据。

(二)方言词来源分布较广的原因

《姑妄言》中方言词来源分布较广与南京方言的复杂性有关。南京方言的形成比较复杂。《晋书·乐志》中有记载:"吴歌杂曲,并出江南,东晋以后稍有增广。"西晋末年,因"八王之乱""五胡乱华",中原地区沦陷,民居无定所,许多士族、百姓为求生活安定不断往南迁徙。其间,晋室也南迁至建康,"建康城内外设侨郡侨县达二十多个,北人数量甚至超过土著"①,南迁的北方人与当地人一起生活,必然会对当地原有方言产生影响,从而逐渐出现"南京方言由单纯的吴语发展为吴语与北方话并存"②的状况。此后,宋元之间又多次出现北人南迁,这就拉大了南京方言与吴语的距离。在经过长期并存阶段之后,南京地区原有的土著方言吴语最终成为江淮方言的"底层"。鲍明炜在《南京方言历史演变初探》中指出:"南京方言在魏晋南北朝属于江东方言区,即吴语区。""古代的南京话在吴语边沿,濒临北方话的汪洋大海,历史上又经历几次大规模的北人南迁,定居金陵,同时带来北方话,一次又一次与土语接触⋯⋯转变为北方方言。"③南京方言词汇中必然有吴语、北方方言的痕迹。此外,明末清初,由于资本主义的萌芽,江南成为经济比较发达的地区,这就吸引了商贾、文人等竞相至此,这些外来人口必然会给当地方言产生一定影响。

《姑妄言》中方言词来源分布较广也与作者生活经历等有关。《姑妄言》的作者自署"三韩曹去晶",清刘廷玑《在园杂志》卷一有"辽东人自署多称三韩"的说法,崔溶澈(1999)认为"三韩"是小县地名,"明末以后特指辽东一带,清朝亦如此"④,曹去晶是明末清初时期辽东一带的人,后在南京长大,对以南

① 刘丹青:《〈南京方言词典〉引论》,《方言》1994年第2期,第82页。
② 卢海鸣:《六朝时期南京方言的演变》,《南京社会科学》1991年第2期,第30页。
③ 鲍明炜:《南京方言历史演变初探》,《语言研究辑刊》第1辑,南京:江苏教育出版社,1986年,第376、383页。
④ 崔溶澈:《曹去晶的〈姑妄言〉——新发掘的清代艳情小说》,《学海》1999年第3期,第115页。

京为主的江淮方言词相当熟悉,平时又与南京周边的江阴等地的人有着密切的联系①,这样的生活经历使得作者在创作时能够熟练使用一些方言词,如第20回:"三只脚的蟾寻不出来,像你这两只脚的汉子,要无千带万多的很呢。"此句中"无千带万",吴方言词语,形容数量多。如清钱德苍《缀白裘》第1集昆曲《寻亲记·茶坊》:"那一日夫妻两个在府场上分别,看个人无千大万,无一个弗哭个。"(《缀白裘》,共12集48卷,每集分为4卷,共收录单出戏489出,其中昆腔430出,花部59出,曲白皆全,在其辑成之后的百余年里,流行最广,翻刻最多,成为最重要的戏曲摘选本)

文人创作的互相影响对《姑妄言》方言词来源分布较广也产生一定的影响,此处主要指《金瓶梅》等小说的影响。以山东方言为基础的《金瓶梅》在明末清初得到了流传,在一定程度上扩大了山东方言词的影响范围。更重要的是,《姑妄言》是"沿着《金瓶梅》和《金瓶梅》式小说的创作路子走的"②,因此,书中难免会有一些模仿的痕迹,表现在词上,就是使用《金瓶梅》的一些特色词,如"仰擤-仰搧"。《白话小说词典》(2011)第1810页收"仰擤",所引书证皆出自《金瓶梅》。张鸿魁以《金瓶梅》为例认为"擤"是方言词,且是基本词形③,"搧"为误写所致。"仰擤/搧"多次在《姑妄言》中出现,目力所见其他文献中暂未见到此用法。

(三)方言词的流传与发展

词汇处于不断地变化与发展之中。"民族间的贸易往来,文化交流,移民杂居,战争征服等各种形态的接触,都会引起语言的接触。语言的接触有不同的类型,其中最常见的是词的借用"④。就方言而言,不同地区的人之间的

---

① 陈辽:《奇书〈姑妄言〉及其作者曹去晶》,《南京理工大学学报(社会科学版)》1999年第5期,第28页。

② 王永健:《略论〈姑妄言〉在明清章回小说史上的地位和影响》,《闽江学院学报》2003年第3期,第2页。

③ 张鸿魁:《〈金瓶梅〉"擤"字的形音义——纪念吴晓铃先生》,《枣庄师专学报》1995年第3期,第46页。

④ 叶蜚声、徐通锵:《语言学纲要(修订本)》,北京:北京大学出版社,2010年,第208页。

相互接触也会对彼此的方言产生影响，其中最明显的就是词汇上的借用。以清代白话小说为文献资料，以《汉语方言大词典》《现代汉语方言大词典》《现代汉语词典》等为参考资料，从《姑妄言》中选取一些方言词，分析其在清代、现代汉语中的流传情况，由此反映方言词汇的发展趋势。

有的词在原方言中使用，如"秋油""兴抖抖"，今天仍在南京等地使用。例如"瓢儿菜"，《姑妄言》第 17 回："童自大吩咐家人拿饭来，他如今不像当日待邬合的一块冷豆腐几片臭咸鱼的那个局面，虽不十分丰盛，也就拿了四碗菜来，牵荤搭蔬，鱼肉、瓢儿菜、豆腐之类。"又如清陈作霖《金陵物产风土志》："而初春黄韭芽，首夏牙竹笋，秋菘之美者以矮脚黄名，冬日则有瓢儿菜、雪里蕻、白芹，可烹可菹，其甘媚舌，最为隽品。"徐珂《清稗类钞·植物类》："沪中冬月有一种塌地而生者，根粗矮叶，形如盆，多皱纹，色深碧，名盆科菜，又名塌稞菜，一经浓霜，则味甘如饴，实即江宁之瓢儿菜，湖湘之黑油菜也。"据《汉语方言大词典》卷五，今天江苏南京的瓢儿菜，读[ˌpʻiər tsʻɛˀ]。

有的方言词使用范围不断扩大。如"挑担"，本来指以肩荷物，文中却用来称呼"连襟"。例如《姑妄言》第 16 回："你的儿子同我的儿子是嫡亲挑担，你还谦甚么？"后来一些笔记、地方志中有用"挑担"称呼"连襟"的相关记载，如清俞樾《茶香室丛钞·称谓之异》引清黎士宏《仁恕堂笔记》："甘州人谓姊妹之夫曰挑担。"1917 年《临县志》："连襟曰挑担。"今天称呼"连襟"为"挑担"的用法不仅在陕西、甘肃等地沿用，还见于山西的临县、柳林、大宁、隰县、永济、广灵、运城、曲沃、芮城，陕西的西安、绥德、米脂，河北的满城、完县，青海的西宁，新疆乌鲁木齐、巴里坤、哈密，甘肃兰州、凉州，宁夏银川，四川成都，云南永胜等地（以上参考《汉语方言大词典》卷三）。凉州等地则还有称"连襟"为"担子"的情况。又如"肋巴"，即肋骨。《姑妄言》第 2 回："原来黄氏把那猪的四只腿，两块大肋巴，都落了下来。"该词在清代其他一些白话小说中有使用。如清文康《儿女英雄传》第 6 回："他就把拳头往上偏左一提，照左哈肋巴打去。"今天该词还在一些方言中沿用。河北唐山，山东烟台、牟平、长岛，河南郑州，江苏赣榆，陕西宝鸡、汉中，青海西宁，甘肃敦煌、兰州，新疆吐鲁番、乌鲁木齐,宁夏银川,湖北天门,四川成都、南充、自贡,云南昭通、水富,江西赣州蟠龙等地均有用该词的情况(以上参考《汉语方言大词典》卷二)。又如"拖牢洞",本指犯人死亡,尸首由壁洞中拖出。例如《姑妄言》第17回:"过(当忤)作拖了(出)牢洞。"此时"拖牢洞"还未凝固成三音节词语,后来"拖牢洞"用作詈词,诅咒他人死亡。如清钱德苍《缀白裘》初集《永团圆·计代》:"(付)啐!拖牢洞个!我是要骂哉嘘!"又第3集《荆钗记·说亲》:"啰里个拖牢洞个抢我个媒人做!"

有的方言词使用的范围逐渐缩小,如"打关",《姑妄言》第2回:"每人面前放一把自斟壶,自斟自饮,豁拳打关,不许代酒,不许错斟,违者罚三壶。……他是主人,自己行令打关,自斟自饮。"酒席上饮酒猜拳时,某个人依次与在座的人猜拳喝酒,即"打关",亦作"通关"。又如清李伯元《官场现形记》第12回:"通桌的陪花,从主人起,五啊六啊,每人豁了一个通关。"今河北雄县等地使用该词,如1929年《雄县新志》:"亲朋招饮,团坐十余人,猜拳行令,人各一周,名曰打关。"

有的方言词逐渐进入通语,如"扫兴"指事先计划而未实现,《姑妄言》第1回:"我原是请你,你不坐就扫兴了。"明田汝成《西湖游览志余·委巷丛谈五》:"又有讳本语而巧为俏语者,如诉人嘲我曰淄牙,有谋未成曰扫兴……"该词本是吴语词,今天已经进入普通话。但也有一些是当时常见的词语,后来逐渐在通语中消失,今天仅在一些方言中留用,如《姑妄言》第17回:"施主若肯大发慈悲,贫僧再往别处募化水脚银两,雇船运去,到了敝省,那就好处了。""脚钱"即运费,如唐元稹《为河南府百姓诉车状》:"河南府应供行营般粮草等车,准敕粮料司牒共顾四千三十五乘,每乘每里脚钱三十五文。""水脚钱"特指水路运输的费用,有时省称为"水脚"。如《宋史·食货志下二》:"尽取木炭铜铅本钱及官吏阙额衣粮水脚之属,凑为年计。""水脚"在明清文献中常见,如明冯梦龙《警世通言·宋小官团圆破毡笠》:"(刘顺泉)趁得好些水脚银两,一个十全的家业,团团都做在船上。"据《汉语方言大词典》卷一,今天河北新城、上海、浙江宁波等方言中用该词,如1935年《新城县志》:"船资谓之水脚。"《沪谚外编》:"水脚,水路转运货物所需之费也。"

"每一个词都有其时代性和地域性。时代性是指词只在一定的时段内使用,地域性是指词只在一定的地域内通行。揭示词的时代性和地域性是词汇史学科的基本任务之一,也是正确训释词义的一个重要因素"①。清代文献中方言资料极其有限,以上是在参考诸多相关资料的基础上,描写了《姑妄言》中方言词使用的特点,分析其成因,尔后以一些方言词典为依据,考察了《姑妄言》的一些方言词在现代汉语中的发展情况。这样做不仅可以全面地描写该书的方言词面貌,也可为汉语词汇史研究提供宝贵的资料。

二、外 来 词

《姑妄言》中塑造了社会上形形色色各种人物形象,"世间所有之人,所有之事,无一不备"(《姑妄言》第1回),既有"黄冠缁流""淫僧异道""比丘尼",也有"赌贼闲汉"之流,这些不法之徒都藏身于佛门、道观、尼庵,如接引庵的黑姑、慈悲庵的崔命儿等人。据《姑妄言》第1回卷首:"一部书若许奸夫淫妇,却以一尼一道开首,见此辈中能戒律者少。大书之,为彼等下针砭耳!"书中与佛教等有关的词语不少,有"沙弥、阿罗汉、菩萨、波罗密"等。如:

1. 死后发阿鼻受罪,岂不完他的宿孽么?(第7回)

按:阿鼻,梵语 Avīci 的音译,"阿鼻地狱"的略称。

2. 菩萨,僧家第一戒的是酒,贫僧不敢领受。(第12回)

按:菩萨,梵语 Bodhisattva 的音译,原本是释迦牟尼修行而未成佛时的称号,引申为对乐善好施之人的尊称。

---

① 汪维辉:《论词的时代性和地域性》,《语言研究》2006年第2期,第85页。

3. 倘得罪了学生,他望着父母说先生利害,父母心疼儿子,恐怕拘管坏了他,一时把二个山字磊将起来,这把馆就像喇嘛的帽子,黄到顶了。(第5回)

按:喇嘛,藏语 Blama 的音译,是藏传佛教对僧侣的尊称。

《姑妄言》中塑造了铁氏、火大等回族人物形象,所用词语涉及他们的饮食、服饰等多个方面的内容。如:

4. 请老师傅同满剌念回回经,即日下葬,都不必细说。(第2回)

按:满剌,阿拉伯语 Mallā 的音译,亦作"满喇"①,指在伊斯兰教清真寺学经学员。

5. 老回子把一个六月的斋,大长的天气又是那热,一日饿到晚,还要几次礼拜,直到星月上才吃上一饱。到五更时,又撑上一肚子的牛羊肉、油香、哈哩洼,好捱一日。(第2回)

按:哈哩洼,阿拉伯语 Halwā 的音译,意为"甜点""糖果",回族食品名称,亦作"哈里哇"。如第24回:"家中杀牛宰羊煠油香,做哈里哇,念了一日回回经。"《回族穆斯林常用语手册》第55页中记作"哈里瓦",并详述其制作方式:"用熟面粉、红糖、蜂蜜、芝麻、果脯等制成甜面料,填入专用的模具,制成扇形、梅花形等各种形状即成。""油香"是伊斯兰教徒的一种用香油炸熟的饼状食物,一般在纪念亡人或宗教活动时制作食用。

6. 童自大笑道:"哥不懂得这市语么? 这叫做老脸大发财。你们听

---

① 史有为:《新华外来词词典》,北京:商务印书馆,2019年,第739页。

我唱：姑娘姑娘生得俏，头戴骨姑帽。腰里拽把草，肚里娃娃叫。"（第
10回）

按：骨姑帽，元明时期蒙古族、回族已婚妇女戴的一种帽子，又称为"固
姑""罟罟"（蒙古语Kukue的音译词）。南宋陈元靓《事林广记·服用原始》：
"固姑，今之鞑靼、回回妇女戴之，以皮或糊纸为之，朱漆剔金为饰，若南方汉
儿妇女，则不得戴之。"《姑妄言》中因妻子是回族，童自大比较熟悉回族的生
活情况，他说的"骨姑帽"就是固姑帽。又如清谈迁《北游录·纪闻下》："命妇
如其夫之服，亦固姑帽。"此处"老脸大发财"指脸皮厚就能发大财。

《姑妄言》中外来词不多。从来源看，多数是之前就已经进入汉语词汇
的，如"菩提""须弥山""罗刹""修罗"等，也有一些是新产生的，如"满刺"。从
外来词词义的情况来看，有的使用引申义，如"菩萨"；有的使用本义，如"修
罗"。从词形来看，有的词形渐趋定型，有的词形还未固定，如"哈哩洼/哈
里哇"。

第三节　行　业　语

《姑妄言》将近百万字，鸿篇巨制必然反映了明末清初广阔的社会生活。
书中人物来自各行各业，这些人物的日常生活语言中存在大量的行业语，例
如《姑妄言》第19回："把这银子你另外拿着，恐怕他拿广法马兑你的，就要个
大加三。"明清之际，广州商品经济相对而言要发达些，常常有些物品流通到
内地。故"广法马"这个说法与其来源有关。"大加三"即"九出十三归"，高利
贷的一种计算方法，指借十得九（九扣）高利贷每贷款十分，一个月后偿还十
三分（十三归）。小说中类似这样的行业语很多，下面仅作简要介绍：

与教育科举有关的词有"对课、课子、解馆、旷馆、处馆、窗稿、窗友、学霸、
从师、放馆、高徒、黉门、黉序、教官、教馆、门人、生徒、生员、文庙、夏楚、学长、
学道、学房、学馆、学规、学钱、学师、学署、学堂、学业、学院、延师、邑庠、肄业、

义学、迎学、坐馆；案首、榜首、报单、报录、表论、不售、策判、场期、齿录、春榜、大比、道考、道学、登第、殿试、鼎甲、夺解、恩荫、二甲、发甲、房师、发榜、赴考、高发、高魁、贡举、贡生、贡院、挂榜、观场、候场、黄甲、会榜、会场、会试、监生、进士、进学、举业、举子、科场、科甲、科举、科考、连捷、连科、劣行、鹿鸣宴、抢元、落第、门生、墨卷、纳监、前科、秋闱、入场、入泮、三场、侍生、庶吉、岁考、题名录、同案、同年、文场、文宗、下场、下科、乡榜、乡试、亚魁、业师、荫生、夤缘、应试、游庠、月课、在庠、中式、主考、宗师、座师、座主”等百余条。其中“中式”“学钱”“赴考”“挂榜”等是沿用而来的，“候场”“教馆”等是清代新词。上述词语有的今天还在使用，如“学业”“学长”“会场”“主考”“学霸”等，这些沿用的词语中有的词义发生了变化。如《姑妄言》第8回：“再说这江南三学中有一种学霸，自己从不读书，遇岁考时用银子老保一个三等。”此处“学霸”指学术界的恶棍，贬义词，今天该词感情色彩发生变化，成为褒义词。

与医学有关的约198条，其中与疾病名称有关的有“风毒、疔疮、痘棒、疮疡、痘风、痄疮、蛊胀、急症、伤寒、疥疮、疟疾、疽溃、眊眼、气脬、气蛊、瘴疠、青盲、弱病、弱症、时疫、时症、痰火、脏头风、休息痢、瘟病、下疳、下寒、眼疾、阳毒、阳痿、杨梅疮、遗精、疫病、疫疠、痛疸、痈毒、恇忡、痔疮、热病、鸡眼儿、上火、虚火、血崩”等；表示中药及药草名的有“如意丹、迷药、末子、暖宫丸、参苓、金丹、麻药、灵药、茯苓、甘草、固本丹、虎胫、黄连、鹿茸、门冬、淫羊藿”等；与医药行为有关的有“炮制、调敷、疗治”等。“上火”“鸡眼”等今天还有使用，但多数词语已不再使用。

与军事、曲艺、农业、手工业、商业等行业相关的术语也比较丰富，如与军事相关的有“编伍、灰瓶、哨探、塘报、窝铺、巡哨、监军、教场、军籍、内营、探马、窝弓、先锋、营盘”等；与曲艺相关的有“边关调、连像儿、大套、副末、鼓乐、关模、脚色、女旦、曲白、戏旦、小曲、八脚、昆腔、苏腔、杂旦”等。“杂旦”即耳朵旦，昆剧中宫女龙套的别称。下面以曲艺类行业语为例，略举数例如下：

① 别的游船上，有清唱的，有丝管的，有挟妓的，有带着梨园子弟

的,还有吹打十番的。(第 2 回)

按:十番,本指十番鼓,因其演奏时需要轮番演奏鼓、笛等多种乐器而得名。又如清孔尚任《桃花扇·选优》:"我们君臣同乐,打一回十番何如?"清叶梦珠《阅世编·纪闻》:"吴中新乐,弦索之外,又有十不闲,俗讹称十番,又曰十样锦。其器仅九:鼓、笛、木鱼、板、拨钹、小铙、大铙、大锣、铛锣,人各执一色,惟木鱼、板,以一人兼司二色……"

② 我虽是正旦,那小旦、贴旦的曲子我都会,就是男脚色我也会,我同你一出出的串了顽。(第 6 回)

按:正旦、小旦、贴旦,都是传统戏剧中的旦角,其中正旦扮演的是女主角,小旦扮演的是年轻女子,贴旦扮演的是次要角色的旦角。"贴旦"的说法首见于清代作品,如《姑妄言》中的例句,又如清李斗《扬州画舫录·新城北录下》:"贴旦谓之风月旦,又名作旦,兼跳打,谓之武小旦。"

③ (阮最)笑嘻嘻向他做着那戏上的关模,道:"像那《西湘(厢)记》中的'软玉温香抱满怀呀,刘阮入天台'。"(第 8 回)

按:关模,当为"关目",指戏曲、小说中的重要情节,也指戏曲中的说白。

④ 二来他的心先也就有些回了,见他苦求,借意儿也就收科。(第 21 回)

按:科,指元代杂剧中角色表演的动作。收科,即表演"收"的动作,泛指收场。

清初昆剧盛行。徐珂在《清稗类钞·戏剧类·戏剧之变迁》中提道:"国初最尚昆剧,嘉庆时犹然。"清代最大的折子戏曲集《缀白裘》中以昆剧为主可为佐证。《姑妄言》中嬴阳父子、嬴阳的妻子阴氏、阮大铖的小妾娇娇等人都曾入昆剧班子,书中与昆剧相关的内容不少。如:

⑤ 到了次日,聂变豹传了嬴阳这班子弟来家中唱戏,到半本落台时,已有二鼓,合班人吃饭了,一个个都出去净手。(第6回)

按:落台,本指收场。又如清李渔《闲情偶寄·演习部·脱套第五》:"可怪近时新例,下场诗念毕,仍不落台,定增几句淡话,以极紧凑之文,翻成极宽缓之局。"后来引申为了结、结束。如清吴敬梓《儒林外史》第5回:"黄家的借约,我们中间人立个纸笔与他,说寻出作废纸无用,这事才得落台,才得个耳根清静。"该词今仍在吴语等方言区中使用。

⑥ 故此天下皆称为昆腔,因昆山系苏州所辖,又称为苏腔。(第6回)

按:昆腔,原为元末明初昆山一带流行的民间戏曲腔调,明嘉靖间经昆山人魏良辅的革新,变弋阳海盐故调及民间曲调为昆腔,初只行于吴中,后渐流传各地,盛行于明末清初。

⑦ 且八脚俱会,那腔口板眼吞吐清楚,都从牙缝中一字字逼将出来。(第8回)

按:八脚,即八脚头。据《中国昆剧大辞典》,温州永嘉等地的昆剧班社谓小生、老生、正旦、当家旦(老旦)、大净、小净及乐队中的司笛、司鼓八行为"八脚头"。据《汉语大词典》卷四第864页,"板眼"即传统音乐和传统戏曲唱腔的节拍。每一小节中的强拍,多以鼓板敲击按拍,称"板"。次强拍及弱拍,则以鼓签或手指按拍,称"眼",合称"板眼"。"腔口"指腔调。

此外,《姑妄言》中还有与官场、妓院、赌博、商业等相关的词。以赌博类为例,有"叉、快、呼卢、对桩、骰盆、盆口、采头、长局、上局、夜局、下注、翻本、手气、骰子、色盆、掷色、红儿、豁拳、打关、拈飞、抽头、钳红捉绿"等。如:

> ⑧ 惟独这一毫不知的雏儿,不要讲甚么盆口,连叉快还认不清。……譬如坐三个六,一个金么,一个白么,那一个看着是个二四的样子。他一阵跳,不是么就是三,反赢五注。……还赶着下注,自己掷掷是臭,一个快星儿也没有,他还大着脑袋混掷混下……(第4回)

按:么,即"幺"。元熊忠《古今韵会举要·萧韵》:"幺,今俗作么。"清顾炎武《日知录》卷三十二:"'一'为数之本,故可以大名为之……又为数之初,故可以小名之,骰子之谓一为么,是也。"①文中"么"就指骰子上或骨牌中的一点。"盆口"即色盆。据《中国古代名物大典》:"古掷钱博戏完全正面谓'叉',完全背面谓'快'。以掷得叉、快或正背面多寡定胜负。"②"快星儿"即掷出的骰子上的点数,"注"指赌博时所下金钱财物,"下注"即下赌注。

> ⑨ (屠四)拣有好主儿放头接赌,比他叔叔当日更觉兴旺,来者越多。(第2回)/别人看见这人场场赢,拈飞的,打算的,不计其数。(第4回)/(嬴阳)请向来同他阿政相契厚的这些公子财主们,内中有好赌者来家中赌博,他在傍拈头。(第6回)

按:放头、拈头,指自设赌局聚赌,从中收取头钱。文中竹思宽靠在赌场做帮手为生,帮着"算算筹码""记记帐目",赢家会给他少量的钱。"拈飞"跟

---

① 顾炎武著,陈垣校注:《日知录校注》,合肥:安徽大学出版社,2007年,第1853页。
② 华夫、丁忠元、李德埙、李一行等:《中国古代名物大典》,济南:济南出版社,1993年,第375页。

"抽头"稍有区别。"抽头""放头"要提供赌博场所,还要召集人聚赌,而"拈飞"靠在赌场服务谋取少量的服务费。

《姑妄言》赌博类词较多,与书中塑造了不少"赌徒闲汉",如竹思宽、铁化之类人物形象有关。清初,随着商品经济的发展,城市中市民阶层逐渐扩大,掷骰博戏成为一般市民消闲的主要方式。清代龚炜在《巢林笔谈》中提到"赌博之风,莫甚于今日。闾巷小人无论已;衣冠之族,以之破产失业,其甚至于丧身者,指不胜屈"①。《姑妄言》中与赌博相关的词,有的是新词,如"夜局""下注";有的则是沿用而来,如"呼么喝六",即"呼么喝六"。"么""六"指骰子上的点数。掷骰子时呼喊出希求的数字,以期掷出的骰子能与之吻合,呼喊的目的在于讨彩头。"呼么喝六"早期用于赌博,后来词义发生泛化,指大声吆喝盛气凌人的样子,如清蘧园《负曝闲谈》第2回:"(沈老爷)落后又呼么喝六的去踏勘了一遍,详报了上去。"

此外,《姑妄言》中隐语比较丰富,有"酒、炉、八刀、八乂、白米、贝戎、贝者、崩鼎、别敬、才丁、鼎器、黄米、家兄、剪绺、孔方、炉子、马扁、马蚤、女乔、人马、水银、水客、四马、汤保、丘八、跳槽、金童玉、青天白、七大八、川中犬、百姓眼、虎扑儿、团于蓝、飞过海、活切头、陈妈妈、揭被香、八千女鬼"等。这些隐语以双音节、三音节为主。下文将有详细的介绍,此处不再赘述。

清代是封建社会的最后一个朝代,也是汉语由近代汉语向现代汉语过渡的时期,讨论这一时期专书词汇的构成可以通过一个具体的"点"了解这一时期汉语历史词汇的基本情况。

《姑妄言》的承古词,源自不同时期,其中明代的词语较多,这与汉语词汇发展的稳固性、该小说的取材有关。该书使用承古词时,或是直接使用,这是《姑妄言》采用承古词的最主要方式;或是词义发生变化,且新义与原有词义有联系。这反映了汉语历史词汇构成中的历史层次性与汉语词汇发展的稳

---

① 〔清〕龚炜:《巢林笔谈》,北京:中华书局,1981年,第107—108页。

定性的特点。

《姑妄言》的新词反映了当时社会生活的方方面面,它们或与政治、经济有关,这类新词的出现往往与新制度的出现、商业的发展有关;或与人们日常生活中的衣、食、住、行等有关,有的新词是由"产地＋类别"构成的,这类词语的发展与事物的兴亡紧密相关;或与社会身份职业,以及哲学、宗教、教育、科举等有关。《姑妄言》中新词的产生方式是多样的。这些新词中,有的尤其是反映了社会中某些特有事物或现象的新词容易消失,也有的会逐渐成为汉语词汇中的常见词语,甚至出现词义泛化之类的现象。

《姑妄言》是以明代万历至甲申、乙酉之变期间的南京为地域背景展开的,书中方言词丰富,且来源分布较广。这与南京方言本身的复杂性、当时南京经济比较繁荣、作者的经历、文学作品的影响等有关。北方人不断南迁,人们频繁接触,使得吴语成为南京方言的底层,南京方言词汇中必然存在一定的吴语词汇。清初南京经济较好,吸引不少浙江、安徽、山东等地的外来谋生的人,他们必然会给当地方言词汇带去"异质"成分。作者长于辽东,生活于南京,活跃于江阴一带,熟悉以山东方言为基础的《金瓶梅》,这些对《姑妄言》中方言词的使用产生一定影响。《姑妄言》中方言词来源分布情况印证了王长友关于该书地域文化以"南京为中心,向东南通往闽浙,向西通往滇黔,向北通往齐鲁燕赵,直射辽东"①的结论。

《姑妄言》反映了广阔的社会生活,书中必然有不少与行业相关的词,也有来自外族、外国的外来词,其中较为显著的是该书中与回民相关的词较多,这与清初回民聚居南京的社会背景有关。

总之,《姑妄言》词汇是一个多层面的"异质"的系统。

---

① 王长友:《〈姑妄言〉与南京地域文化》,《明清小说研究》2008 年第 2 期,第 275 页。

第二章 《姑妄言》词语的结构研究

关于词语的内部结构，刘叔新（2005）认为构词法属于词汇学的研究对象，蒋绍愚（1989）指出"各个历史时期的构词法的不同，明显地会影响到各个时期词汇的面貌。所以构词法的研究也与词汇研究有关"①。本章主要以《姑妄言》中 20 000 多条词语为主，对其中的双音节、三音节、四音节词语的内部结构展开讨论，从而对该书词语的结构特点形成一个总体的认识。

"音素的线性组合所构成的语音结构单位就是一般所说的音节。音节就是人们自然而然地感觉到自己语言里的最小语音单位，就是说，最小的听觉单位"②。作为专书词汇研究，研究该书词语的内部结构本应以单纯词、合成词等为分节标准展开，但本书为了方便讨论，以双音节、三音节、四音节词语为分节标准，主要从单纯词、合成词（附加式、重叠式、偏正式、并列式、述宾式、述补式、主谓式）来讨论双音词语的内部结构，详细分析了三音节、四音节词语中的重叠式、偏正式、并列式等，以及同素异序、羡余等构词现象。另外，《姑妄言》中单音节词构词现象比较少，此处不作讨论。至于书中的一些五音节乃至更多音节的词语，如"天字第一号""发昏章十一"等，它们所表达的意义是整体的，但"语"质明显，学界对此多有争议，本章我们暂不作讨论。

---

① 蒋绍愚：《古汉语词汇纲要》，北京：北京大学出版社，1989 年，第 267 页。
② 徐通锵：《语言学是什么》，北京：北京大学出版社，2007 年，第 38 页。

第一节 双音节词语的内部结构

《姑妄言》中共有双音节词 16 013 个，在全书中所占比例最大，本节对《姑妄言》中的双音词语的内部结构进行简要描写，并选取典型例子详细分析其中的同素异序现象，力求在共时层面上展现双音词语的面貌与特点，在历时层面上勾勒清初双音词语发展的情况。

一、双音节词语的内部结构

葛本仪（2001）认为：所谓构词是指词的内部结构问题，也就是词素组合的方式和方法[①]。《姑妄言》中双音节词语数量多，结构类型丰富，分为单纯词和合成词。此处仅作简要介绍。

（一）双音节单纯词

《姑妄言》双音节单纯词包括联绵词、叠音词、音译词，例如：

①正在懊悔，忽听得前门外不住鼕鼕的摇鼓儿响，忙跑去开门，看见是两个摇鼓的。（第 10 回）

②权氏兴抖抖来做财主奶奶，忽然见这个光景，心中鹘突。（第 19 回）

《姑妄言》中双音节联绵词有"鹌鹑、踌躇、鹘突、朦胧、匍匐、怂恿、旖旎、踟蹰、怆惶、蹉跎、婀娜"等，其中"踌躇"与"踟蹰"都表示犹豫不决。"鼕鼕"是叠音词，这类词是由相同的音节重叠而成的双音单纯词。《姑妄言》叠音词有两类：一是"呜呜、呖呖、喃喃、刺刺、淙淙"等拟音词，"这一类词以模拟事物的容状声音为主，单字的本身或是无意义，或是另有意义，而用在此处却纯是

---

① 葛本仪：《现代汉语词汇学》，济南：山东人民出版社，2001 年，第 88—89 页。

标音的作用"①。二是"漓漓、彬彬、冉冉"等,这些词是由没有意义且不能单用的音节构成的。《姑妄言》双音节音译词有"阿鼻、菩萨、喇嘛、满剌、菩提、修罗"等。例如"阿鼻"是梵语 Avīci 的译音。

（二）双音节合成词

合成词按照构成方式又分为复合词、附加式合成词。《姑妄言》双音节合成词要复杂一些,主要有:

1. 附加式合成词

附加式合成词,有"老～""阿～""第～"等前附加式,如"阿母、老弟、老哥、老四"等;有"～然""～乎""～儿""～头""～子"等后附加式,如"昂然、勃然、恻然、怅然、淡然、定然、陡然、泛然、公然、断乎、确乎、水头、担子、册子、肠子、呈子、胆子"等。例如:

① 正说着,长班来回话,说帖子同呈子都送到县里了,县大爷说知道了,自然领命。（第 5 回）

②（王老儿）在巷尽头住,只他每日早间送担水头到他家里,余外别无一人。（第 6 回）

"呈"有"恭敬地送上去""下级报告上级的文件"两义,"呈子"指百姓向官府、或下级对上级所呈的公文。"水头"本来指"水边""突来大水的最前端",后来专指庙宇内掌管供水的僧人,但例②中指水,"头"没有实义。可以看出,由"～头""～子"等构成的以名词居多,由"～然""～乎"构成的则多是形容词、副词。此外,书中还有"阿政""阿呆"等词。旧时以嫡妻为正室,故昵称自己的妻子为"阿政",即阿正。"阿呆"即傻子,清翟灏《通俗编·苏州呆》:"今苏、杭人相嘲,苏谓杭曰阿呆,杭谓苏曰空头。"

---

① 吕叔湘:《吕叔湘文集》,北京:商务印书馆,1990 年,第 9 页。

2. 复合词

复合词有并列、偏正、述宾、述补、主谓等形式，其中偏正式又有定中、状中之分。《姑妄言》中双音节词语有"矮小、爱妾、碍口、安健、案情、暗害、暗疾、熬困、八座、拔营、把斋、霸占、瘪嘴、白领、白水、百般、百口、百诺、摆酒、拜领、扳扯、扳亲、扳谈、板鸭、半大、半新、绊住、帮忙、帮贴、傍人、包程、胞弟、胞兄、薄待、饱胀、报草、报官、报丧、暴跳、杯箸、背地、被告、本利、本族、敝处、敝友、避开、边关、便饭、变局、标下、别敬、兵饷、禀报、禀明、禀帖、禀知、病呈、病原、簸箩、捕快、捕役、补钉、补药、部文、猜测、猜详、财东、财神、采补、采买、彩轿、参场、参革、惨痛、仓房、插屏、茶馆、查访、查拿、查清、查问、查账、查证、颤抖、长班、长房、场期、倡议、唱戏、钞袋、扯谎、陈酒、趁机、趁空、趁兴、蛏干、呈稿、呈堂、呈状、承情、吃食、痴情、痴望、褫革、翅膀、充发、冲破、抽筋、抽屉、绸缎、酬劳、愁容、丑话、丑陋、丑态、臭钱、出动、出结、出窍、出堂、出挑、厨房、畜道、畜类、穿戴、传禀、传话、串同、窗洞、窗稿、床单、床榻、床沿、吹唱、垂慈、春凳、春药、蠢话、蠢货、戳破、慈心、磁瓦、此后、次早、从逆、从宽、从重、粗蠢、粗大、粗饭、村话、存案"等。下面对《姑妄言》中复合词作简要分析。

（1）并列式

有"僧道、绸缎、巢窝、册籍、笔墨；痴呆、蠢夯、老迈、薄脆、褊窄；馈遗、惊怕、传禀、帮贴、扳扯、寻觅、充发"等。例如：

① 都是卤鹅、腊鸭、牛肫、腌鱼、烘糕、薄脆、眉公酥、玉露霜、闽姜、橘饼、糖梅、圆片之类。（第 2 回）

② 老先生何不问大司农借，何苦扳扯我们？（第 21 回）

"薄脆"是由两个形容词性语素构成的并列式，指一种又薄又脆的饼。"扳扯"是由两个动词性语素构成的并列式，指牵扯。

（2）偏正式

"偏正式构词是汉语词汇复音化进程中产生最早、构词力最强的构词法之一"①。《姑妄言》中偏正式复合词数量最多，"卑职、病呈、春榜、场期、钞袋、案情、板筋"等是定中结构，"鏖战、痴想、簇新"等是状中结构。例如：

① 梅生顺手在案上取过一本书来翻阅，见内中夹着几张字纸，说道："这想是兄的窗稿了。"（第 4 回）
② 那童禄骨都着嘴，鼻子孔里笑着收了去了。（第 9 回）
③ 众人簇拥着到了前厅，叫了乘轿子来。（第 11 回）
④ 他因与令爱有约，皆苦苦一概辞绝，于齿录上已将令爱刻上做嫡配了。（第 14 回）

"窗稿"，指私塾中学生的习作。又如清蒲松龄《聊斋志异·陆判》："朱献窗稿，陆辄红勒之，都言不佳。""骨都"中"都"本为"嘟"，指嘴向前突出。"骨都/骨嘟"本指像骨头突出那样噘着嘴、嘟着嘴，"骨"是名词用作状语，表示比喻，后来"骨都/骨嘟"成为一个词语，如明冯梦龙《醒世恒言·张廷秀逃生救父》："走入里边，坐在房中一个墙角里，两个眉头蹙做一堆，骨嘟了嘴，口也不开。"又如清吴敬梓《儒林外史》第 23 回："牛浦到了下处，惹了一肚子的气，把嘴骨都着坐在那里。""簇拥"，指（很多人或物）紧紧围绕着。"齿录"，本指科举时代把同一榜的人（包括姓名、年龄、籍贯等信息）汇刻成册，因此"齿录"是状中结构的动词。例④中词义发生变化，指汇刻了同榜者姓名、年龄、籍贯、三代等的册籍。

（3）述宾式

有"处馆、安家、安席、安营、碍口、碍事、碍眼、拔营、拜寿、拜堂、败兴、搬舌、拌嘴、抱恨、抱愧、背盟、猜枚、查帐、呈状、递春、处馆、把臂"等。例如：

_____

① 祖生利：《〈景德传灯录〉中的偏正式复音词》，《古汉语研究》2001 年第 4 期，第 78 页。

① 只消眼角微微留情,话语暗暗递春,不知不觉就相合而为一了。
(第 8 回)

② 今日做了贵人,怕没有富贵人家扳亲,他还肯来想着你?(第
14 回)

"春"在近代汉语时期有"消息、暗语"义,"递春"即传递消息。"扳亲"即
联姻,拉亲戚关系。

(4)补充式

有"扑灭、把稳、败坏、败露、扳倒、饱满、避开、补足、查清、扯直、充满、放
松、跌倒"等。例如:

要美馆把稳,所以说不要通。(第 5 回)

(5)主谓式

有"气苦、胆大、胆怯、地黄、冬至、豆绿、年迈"等。例如:

又取药肆中山药、茯苓、莲肉为上,次则何首乌、川芎、当归、广桂、芍
药、白木、地黄、黄精、门冬、苁蓉、兔丝子、车前子⋯⋯无不食之。(第
21 回)

"地黄"是一种多年生草本植物,它的叶子呈长圆形,有皱纹,花色淡紫,
块根黄色,可以作为中药。

可以看出,就结构而言,《姑妄言》中双音节词语的内部结构类型齐全。
就数量而言,合成词数量占据优势,其中偏正结构的词语最多。

二、双音节词语中的同素异序现象

同素异序词是汉语发展中出现的一种重要的词汇现象,指成组出现的语

素相同顺序相反的词语,又称为"同素逆序词"。关于近代汉语同素异序词,陈明娥(2004)、曹小云(2009)、张泰(2017)等都有讨论,其中曹廷玉(2000)选取61组,从结构、词性等展开分析,认为"近代汉语同素逆序同义词是由'倒序造词法'创造出来的,它们的词形和用法非常固定。同时它们的出现也受到方言的影响"①。此处,我们以《姑妄言》的双音节同素异序词为研究对象,在穷尽性统计的基础上,以共时与历时相结合的方式,对其展开考察。为了说明某组同素异序词在其他文献中的使用情况,必要时会借助BCC、CCL等语料库进行查找与统计。

下面所列词语均出自《姑妄言》,且除了"庄村"外,余者均见于《汉语大词典》。

村庄-庄村	性气-气性	客人-人客	人众-众人	犯人-人犯
土地-地土	心愿-愿心	意旨-旨意	报答-答报	回避-避回
找寻-寻找	憎嫌-嫌憎	劳动-动劳	守护-护守	放松-松放
吵闹-闹吵	奉敬-敬奉	见识-识见	唬吓-吓唬	承应-应承
陪奉-奉陪	拦阻-阻拦	宠爱-爱宠	欢喜-喜欢	惧怕-怕惧
损折-折损	闹热-热闹	往来-来往	齐整-整齐	困乏-乏困
善良-良善	贫寒-寒贫	反倒-倒反	畅快-快畅	要紧-紧要
千万-万千				

上述36组同素异序词以动词居多,形容词、副词较少。

(一)《姑妄言》双音节同素异序词的静态分析

主要从词性、内部结构、词义等方面来对《姑妄言》双音节同素异序词进行共时平面上的考察。

---

① 曹廷玉:《近代汉语同素逆序同义词探析》,《暨南学报(哲学社会科学)》2000年第5期,第57页。

1. 词性分析

一组同素异序词中的两个形式的词性大多数是一致的。有的都是名词，如"村庄-庄村、客人-人客、土地-地土"；有的都是动词，如"守护-护守、回避-避回、吵闹-闹吵、报答-答报、折损-损折、奉陪-陪奉、来往-往来、吓唬-唬吓、阻拦-拦阻、应承-承应"，此类情况最多；有的都是形容词，如"畅快-快畅、齐整-整齐、困乏-乏困"；有的都是副词，如"反倒-倒反"。但也有少数同素异序词中的两个形式的词性不完全一致。如"千万-万千"，都用来形容数量很大，但"千万"还表示务必，无论如何，此时是副词。例如《姑妄言》第 14 回："你千万不要到大门口去。"可以看出，《姑妄言》的同素异序词以动词为主，名词次之，形容词、副词又次之。邢永革(2012)认为明代前期文献中同素异序词较多，多是动词和名词，也有少数形容词①，清初《姑妄言》中的相关情况与此类似。

多数情况下，同素异序词的词性与构词语素一致，如"村庄-庄村""村""庄"都是名词性的，"畅快-快畅""快""畅"都是形容词性的，"劳动-动劳""劳""动"都是动词性的。当然也有不完全一致的情况，如"见""识"是动词性语素，成词后"见识-识见"都可以表示见解，作名词，但"见识"的词义更丰富，还表示扩大见闻，动词。

在我们列出的 36 组双音节同素异序词中，词性不变的有 34 组；每组同素异序词构词语素的性质相同的有 29 组，构词语素与其所构成的同素异序词的词性一致的有 26 组。

2. 结构分析

一组同素异序词的两个形式的内部结构，或者相同，如"村庄-庄村、性气-气性、土地-地土、报答-答报、回避-避回、找寻-寻找、憎嫌-嫌憎、劳动-动劳、吵闹-闹吵、守护-护守、奉敬-敬奉、见识-识见、宠爱-爱宠、欢喜-喜欢、损折-折损、唬吓-吓唬、惧怕-怕惧、承应-应承、往来-来往、拦阻-阻拦、贫寒-寒

---

① 邢永革：《明代前期汉语词汇特点分析——基于史部类白话语料》，《浙江师范大学学报(社会科学版)》2012 年第 4 期，第 81 页。

贫、畅快-快畅、齐整-整齐、困乏-乏困、善良-良善、反倒-倒反、千万-万千、要紧-紧要",都是并列结构;或者不同,如"放松-松放","放松"为述补式,"松放"则为偏正式。至于"人犯-犯人"组,林华东(2004)认为汉语既有"修饰语＋中心语"的类型,亦有"中心语＋修饰语"的情况①,《姑妄言》中"人犯"属于"中心语＋修饰语"。

在我们列出的 36 组双音节同素异序词中,其结构形式为并列式的有 29组,约占 81％,这反映了同素异序词中并列式占绝大多数。

3. 词义分析

《姑妄言》中双音节同素异序词的词义主要有以下三种情况:

(1) 词义相同

《姑妄言》中一些同素异序词的内部语素顺序变换后,其词义没有发生变化的有两种情况:一是都为单义词,且词义相同。如"村庄-庄村、性气-气性、畅快-快畅、报答-答报、回避-避回、找寻-寻找、憎嫌-嫌憎、守护-护守、贫寒-寒贫、反倒-倒反、惧怕-怕惧、阻拦-拦阻、吓唬-唬吓"等 14 组。以"守护-护守"为例,书中频次为 5：1,都表示看守、保护,如第 20 回:"众人尊我兄弟二人为首,悉听调度,器械皆是我给他们,他等齐心守护庄村。"第 21 回:"那一百弓弩手,带同众百姓,预备砖石滚木,金汁灰瓶,护守城池并堡子。""守护"在现代汉语普通话中取代了"护守"。

二是一组同素异序词都是多义词,且两者义项相同。书中有"畅快-快畅、喜欢-欢喜"等。以"畅快-快畅"为例,书中频次为 18：6,有两义:舒畅快乐;尽兴、尽情。如第 6 回:"(二人)却提心吊胆,再不能畅快。"第 13 回:"娇娇方满心快畅。""忽被惊散,未得快畅。"第 19 回:"那宦薹知道了此事,满心畅快。"其他文献中多用"畅快",现代汉语普通话中沿用"畅快",不用"快畅"。

---

① 林华东:《从复合词的"异序"论汉语的类型学特征》,《泉州师范学院学报(社会科学版)》2004 年第 3 期,第 72 页。

有的一组同素异序词在《姑妄言》中义项不完全相同,但在近代汉语其他文献中词义、义项相同。以"闹吵-吵闹"为例,书中"吵闹"20处,共有两义:一是喧嚷,如第3回:"耳边无人吵闹,倒也甚觉遂心。"二是争吵,如第19回:"你令政既不愿相从,就勉强留下他,也未必相安。终日吵闹,也非常法。"而"闹吵"仅出现1处,表示"争吵"。如第18回:"有那感激家人前来戏(献)勤讨好,将主人上边闹吵早即告诉他了。""闹吵"在其他文献里中还有"喧嚷"的意思,如元马致远《黄粱梦》第一折:"笛悠悠,鼓鼕鼕,人闹吵,在虚空。"总的来说,近代汉语文献中多用"吵闹"。现代汉语中"吵闹"取代了"闹吵",沿用至今。

(2)某一义项相同

《姑妄言》中一些同素异序词的语素顺序变换后,词义发生变化,表现为:

一是一个词仍为单义词,另一词为多义词,两者某一义项相同,有"要紧-紧要、奉敬-敬奉"等。以"劳动-动劳"为例,书中频次为8∶2,"劳动"有两义:烦劳;劳累。如第17回:"杨奶奶是好亲戚,劳动了半日半夜,乏倦了,夜深回不去,你就陪在东屋里坐坐,快看酒饭。"作为敬词,表示烦劳。如第21回:"老先生请留步,怎敢劳动尊步?""动劳"是敬词,烦劳。如第21回:"贾文物一揖,就下一跪,史公忙抱住,道:'怎敢动劳?学生该拜谢才是。'""劳动-动劳"在表示"敬词,烦劳"上同义,现代汉语中沿用"劳动",不用"动劳"。又如"放松-松放",书中频次为19∶2。"放松"指"对事物的注意或控制由严密变为松懈",第16回:"司中这些书办衙役,在外索贿,他都细心体察,若些须无碍的钱,他也放松一着,并不说破。"此义亦作"松放"。如第7回:"要送得厚呢,便搭些干系松放他些。"又如清洪昇《长生殿·贿权》:"昨已买嘱解官,暂时松放。"另,"松放"在其他文献中还有"松口、改口"义,如明冯梦龙《古今小说·陈御史巧勘金钗钿》:"又且今日家主分付了说话,一口咬定鲁公子,再不松放。"现代汉语中沿用"放松",不用"松放"。

二是同为多义词,两者在某一或几个义项上相同,有"热闹-闹热、千万-万千"等。以"千万-万千"为例,书中频次为50∶5,都用来形容数目极多,如

第 4 回："(竹思宽)见过了千万,此窍何所不容?"第 15 回："披毛戴角随他去,一听阎罗罪万千。""万千"还表示非常、十分。如第 17 回："多谊见他满面怒容,两眉如锁,心中像有万千为难的事一般。""千万"则多用来表示务必。如第 9 回："千万饶两张草纸几根灯草来,不要便宜了他。"

(3) 词义不同,但有联系

《姑妄言》中一些同素异序词的语素顺序变换后,两者词义不同,但有联系。以"土地-地土"为例,书中频次为 10∶15,"地土"有二义:土地;领土。如第 2 回："我家的银子虽没有了,房产地土还值千两,但文书在我老爹手中出不来。"第 23 回："况我们这南京地方,还是明朝地土,并不曾为贼所有,何得就是贼之臣子?"《姑妄言》中"土地"均指掌管、守护某个地方的神。如第 6 回："这座庙是个大门进去一个院子,三间小房,供着本坊土地,还有个土地奶奶。"由"土地"义到特指掌管土地的神,这是因相关而产生的引申义。

在我们列出的 36 组双音节同素异序词中,词义相同的有 16 组;某一义项相同的有 17 组;词义不同,但两者有联系的有 3 组。

(二) 双音节同素异序词的历时分析

关于同素异序词现象,已有研究大多是列举与平面分析,历时考察方面的成果相对而言不多。此处我们主要从历时的角度,考察《姑妄言》中的这些同素异序词出现的时代问题,以及这些同素异序词在现代汉语中的沿用情况。

1. 双音节同素异序词出现的时代问题

《姑妄言》36 组双音节同素异序词中有一部分是沿用而来的,有一部分是新产生的。"寒贫-贫寒、千万-万千"等属于前者,"敬奉-奉敬、唬吓-吓唬"等组中后一个词是清代产生的。以《汉语大词典》中所列首见例出现的时间为主要参考,以 CCL 古汉语语料库、BCC 古汉语语料库检索为辅来考察《姑妄言》双音节同素异序词产生的时代,我们发现:

少数同素异序词产生于同一时代,如"犯人-人犯、回避-避回、报答-答报、反倒-倒反、宠爱-爱宠、要紧-紧要"等。以"反倒-倒反"为例,书中频次为

8∶27,"反倒"表示跟上文意思相反或出乎预料之外,在句中起转折作用。如元无名氏《鸳鸯被》楔子:"替朝廷干事的,反倒受人弹论,公道安在?"又如《姑妄言》第6回:"你道这样好儿子不送去念书,反倒送去学戏,是何缘故?"此义又作"倒反",如元无名氏《十探子大闹延安府》第二折:"你妻舅打死平人,你倒反因了他的原告。"又如《姑妄言》第2回:"我就这么呆,要是我叫你做的,肯教你写我的名字,你先在先生座上翻,我当你寻甚么东西,你做的事倒反赖我。"这类"共时"出现的同素异序词现象,主要是因汉语双音化过程中因凝固不够稳定而出现的。

多数情况下,一组同素异序的两个形式产生于不同时代。《姑妄言》有"村庄-庄村、性气-气性、寻找-找寻、憎嫌-嫌憎、护守-守护、放松-松放、劳动-动劳、闹吵-吵闹、快畅-畅快、见识-识见、千万-万千、怕惧-惧怕、敬奉-奉敬、拦阻-阻拦、唬吓-吓唬、土地-地土、善良-良善、承应-应承"等,每组同素异序词中的前一个词早于后一个词。以"憎嫌-嫌憎"为例,两者词义相同,且"憎嫌"早见于唐代,《汉语大词典》卷七第743页首引唐韩愈《县斋有怀》诗为例;"嫌憎"早见于明代,卷四第398页首引《二刻拍案惊奇》卷三八中的例句为例。《姑妄言》中"憎嫌∶嫌憎"频次为15∶1,CCL古汉语分库中频次89∶16,BCC中则为576∶51,CCL现代汉语分库中频次22∶9。可见,在其他文献中"憎嫌"出现的频次要远远高于"嫌憎",但《现代汉语词典》中收"嫌憎",未收"憎嫌"。

有的会随着社会发展出现词义的变化。以"宠爱-爱宠"为例,《姑妄言》中频次为6∶2。《汉语大词典》卷三第1640页释"宠爱"为"对在下者因喜欢而偏爱;娇纵溺爱",首引《汉书·张汤传》中的例句为例,《姑妄言》中6处即是此用法;卷七第636页释"爱宠"为"宠爱,喜爱",首引《汉书·杜钦传》中的例句为例,但后来"爱宠"出现引申义,指宠爱的对象,由动作指称动作的对象,多指小妾。《姑妄言》中2处指小妾,如第8回:"但他系老子的爱宠,可敢轻易动手动脚?"后来随着婚姻制度的变化,"爱宠"的这一用法最终在普通话中消失。

2. 双音节同素异序词在现代汉语中的情况

《现代汉语词典》"基本上反映了目前现代汉语词汇的面貌"①,以其为参照,以"AB""BA"来表示一组同素异序词("AB"在《姑妄言》中出现的频次往往高于"BA"),我们对《姑妄言》中词义有联系的同素异序词的发展作分析,主要有以下几种情况:

(1) AB、BA 早见于古代文献,词频上 AB>BA,现代汉语普通话中沿用AB、BA,有"找寻-寻找、千万-万千、见识-识见、犯人-人犯、阻拦-拦阻、应承-承应、整齐-齐整、喜欢-欢喜、要紧-紧要、意旨-旨意、来往-往来、心愿-愿心"。以"找寻-寻找"为例,两者词义相同,早在元曲中就已出现,如元马致远《吕洞宾三醉岳阳楼》第三折:"我如今先去找寻他,慢慢的告请官差捕。"元无名氏《十探子大闹延安府》第一折:"老汉到这京师,寻找孩儿刘彦芳……"《姑妄言》中这两个形式都有使用。如第 3 回:"那郝氏此时靠他如泰山一般,敢不遵依来命,四处托媒人找寻,不惜重价。"第 14 回:"怪不得老爹生气,我正要来寻找老爹说这话呢。"其中"找寻"出现的频次高于"寻找",频次为 9∶3,现代汉语普通话中两者得以沿用,但"找寻"多见于口语中。

(2) AB、BA 见于古代文献,词频上 AB>BA,现代汉语普通话中沿用BA 或 AB,AB 或 BA 仅在现代汉语方言中保留,有"倒反-反倒、村庄-庄村、折损-损折、土地-地土、客人-人客、热闹-闹热"。以"村庄-庄村"为例,书中频次为 3∶1,均表示乡民聚居之处,如第 14 回:"况且村庄中人都还在老实一边,没有浮浪子弟,倒保全了他的名节。"第 20 回:"众人尊我兄弟二人为首,悉听调度,器械皆是我给他们,他等齐心守护庄村。""庄村"在其他文献中多次出现,又如元孟汉卿《张孔目智勘魔合罗》第四折:"他可是甚坊曲甚庄村?"《汉语大词典》未收"庄村"。文献中多用"村庄",该词在普通话中沿用至今。"庄村"见于一些方言,据《汉语方言大词典》卷二,山东平邑、江苏赣榆用"庄

① 中国社会科学院语言研究所词典编辑室:《现代汉语词典(第 7 版)》,北京:商务印书馆,2018 年,第 10 页。

村"。又如"反倒-倒反",书中频次为 8：27，《姑妄言》中"倒反"出现的词频高于"反倒"，现代汉语普通话中沿用"反倒"，不用"倒反"。据《汉语方言大词典》卷四，"倒反"在一些方言中沿用，有"错乱""反而"等义，如"反而"义见用于浙江绍兴、杭州等地。又如"土地-地土"，书中频次为 10：15，普通话中"土地"得以沿用，"地土"仅在山西新绛、榆次，福建漳平等地沿用。又如"客人-人客"，"客人"在普通话中沿用，据《汉语方言大词典》卷一，"人客"在吴语、徽语、赣语、湘语等方言中留用。殷晓杰（2008）对"人客-客人"展开历时考察，认为"客人"在表示"宾客、来宾"义处于劣势，"客人"完全取代"人客"是较为晚近的事情①。"热闹-闹热"，"热闹"在普通话中沿用，据《汉语方言大词典》卷三，"闹热"在江苏南通、句容、如皋，上海等地中留用。1930 年《嘉定县续志》："闹热，俗言繁盛也。"

（3）AB、BA 早见于文献，词频上 AB≥BA，但现代汉语普通话中沿用 AB 或 BA，BA 或 AB 被淘汰，有两种情况："唬吓$_9$-吓唬$_3$、性气$_6$-气性$_2$、良善$_{12}$-善良$_3$、怕惧$_1$-惧怕$_1$、憎嫌$_{15}$-嫌憎$_1$、奉敬$_9$-敬奉$_2$"等，每组同素异序词中的第一个往往被淘汰；"守护$_5$-护守$_1$、回避$_{11}$-避回$_1$、贫寒$_{20}$-寒贫$_2$、报答$_{16}$-答报$_3$、畅快$_{18}$-快畅$_6$、劳动$_8$-动劳$_2$、放松$_{19}$-松放$_2$、吵闹$_{20}$-闹吵$_1$、宠爱$_6$-爱宠$_2$、奉陪$_{24}$-陪奉$_1$、困乏$_6$-乏困$_3$、众人$_{653}$-人众$_{10}$"等，每组词中后者在现代汉语中往往被淘汰。以"性气-气性"为例，表示"性情、脾气"，如第 4 回："这种人真不可解，更有异处，人有极刚拗的性气，闲常他人或有无心一语之失，他便攘袂奋衿，怒目切齿，恨恨不休。"第 12 回："男儿无性，寸铁无钢，做汉子的人一点气性也没有，可还成个人？"这两种形式在清代之前的文献中已有使用，《姑妄言》中频次为 6：2，但现代汉语中沿用"气性"，不用"性气"。又如"回避-避回"，在两汉文献中都表示回避，书中频次为 11：1，文献中多用"回避"。现代汉语中沿用"回避"，不用"避回"。又如"贫寒-寒贫"，书中频次为 20：2，都表示寒微贫穷，CCL 古汉语库中为 1 300：145，BCC 古汉语库中

---

① 殷晓杰：《再谈"人客"》，《中国语文》2008 年第 6 期，第 551 页。

为187：11，可见文献中多用"贫寒"。现代汉语中"贫寒"取代了"寒贫"，沿用至今。又如"报答-答报"，表示报答他人的情意或恩德，书中频次为16：3。现代汉语中沿用"报答"至今，《现代汉语词典（第7版）》第48页释为"用实际行动来表示感谢"。

张巍（2010）运用"优选论"的方法，对关中方言的同素异序词进行历时考察，归纳出同素逆异词在方言中淘汰保留的13种模式①。我们发现《姑妄言》中的双音节同素异序词在现代汉语中的情况主要有三类，如下表：

《姑妄言》	现 代 汉 语	组　数
AB、BA	AB、BA 并存	12
AB、BA	AB 或 BA 在普通话中沿用，BA 或 AB 在方言中沿用	6
AB、BA	AB 或 BA 在普通话中沿用，BA 或 AB 淘汰	18

以上，我们对《姑妄言》中的双音节同素异序词进行考察，有以下发现：

一是一组同素异序词的两个形式的词性多数一致，其内部结构以并列式为多，且并列式同素异序词中构词语素的性质相同的占绝对优势。

二是一组同素异序词词义多数相同，少数同素异序词的词义即使不相同，也往往存在联系。上述36组中，词义不变的有16组，某一词义相同的有17组，词义相关的有3组。以"犯人-人犯"为例，书中频次为12：9。《汉语大词典》卷五第4页首引《水浒传》第9回例，释"犯人"为"犯罪的人，多指在押的"；卷一第1037页首引《水浒传》第27回例，释"人犯"为"旧时泛指诉讼案件中的被告和有牵连的人"。可以看出，两者词义不同，但有联系。《姑妄言》第7回："看看天已大明，听见外面敲门来带人犯。"第3回："喜老爷虽造化，保住了功名，近来奶奶做了禁子，他成了犯人，但是出堂，奶奶在暖阁后监押着，退堂便一齐上去。"现代汉语中两词形都沿用至今。又如"客人-人客"，

---

①　张巍：《关中方言同素逆序词的历时考察及优选论分析》，《上海师范大学学报（哲学社会科学版）》2010 年第 5 期，第 114—122 页。

书中频次为13∶2,"客人"有两义:一是指客商,商贩。如第2回:"水西门外上江到了几船米,客人家中有事急于要回,只照本钱就卖,就照眼下时价也有四五分利钱。"二是指旅客。如第13回:"做他的多,买他的少,不过是发卖与过路客人。""人客"则指客人,宾客。如第11回:"今日不要钱的酒肴,他道主不吃客不饮,虽然不住的让,人客还未得半饱,他足足饱到十分。"两词在书中所表示的词义不同,但有联系。

　　三是同素异序词是个相对的概念。从《姑妄言》双音节同素异序词的历时发展来看,每组词的共存只是暂时性,随着时间的推移,大多数会出现分化或被淘汰的情况。具体而言,《姑妄言》有67%的同素异序词到现代汉语普通话中只剩下　种形式,另一形式被淘汰,或者有的在一些方言中沿用;有33%的同素异序词并存于普通话中,但两者多数在词义的外延宽窄、义项的多少、语体的色彩异同等方面存在差异。如"见识-识见",书中频次为33∶3,均可以表示见解、知识,如第4回:"不但自己豁了心胸,也可留为后人长些见识。"第15回:"我何不将天下各省以及名山大川遍历一番,以豁心胸,或闺中得遇异材,又可长些识见。""见识"还有两义:主意、计策;接触事物,扩大见闻。如第8回:"你留心打听他们有甚么机谋见识,你教他防备防备。"第13回:"可见是不曾见识的缘故。"文献中多用"见识"。现代汉语中"识见""见识"都表示"见解"义,但"识见一般只用于书面语"。又如"齐整-整齐",书中出现频次为27∶1,"齐整"可以表示井井有条、齐全、端正等,如第2回:"一日,遇见一个人,穿得甚是齐整,斯斯文文,也像个读书人的样子。"第5回:"这一副齐整行头万万少不得的了。"第9回:"我今日要待大宾,伺候两席酒,要齐整些。""整齐"仅有1处,指外形有规则,即第21回:"器械逐名领给,旗号按五方色,整齐鲜明,扬兵城头。"普通话中"整齐"有4个义项,而"齐整"仅有1个义项。又如"欢喜-喜欢",书中频次为280∶21,在普通话中两者可用于形容词或动词,但前者多用于口语,且可以重叠为"欢欢喜喜"。如《姑妄言》第5回:"宦实、宦荤暨合家之人,莫一个不欢喜他,数年之中毫无闲言。"第11回:"见有这样个好媳妇,心中那个欢喜得不可言尽。"

一般情况下，双音节同素异序词的发展有"不定型、不稳定——→定型、稳定"的过程，上述词语中多数属于此类情况。但有时为了表意的需要，人们会对某个比较稳定的词语进行词序上的改造，如"土地-地土""心愿-愿心"等。"心愿"表示心中愿望，偏正结构，早见于《汉魏南北朝墓志集释·隋王善来墓志》。后来改变其词序为"愿心"，专指"对神佛祈求时许下的酬谢"，如《金瓶梅》第72回："我头行路上许了些愿心，到腊月初一日，宰猪羊祭赛天地。"

有一些同素异序词在清代已有使用，但《姑妄言》中仅有其中一个词形，如"查访-访查、颤抖-抖颤、偿报-报偿、实确-确实、庆喜-喜庆、酸鼻-鼻酸、护庇-庇护、管理-理管、许允-允许、累积-积累、康健-健康、魂灵-灵魂、仙狐-狐仙、胎胚-胚胎、俦匹-匹俦、膏药-药膏、余剩-剩余、簇拥-拥簇"等，每组同素异序词中前一个见于《姑妄言》，后者见于清代其他文献。其中"查访-访查、颤抖-抖颤、庆喜-喜庆、酸鼻-鼻酸、护庇-庇护、累积-积累、康健-健康、魂灵-灵魂、仙狐-狐仙、胎胚-胚胎、俦匹-匹俦"等组的词语在现代汉语中沿用，可见清代至今这些同素异序词还比较灵活。但也有一些，如"偿报-报偿、实确-确实、理管-管理、许允-允许"等组中，每组的后一个词在现代汉语中沿用，但前一词在现代汉语中已经很少见到。以"康健-健康"为例，书中频次为2∶0，"康健"指（人体）生理机能正常，没有疾病，如第20回："家姑母一见，病就好了，近来着实康健，每常感念恩兄不尽。"又作"健康"，如清无垢道人《八仙得道》第82回："唯有两位老人家，近年来身体本就不大健康，精神也日见衰颓。"文献中多用"康健"。"康健-健康"是产生于清代的一组同素异序词，沿用至今。

在"守护$_5$-护守$_1$、回避$_{11}$-避回$_1$、贫寒$_{20}$-寒贫$_2$、报答$_{16}$-答报$_3$、畅快$_{18}$-快畅$_6$、劳动$_8$-动劳$_2$、放松$_{19}$-松放$_2$、吵闹$_{20}$-闹吵$_1$、宠爱$_6$-爱宠$_2$、奉陪$_{24}$-陪奉$_1$、众人$_{653}$-人众$_{10}$"等组同素异序词中，每组的前者都在现代汉语普通话中留用，后者则被淘汰，且前者在《姑妄言》中频次均高于后者，这反映了BA在清初文献中已经处于劣势。而"来往$_{53}$-往来$_{40}$"等组在清初两种形式正处于胶着时期。总之，同素异序词有其"产生-共存-分化/淘汰"的过程，双音化之初如果不稳定,就会出现异序的情况,随着两者内部关系的越加紧密,逐渐凝固成词,但因异序词的词性大多相同、词义多有联系,这就给交际带来不便,受语言经济性原则的影响,必然会淘汰一种形式。同素异序词的发展过程中要受到语言的经济性原则与表意准确性的综合作用。《姑妄言》双音节同素异序词的使用情况反映了"汉语作为非形态语言的灵活性"的特点。

综上,《姑妄言》中双音节词语的结构类型齐全,其中偏正式占优势,数量多。这是因为近代汉语时期偏正式复合词的能产性出现了快速升高的趋势①。《姑妄言》中双音节同素异序词以并列式为主,占81%;双音节同素异序词的词义或相同,或部分相同,或存在联系,其词性大多一致。在共时描写的基础上,结合词频,探讨双音节同素异序词的历时发展情况,发现同素异序词的两个形式多数不是同时代的产物,且形成原因多样,有的是双音化过程中出现的,有的是受方言的影响,有的则是人们为了表意的需要改造已有词语的词序而形成的,等等。以现代汉语为参照,这些同素异序词的发展主要有三种情况:或两者均得到沿用,占33%;或仅一种形式得到沿用,另一种形式被淘汰,占50%;或一种在现代汉语普通话中留用,另一形式仅仅留存于某些方言中。可见,双音节同素异序词处于动态变化之中,汉语语序的灵活性是同素异序词产生的主要原因。

第二节 三音节词语的内部结构

汉语的三音节词语大大增加了汉语词汇的容量和构词方式的灵活性,为近代汉语词汇发展开辟了一条新的广阔道路②。祖胜利(1996)、徐时仪(2018)、胡庆章(2019)等分别考察了《景德传灯录》《朱子语类》《红楼梦》等文献中三音节词语的结构、语义、语法功能等。杨爱姣(2005)考察了近代汉语

---

① 李仕春:《汉语构词法和造词法研究》,北京:语文出版社,2011年,第187页。
② 向熹:《简明汉语史(修订本)》,北京:高等教育出版社,2010年,第630页。

三音词的结构、语义等方面,认为社会的发展、语音的简化、语体的转化、造词法的完善等是三音词大量涌现的原因①。《姑妄言》有三音节词语 1 569 条,结构比较复杂。从其构成来看,有由一个语素构成的单纯词,还有由两个语素、三个语素构成的合成词。本节主要对书中数量较多的几类词语的内部结构展开分析。需要说明的是,有的词语是惯用词语,如"掉书袋、破罐子"等,它们语义完整,是词的等价物。此处主要讨论三音节词语的内部结构,为了方便讨论,对上述情况不加区分。

一、三音节单纯词

《姑妄言》中的三音节单纯词的数量较少。

鸠盘荼　　葫芦提　　亦资孔　　落勿浑　　爱莫离　　哈哩洼　　萨其马

阿罗汉　　波罗密　　比丘尼

这些单纯词包括联绵词,以及源自少数民族语言、外国语言的音译词。其中"鸠盘荼",是梵语 kumbhānda 的音译,指食人精气的鬼,文献中常用来比喻容貌丑陋的女子。如《姑妄言》第 14 回:"两个鸠盘荼陪着一对生菩萨。""葫芦提",《姑妄言》第 7 回:"虽知这娃娃来路有些不明,因没有多的儿女,也就葫芦提认了。"向熹(1998)认为"葫芦提"中"葫芦"就是糊涂,联绵语素,"提"是词缀②。晁瑞(2010)认为"糊涂"之"涂"分音为"提芦",构成三音节词语"糊提芦",为了形成戏谑效果,倒言为"糊芦提","糊"又迁就后面的"芦",字形更作"葫"③。"亦资孔、落勿浑、爱莫离"源自苗族,《姑妄言》第 11 回有"爱莫离者,华言与你有宿缘也""落勿浑者,华言没廉耻也"的解释。"哈哩

---

①　杨爱娇:《近代汉语三音词发展原因试析》,《武汉大学学报(人文社会科学版)》2000 年第 4 期,第 568—570 页。

②　向熹:《简明汉语史(修订本)》,北京:高等教育出版社,2010 年,第 644 页。

③　晁瑞:《〈元刊杂剧三十种〉三音节词构词研究》,《淮阴师范学院学报》2010 年第 6 期,第 783 页。

洼""萨其马""阿罗汉""波罗密",前文有提及。"比丘尼"则是梵语 Bhiksuni
的音译,是女性出家者的通称。

二、三音节附加式词语

《姑妄言》附加式三音节主要有以"子、头、家、小、老"等为附加成分的,词
性以名词为主。

（一）附加式三音节名词

1. AB＋后缀

窗台子　脑瓜了　眼皮子　烧刀子　当票子　老头子　两口子
哑巴子　小伙子　新娘子　舅姆子　老鸨子　灯人儿　下场头

"AB＋子"多数出现于口语色彩较强的语境中,是在原有双音节词语的
基础上加上"子"构成的,其词汇的理性意义、语法性质大多没有发生变化,但
形式加长。如"烧刀-烧刀子"都指烧酒,"老头-老头子"都指年老男子。例如
《姑妄言》第10回:"这个妇人靠着墙睡,他汉子挨着他,一个白胡子老头子也
在那炕头上。"同回:"他的酒壶掼掉了,拿了个破瓢去,又沾了一斤烧刀子来,
二人一递一口的呷。"《姑妄言》中"AB＋子"有不少源自方言,且至今还在方
言中沿用,如今天安徽合肥、江苏盐城等地还有"哑巴子"的说法。有的在现
代汉语普通话、方言中都有使用,如"两口子""眼皮子""脑瓜子"等。今天江
苏盐城、山东牟平等地有"眼皮子"的用法。《姑妄言》中"AB＋子"大多是口
语化的表达方式,"子"强化其口语性。

《姑妄言》中"AB＋头"形式的三音词不多,且"AB"多数是名词性的。
"下场头"即下场,指结局(多指不好的)。该说法早见于元钟嗣成《清江
引·情》曲:"直恁铁心肠,不管人憔悴,下场头送了我都是你。"又如《姑妄
言》第8回:"这是你前世的冤家,不知弄的怎样个下场头呢。"该词在江淮
等方言中使用,如孙锦标《通俗常言疏证》卷三:"今俗有下场头之语,多指

没收场言之。"

"AB＋儿"形式有"灯人儿",指画在灯彩中的美人。如《姑妄言》第 8 回：
"到了十四岁,出落得像个灯人儿似的。"从表达来看,"儿"客观上使得这些词
的口语化色彩加强。此外,《姑妄言》中还有"AB＋家/手",例如"汉子家、妇
道家、丫头家、刽子手"等。

2. 前缀＋AB

大兄弟　大老官　大老爷　大先生　小妖精　小冤家　小鬼子

小妇人　小老儿　老妹丈　老太爷　老先生　老相公　老见家

"大＋AB"中多数是"大＋称谓名词",其中"大先生""大老爷"等社会称
谓往往带有尊敬的色彩。"大老官"指地主、财主等富户的称呼,后来称为"大
老",江淮方言中有此类用法。"大老爷",《汉语大词典》卷二第 1335 页释义
为"清代对州县以上长官的尊称"。"大兄弟"即弟弟。

"小＋AB"中多数是"小＋称谓名词",其中"小妖精、小冤家"等表示昵
称;"小妇人、小老儿"等用于自称,表示谦称。如《姑妄言》第 19 回："我小老
儿活了六十九,不曾见姑子同秀才做朋友。""小老儿"是老翁的自称之词,又
称为"小老""老儿"。如清吴敬梓《儒林外史》第 3 回："我小老这一双眼,却是
认得人的。""小鬼子"表示蔑称。如《姑妄言》第 19 回："小鬼子是外国人,也
还老实,二来他那面貌无处可逃,在家以应洒扫差使之役。"可见"小鬼子"是
对外国人的一种蔑称。

"老＋AB"中多数是"老＋称谓名词",其中"老妹丈"表示尊敬,"老太爷"
"老相公"属于"老＋社会称谓",表示尊敬。《姑妄言》中多用"老先生"表示对
官员的敬称,如第 20 回："这是家父怜念小民的一点慈心,晚生遵而行之,何
敢当老先生过誉。"该例中宦蓂称呼当时新任应天府府尹的乐为善为"老先
生"。《姑妄言》中还有"老先儿"的说法,如第 7 回："老先儿请咱们来,有甚么
见教的?"该例中太监称呼铁按院为"老先儿"。"先儿"是先生的俗称,用"老

先儿"表示尊敬。至于"老见家"中"老"却带有贬义。

此外,《姑妄言》中还有"AA+然"的形式,如"蠢蠢然、泛泛然、欣欣然"等。

(二) 附加式三音节动词、形容词、副词

可怜见 打比较 打问讯 战笃酥/颤笃疏 可可的

"可怜见",《姑妄言》中有两义:一是怜悯,如第19回:"我可怜见你,替你请了给爷治病的道爷来救你。"二是值得怜悯,如第7回:"看你说得可怜见,我舍你一舍,只当积阴骘罢。"程湘清(1992)认为:"'见'用在固定词语'可怜'之后,'见'作为一个后缀助词,对'可怜'起加强作用。"[1]"可怜见"中的"见"没有实际意义。

"打"是唐宋时期新起的动词词头[2],没有实际意义。"问讯"本指佛教徒合掌问候的礼节。元代开始,"问讯"与"打"组合,如元无名氏《女姑姑》第三折:"你因何见老夫不下礼?只打个问讯。"后来"打问讯"专指僧尼向人合掌致敬。"打比较"即"比较",古代官府征收钱粮或缉拿罪犯等,立有期限,过期要受罚,还要限期追比。如《姑妄言》第20回:"差人认得是宦萼,忙上前答道:'这是本县管下各乡各啚的排年里长,拖欠钱粮,拿来追比的。'宦萼道:'为何有枷的?又有拴的?'差人道:'枷的是早拿来的,今日到限,带来打比较。'"

《姑妄言》中附加式三音节形容词、副词不多。"战笃酥/颤笃疏",身体颤抖貌。"战笃酥/颤笃疏"中"战/颤"是词汇意义的主要承担者,"笃酥/笃疏"是词缀。"可可的"表示恰巧、正好。

综上所述,《姑妄言》的附加式三音节词语,有的不见于辞书,有的最初以

① 程湘清:《宋元明汉语研究》,济南:山东教育出版社,1992年,第43页。
② 蒋冀骋:《近代汉语词汇研究》,长沙:湖南教育出版社,1991年,第5页。

双音节的形式出现,后来才成为三音节词语,即"AB→<u>AB</u>+词缀"或"AB→词缀+<u>AB</u>",如"蹄爪子""老见家"。"蹄爪"指猪蹄,早见于宋吴自牧《梦粱录·肉铺》:"各铺又市熝爊熟食:头、蹄、肝、肺四件,杂爊蹄爪事件,红白熝肉等。"后来出现"蹄爪子",即蹄爪。如《姑妄言》第2回:"一盘心肺熬萝卜,一盘猪头肉脍豆腐,一盘是蹄爪子同槽头肚囊皮炒白菜。"今天安徽合肥、江苏盐城等江淮官话地区仍有"蹄爪子"的说法。也有的三音节词语中附加成分逐渐消失,如《姑妄言》第7回:"(他)被邬合下死力对准踝子骨一下打得哼的一声,一交跌倒。""踝子骨"即"踝骨"。

三、三音节偏正式词语

《姑妄言》的三音节偏正结构中,名词占绝大多数,且内部结构复杂;形容词、副词等很少,如"难为情、十二分、不得已"等。此处主要分析偏正结构的三音节名词。

《姑妄言》中由两个语素构成的三音节偏正结构名词较少,如"母夜叉、菩提心、观音兜、不乃羹"等,其中"不乃羹"是古代交趾一带用羊、鹿、鸡、猪肉等连骨熬制的一种浓汤。"菩提心"指出家人的慈悲心肠。这些偏正结构的名词中都有一个词根语素,另一个或者是联绵语素,或者音译语素。

《姑妄言》中更多的是由三个语素构成的偏正结构的名词。这些词主要有"A+<u>BC</u>""<u>AB</u>+C"两种类型。

(一)"A+<u>BC</u>"式

A为一个单音节的修饰部分,可以是名词语素或者形容词语素,而BC则是两个音节的中心部分,BC的内部结构比较复杂,有并列、偏正、述宾、附加等情况,其中偏正式最多。

1. BC为并列式

同为名词性语素。例如:

年底下   鬼精灵   活神仙   热心肠

B、C 构成双音节词语可能是 BC 式，也有可能是 CB 式。《姑妄言》中有"鬼精灵""鬼灵精"两种形式。

2. BC 为偏正式

有两种情况：一是 BC 为定中结构，即 $A+(B_定+C_中)$；二是 BC 为状中结构，即 $A+(B_状+C_中)$。例如：

急三枪　金三事　母大虫　银妲人　都鬼主　下半世　上半日

活地狱　假斯文　假道学　染博士　晚学生　喜相逢　贤内助

有时，B 为数词语素，如"金三事"指金制的牙签、挖耳勺、指甲剪。"都鬼主"是西南少数民族酋长的称号。其俗尚鬼，祭祀是大事，称主祭者为鬼主，称酋长为都鬼主。"晚学生"是后学对前辈的自谦之称。如《姑妄言》第 5 回："郏合道：'大老爷这段想头，非天聪天明不能及此，岂晚学生下愚可到？'""喜相逢"是传统纹样的构成形式之一。如《姑妄言》第 18 回："庞氏点手叫他到房中，手上撸下一对比目鱼的金戒指，身上脱下一件喜相逢小纱衫，再三央及他转赠，约他遇巧进来。"此类纹样在清代的染织物中较为常见。据《中国纹样辞典》，一般是用 S 线将圆形分割成两部分，用一对动物或两枝花构成一个适合纹样，有人认为这类纹样是由"太极"转化而来。由于采用圆内 S 形构图，纹样中的动植物互相呼应、回旋、顾盼，富有动感情势①。

3. BC 为附加式

B、C 中必有一个为附加语素。例如：

店小二　纸老虎　黑老鸦　太老爷　牛鼻子　闸牌子　兔羔子

"纸虎"本指纸扎的老虎，比喻外表强大凶狠而实际空虚无力的人或集

---

① 郭廉夫、丁涛、诸葛铠：《中国纹样辞典》，天津：天津教育出版社，1998 年，第 231 页。

团。如明施耐庵《水浒传》第 25 回："急上场时，便没些用，见个纸虎，也吓一交。"后称为"纸老虎"。《近现代辞源》收录该词条，以 1828 年马礼逊《广东省土话字汇》中的句子为例，书证滞后。《姑妄言》第 15 回："至今我的老爷是个纸老虎，原是个假的，只好吓小孩子同乡下人。""闸牌子"指管闸的夫役，其身上挂有显示职业、身份的腰牌。例如《姑妄言》第 16 回："他男人是天妃闸的闸牌子，家中穷苦得很，这妇人靠着替人浆洗衣服过日子。"

此外，还有 BC 为述宾式，A 为形容词性或名词性语素，即"A＋(B$_{动}$＋C$_{宾}$)"，如"活切头"；BC 为重叠式，如"耍娃娃"，端午节以绫帛缝小角黍，下面再缝上的小人偶。例如《姑妄言》第 2 回："偶然抬头见房门上贴着一张耍娃娃，喜道：'凑巧，凑巧。'"

（二）"AB＋C"式

AB 是两个音节的修饰部分，C 为一个单音节的中心部分，其中 AB 的内部结构有并列、偏正、述宾、附加等情况，"C"除极个别为形容词性的语素，如"赛月明"，其余都是名词性的语素。《姑妄言》的"AB＋C"式主要有以下几种情况：

1. AB 为并列式

兵马司　温柔乡　铁石人　杨梅疮　畜牲道　土地庙　花柳丛
福禄宴　阴鸷文　养济院　按察司　休息痢　热闹场　千百户

A、B 或同为名词性语素，如"兵马司"；或同为动词性语素，如"养济院"；或同为形容词性语素，如"热闹场"；或同为数词性语素，如"千百户"，是千户与百户的合称。

2. AB 为偏正式

豆芽菜　瓦楞帽　天鹅肉　月华裙　门外汉　手下人　心上人
乡下人　眼前花　耳边风　花名册　锅边秀　水田服　美人计

长舌妇　金齿卫　广货铺　杂货铺　马台石　大肚汉　百官诰

百家衣　千层饼　千里马　三家村　五脏神　三神山　一把手

乱葬冈　夜明珠　半开门　都察院　耳报神　老来子　暴发户

第一组到第四组中 AB 为定中关系,第五组 AB 为状中关系,《姑妄言》中定中关系的数量最多。"水田服"即水田衣,指用许多零布拼接起来的服装。《姑妄言》第 18 回:"仔细把他一看,好个道姑,生得端端正正,白白胖胖,头戴妙常巾,身穿水田服,明眸皓齿,净袜凉鞋,洁净可爱。""马台"指"旧时高门大户前供上下马的石台"(《汉语大词典》卷十二第 782 页),如明吴承恩《西游记》第 18 回:"二位长老,你且在马台上略坐坐,等我进去报主人知道。"据清福格《听雨丛谈》:"京师阀阅之家,门外置石二块,形如叠儿,谓之马台石,又曰上马石。""马台石"即"马台",例如《姑妄言》第 12 回:"原来是一个卖鸡蛋的,在那一块马台石上,把两只膀臂圈着,把些鸡蛋垒得高高的,弯着腰抱着,动也不敢动一动。""句子的信息编排往往是遵循从旧到新的原则,越靠近句末信息内容越新"[①],在词语"马台石"中"石"在语用上有着凸显信息的作用。类似的还有"河豚鱼""茉莉花"中的"鱼""花"。"半开门"指暗娼。范寅《越谚·屋宇》:"半开门,潜娼,容斋俗考私窠子是也。"

3. AB 为述宾式

《姑妄言》中此类词数量比较多,有 92 条。例如:

比目鱼　并蒂莲　逼汗草　连理枝　育婴堂　滴水檐　通政司

冲天冠　暖宫丸　护身符　招文袋　聚宝盆　放告牌　行乐图

升官图　降魔杵　出家人　催命符　催命鬼　解语花　拿云手

收生婆　定心拳　顺风耳　顺风旗　生花笔　走马灯

---

① 方梅:《汉语对比焦点的句法表现手段》,《中国语文》1995 年第 4 期,第 279 页。

此外，AB 为补充式，如"过来人"；AB 为主谓式，如"鹿鸣宴、豆腐干、自了汉、自在佛"；AB 为附加式，如"踝子骨、奶子茶"。

可以看出，《姑妄言》的三音节偏正结构中名词最多，且内部结构较为复杂，主要有"A＋BC""AB＋C"两种类型，其中"AB＋C"式居多。在"A＋BC"中，A 可以是名词性语素或形容词性语素，BC 可以是附加、并列、偏正、述宾等形式之一，其中偏正式占优势。"AB＋C"中 C 可以是名词性或形容词性语素，但以名词性语素为主；AB 可以是并列、偏正、述宾、补充、主谓、附加等形式之一，其中偏正式占优势，述宾式次之，并列式又次之。三音节偏正结构中副词、形容词等数量较少。

今天，这些三音节词语有的已经消失，有的在普通话中沿用，如"顺风耳""花名册"，有的只是在方言中保留，如"锅边秀""状元糕"。《姑妄言》第 3 回："叫了个锅边秀的丫头来，名唤财香，煮了一壶好芥茶，代目斟上，同吃了两杯。"第 19 回："(他母亲)怕冷了，蒸在锅内，并一盘果馅状元糕，端来摆上。"其中"锅边秀"指负责烧火做饭的人，今天扬州一带方言中仍有使用，但词义发生了变化，指性格内向的人。"状元糕"则指一种用鸡蛋、面粉、糖制成的硬而香的糕，该食品今天仍是上海等地的名吃。

四、三音节述宾式词语

《姑妄言》三音节述宾式词语有 105 个，这些词语因表达一个完整的概念，是词的等价物。主要有"A＋BC""AB＋C"两种形式，其中"A＋BC"式为主。

当 A 为动词性语素，BC 或为一个语素，或为两个语素。当 BC 为两个语素时，有偏正、并列、附加等形式。例如：

做吕字　躔狗尾　陪不是　使性子　奉箕帚　填沟壑　打勤劳

BC 为偏正式的有 95 个。"躔"指踩、踏。"躔狗尾"在近代汉语中有两义：一是比喻男女之间不正当关系，如西周生《醒世姻缘传》第 43 回："那大丫头小柳青、小丫头小夏景,年纪也都不小,都大家一伙子持了卧单,教那禁子牢头人人都要躧狗尾。"二是比喻抓住别人通奸的把柄,跟在后面乘机占便宜。如《姑妄言》第12回:"他两个必定又要高兴,我们何不大家去躧狗尾?"

BC为并列式的次之,例如《姑妄言》第21回:"那些官军闻风而逃,可怜那老弱黎民尽填沟壑,子女玉帛车载马驮,屠戮之惨,真不忍言。""沟壑"指山沟,溪谷。"填沟壑"本指人死后被扔到沟渎中,后来成为死亡的自谦说法。又如第9回:"小女既许奉箕帚,若带了去,将来婚娶便费事了。""奉箕帚"本来指妇女持箕帚做家事,泛指操持家务,例句中指为人妻妾。此外,《姑妄言》中还有"飞过海",指地方官任满候选时通过贿赂获得任职。

上述三音节述宾式词语有的今天已很少见到,如"做吕字""飞过海"等,但多数是现代汉语中常见词语。如"吃生米",米要烧成饭才能吃,只有禽兽才吃生米,故以"吃生米"来比喻粗野、不通情理。《姑妄言》第15回:"倘撞着吃生米的,与我做起对来,只怕这家私性命就有些不稳。"其中"吃生米的"指性格粗鲁,什么事都敢干的人。清贪梦道人《彭公案》第67回:"英八和尚回头说:'兄长!这是吃生米的,他也不打听打听,你我是何等人?'"老舍《四世同堂》五五:"对别人,他一向毒狠,不讲情理。现在,他碰到个吃生米的,在无可如何之中,他反倒觉得怪有点意思。"

五、其他三音节词语

《姑妄言》的三音节词语中还有并列、补充等形式,但数量不多,尤其主谓式更是很少。如:

满江红　老子娘　金刚钻　男子汉　动不动　搬不倒　巴不得
恨不得　怨不得

"满江红"指一种漆成红色的江中渡船。例如《姑妄言》第23回:"雇了一只小扬州划子到了仪真闸上换了满江红,同母亲来了,现在旱西门外石城桥泊着。"后亦指坚固而载重的大船。如清赵翼《陔余丛考·满江红船》："江船之巨而坚实可重载者,曰满江红。""动不动"是副词,表示很容易产生某种行动或情况(多指不希望产生)①,如《姑妄言》第 12 回:"我看如今的人,肚子里一窍不通,拿着古人的诗看还不懂得,动不动也要作诗结诗社。"朱军(2012)认为"动不动"中的"不"不表否定,而是起加重语气、凑足节奏、和谐音律的作用②。"老子娘"指父母双亲。《姑妄言》第 10 回:"可又来,老子娘会唱,女儿再没有不会唱的。"《姑妄言》中有"V 不得",如"看不得""巴不得""恨不得"等。例如第 2 回:"况他这种人家,无非所爱是钱,巴不得早梳笼一日,早觅一日的利。""看不得"有两义:一是看不到。第 3 回:"这个祸根放在跟前不得,我恼(脑)后无眼看不得许多。"二是不能忍受。第 16 回:"他夫妇二人趋炎附势,做尽丑态,那样式真令人看不得。"

六、三音节词语中的重叠现象

关于近代汉语三音节重叠词语,目前相关研究主要集中于 ABB 式。翟燕(2006)归纳了元代 ABB 式三音词增加的内因、外因③,晁瑞(2010)、石锓(2010)、聂志平(2019)等考察元曲、《儿女英雄传》等近代汉语文献中 ABB 式的结构类型、功能、意义等,石锓(2010)认为 ABB 重叠式是由附加式衍生而来的,而附加式又是由述补式词汇化形成的④。《姑妄言》中重叠式,尤其是 ABB 重叠式比较丰富,如第 13 回:"浑身颤巍巍动个不住,就像年下卖的闹攘攘一般,走动两边摇晃。""闹攘攘"指一种用丝绸或乌金纸做成的花或草虫之形的头饰,名词。书中更多的是 ABB 式形容词,共计 156 个。

(一)A、BB 的特点

A 是成词语素,它可以是名词性的,如"气昂昂"中的"气";可以是动词性

---

①　中国社会科学院语言研究所词典编辑室:《现代汉语词典(第 7 版)》,北京:商务印书馆,2016 年,第 312 页。

②　朱军:《评注性副词"动不动"的用法与来源》,《语言研究》2012 年第 4 期,第 53 页。

③　翟燕:《元代 ABB 式三音词激增原因分析》,《齐鲁学刊》2006 年第 2 期,第 85—87 页。

④　石锓:《汉语形容词重叠形式的历史发展》,北京:商务印书馆,2010 年,第 247 页。

的,如"笑吟吟"中的"笑";可以是形容词性的,如"赤条条"中的"赤";也可以是副词性的,如"顶瓜瓜"中的"顶",其中以形容词性语素为主。

BB 可以是单音节重叠而成的语素,也可以是一个单纯成分,其中前者居多。当 BB 是单音节重叠而成时,有可能是形容词性的,如"痴呆呆"中"呆"重叠成"呆呆";有可能是名词性的,如"香馥馥"中"馥馥"是由"馥"重叠而成的,其中"馥"表示香气,"馥馥"则形容香气很浓;有可能是动词性的,如"圆滚滚"中"滚"重叠而成"滚滚",表示"圆"的状态。可以看出,《姑妄言》中 BB 大多数是由表示实义的构词语素重叠而成的。当 BB 是一个单纯成分时,有可能是拟声的,例如第 11 回:"明晃晃两枝银烛,响当当一个骰盆。"

A、B 可以构成 AB 或 BA,如"滚圆、挺直、纷乱、蓬乱",其中修饰性语素在前,中心语素在后。与这些双音节词语相关的重叠式为"圆滚滚、直挺挺、乱纷纷、乱蓬蓬",此时中心语素在前,补充说明语素在后。这些形容词都具有修饰或描写作用,例如《姑妄言》第 1 回:"五短身材,圆滚滚的却胖得紧。"

《姑妄言》的 ABB 重叠式中 A 是成词语素,它以形容词性为主;BB 多数情况下是重叠而成的语素。《儿女英雄传》是晚清出现的小说,聂志平(2019)认为该书 ABB 式状态词中 A 是成词语素,形容词占有绝对优势[①],这与《姑妄言》的情况基本一致。

(二) A 和 BB 的内部关系

从 A 和 BB 的关系来看,《姑妄言》中 ABB 形容词可以分为以下几类:

一是主谓式,即 A(名词性语素)与 BB 具有陈述与被陈述的关系,如"泪汪汪、眼睁睁",这类情况较少。例如第 1 回:"留他无益,眼睁睁的只得放了他去。"

二是并列式,即 A(形容词语素)和 BB 具有同义或近义关系,如"湿漉漉、

---

① 聂志平:《〈儿女英雄传〉中的 ABB 式状态词及其在现代汉语中的继承与发展》,《浙江师范大学学报(社会科学版)》2019 年第 2 期,第 102—108 页。

青旋旋",例如第 18 回:"见前面这个姑子,穿一身华丽僧衣,青旋旋一个光头,配着雪白娇嫩的俏容,只像有二十来岁。""青旋旋"指乌黑而圆貌,例句中用来形容尼姑的头。

三是补充式,即 BB 对 A 有修饰作用,表示到达的程度或描写其状态,如"明晃晃、白森森、粉森森、甜丝丝、醉醺醺",例如第 20 回:"众人认得他的多,又见他醉醺醺,都闪开了让他。"

四是附加式,即 BB 附加在 A 后,如"羞答答、热巴巴、脏巴巴、响当当",例如第 2 回:"脏巴巴的,还不拿了出去。"第 5 回:"你图受用,热巴巴的,我不怕费力么?"其中"热巴巴"形容很热,"脏巴巴"形容很脏,这两个词带有一定的贬义色彩。

(三) ABB 式中的异形词现象

《姑妄言》中同一个 A 可与不同的 BB 组合,即"$AB_1B_1 - AB_2B_2$",且 B_1B_1、B_2B_2 之间有联系,如"水济济-水叽叽""黏济济-黏啬啬-黏叽叽""恼都都-恼嘟嘟""乱蓬蓬-乱鬈鬈"等,构成异形词。

"乱蓬蓬-乱鬈鬈",《康熙字典·亥集上》中解释"鬈"为"同鬈",又解释"鬈"为"发乱貌,或作鬈",可见,在表示"发乱"这个意思上,两者是一组异体字。文献中出现异形词"鬈鬆-鬈松",如宋赵叔向《肯綮录·俚俗字义》:"谓人发乱曰鬈鬆。音蓬松。"明焦竑《俗书刊误》:"发乱曰鬈松。""蓬"表示散乱,如《文选·扬雄〈长杨赋〉》:"头蓬不暇梳,饥不及餐。""乱蓬蓬-乱鬈鬈"所表对象有区别,前者指人的毛发、草木,后者则专用于人的毛发。例如《姑妄言》第 6 回:"一团茅草乱蓬蓬,从此情郎似陌路。"第 11 回:"郑氏道:'你还瞒我,你头发都乱鬈鬈的,同谁顽去来? 你可实说,我不打你。'""乱蓬蓬"沿用至今。

"恼都都-恼嘟嘟",《姑妄言》第 5 回:"他说因这些时你我见了他恼嘟嘟的,不知我们是甚么意思,故此不敢放胆。"第 10 回:"他胀红了脸,恼都都的也不喷声。"第 10 回中童自大与宦萼、贾文物约好接瞎妓到家中,童自大的妻子铁氏知道此事后对童自大又打又骂,第二天清早童自大责怪宦萼等人。

"恼都都-恼嘟嘟"都表示很生气的样子,异形词。另,"嘟嘟"还可以和其他语素构成ABB,如"胖嘟嘟",例如清刘省三《跻春台》卷一:"恭喜你老人家,生个好孙儿,胖嘟嘟的。""胖嘟嘟"形容小孩很胖,很结实。

此外,《姑妄言》中不同的A可与同一个BB组合,如"红济济-黏济济-湿济济"。《姑妄言》中"济济"表示多貌,例如第12回中"日头出来红济济"的"红济济"表示很红,第13回中"黏济济湿漉漉的"的"黏济济"表示很黏。今天江淮方言中"济济"用于形容词后,表示比较级,如"湿济济"即有点湿,"苦济济"即有点苦。有时方言中还用"济济"来表示厌恶的情绪,如"油济济"即油有些多,很脏的样子,令人不舒服。

七、三音节词语中的羡余现象

人们在日常交际中,为了保证理解的准确无误,总是提供比实际需要更多的信息。这些传递更多信息的词是语言的羡余成分。《姑妄言》中"害羞耻、酷好喜、目睹观"等词出现羡余现象。下面,结合具体用例,对这些羡余现象展开分析。

害羞耻 灭口舌 庶娘母 酷好喜 马口眼 目睹观 现如今

"害羞耻",《广雅·释诂三》:"羞,辱也。"《广雅·释诂四》:"羞,耻也。""羞""耻"都可以表示"感到耻辱"义,是一组同义词,两者存在细微的差别:语义上,"羞"比"耻"程度要轻;语法上,都有意动用法,但"羞"不带宾语,而"耻"带宾语。"羞""耻"同义凝固成词"羞耻",指羞愧耻辱。"羞"在文献中还有一义,即难为情、害臊。"害"指心理上感觉到,文献中多用"害羞",指感到不好意思、难为情。《姑妄言》有"害羞"17处,均表示上述词义,但第4回中钟愯一直以为家产都是自己继承,现在父母晚年得子,花费多,就责怪父母:"这样大年纪从新养甚么儿子? 不害羞耻,倒反贺喜宴客,花钱费钞,做这样没要紧的事。""耻"是羡余成分,起着强调的作用,是因"耻""羞"在"感到耻辱"上同义而出现此类情况。

"灭口舌","口""舌"所指不同,但都是说话的器官,常用来指话语,如"口舌之争"。"灭口"是常见形式,指为防止泄密而杀死知道内情的人。《姑妄言》第 7 回:"我也想来不好,倘露风声,那恶人杀闵姐姐以灭口舌。"书中嬴阳是"正旦"出身,虽然有可能出现模仿戏文,带有文言色彩的情况,但其毕竟是个戏子,言谈中口语性应很强。"口"与"舌"相关,"灭口舌"中"舌"为羡余成分,它使得"灭口"带有口语色彩。

"庶娘母",先秦文献中出现"庶母",指父亲的妾。如《仪礼·士昏礼》:"庶母及门内施鞶,申之以父母之命。"《姑妄言》第 8 回中出现"庶母""庶娘母"两个说法,例如:"好大胆,我是你的庶母,都是这样得的? 还不放手,看我叫起来就了不得。""一个庶娘母都许这样么?"这两句都出自娇娇之口,都是在私密场合中她对阮最讲的话。《姑妄言》中娇娇是阮大铖的妾,也是阮最的庶母。起初阮最调戏娇娇,娇娇表明彼此关系,称自己是"庶母",但当两人勾搭成奸后,娇娇则对阮最称自己是"庶娘母"。"母""娘"都可以指母亲,但文献中"庶母"是常见形式,"庶娘"的说法鲜少。"庶娘母"中"娘"是羡余成分,它的出现使得"庶母"带有口语色彩。

"酷好喜",《说文解字注·酉部》:"酷,引申为已甚之义。《白虎通》曰:酷,极也,教令穷极也。""好""喜"都可以表示爱好、喜爱,如《诗经·小雅·彤弓》:"我有嘉宾,中心喜之。""我有嘉宾,中心好之。""好""喜"的主语都是"我",人具有自主意识,对宾语"之"具有稳定的、较深的积极感情①。后来随着发展,"喜"对宾语的积极意愿不如"好"。《姑妄言》多数是"酷好"的形式,如第 8 回:"后来一个新任知县,系福建人,酷好男风。"但也出现羡余现象,如第 18 回:"内中一个贼酷好喜男风,混名叫做毛坑蛆,忙止住道:'兄弟不要动手,那三个老婆给你们,这个小子留给我罢。'""酷好喜"中"喜"为羡余成分,起着强调的作用。

---

① 刘曼:《同义词"好、喜、爱"的平行演化》,《合肥师范学院学报》2015 年第 2 期,第 24—29 页。

"目睹观"，《正字通·目部》："凡注视曰目之。""目""睹""观"语义相近，"目"表示看的方式，"睹"表示看的结果，"观"表示有目的的看。"目睹"是常见形式，清曹雪芹《红楼梦》第56回："若说必有，又并无目睹。"《姑妄言》第17回："梅生那日也在表弟家，目睹观这事，今特来相告钟生。""目睹观"中"观"为羡余成分，起着强调的作用。

"马口眼"，"马口"指尿道外口，如明张介宾《景岳全书·杂证谟》："通塞法，凡败精干血或溺孔结垢，阻塞水道，小便胀急不能出者，令病人仰卧，亦用鹅翎筒插入马口。"文献中又以"马眼"指男性的尿道口。如明兰陵笑笑生《金瓶梅》第50回："捏了有一厘半儿来，安放在马眼内……"《姑妄言》第7回："（计德）扯开贼秃的裤子，拿猪鬃通他的马口眼。""马口眼"即男性尿道口，"眼"指窟窿，是羡余成分，起着明确语义的作用。

上述数例中"睹-观""羞-耻""娘-母""好-喜"是四组同义词，"口-舌""口-眼"则所指紧密相关，因此，"词义的相似性和接近原则"是促使羡余现象产生的重要机制。在对上述词语的分析中，可以看出，这些羡余成分的作用，或是为了增强口语色彩，如"庶娘母""灭口舌"，使得语言表达口语化；或是为了强调，使语义更加明确，如"酷好喜""马口眼"，强调了表达的内容。这些羡余成分虽然与语言的经济性原则相违背，但它们的出现使得上述词语的语义更加"突显"。

以上，对《姑妄言》中数量较多的三音节词语的内部结构作了分析。从共时的角度来看，偏正式三音词数量最多，其中名词占绝对优势，且内部关系复杂；附加式主要有以"子、小、老"等为附加成分，这些附加成分的使用使得表达更加口语化，客观上增强了小说的白话色彩；重叠式中形容词居多，主要是因为重叠起到强化修饰作用，而形容词又具有修饰或描写作用；主观需要是词语产生羡余现象的主要动因，这些羡余成分或为了强调，使语义更加明确，或为了增强口语色彩。从历时的角度来看，这些三音节词语中，有的是前代沿用而来的，如"可怜见""金花银"，有的则是明清时期产生的，如"观音兜""大肚汉"等。这些三音节词语发展至今，有的已经不再出现，如"喜相逢"；有不少词一直沿用至今，或进入普通话词汇系统，如"宝盖头""护身符"，或进入方言词汇系统，如"哑巴子""锅边秀"。

第三节 四音节词语的内部结构

《姑妄言》中有四音节词语 3 192 条，包括四音单纯词、四音附加式合成词、四音复合词①，四音复合词为主，四音单纯词很少。此处我们主要讨论四音附加式合成词、四音复合词语，又因并列式、重叠式丰富且复杂，对其加以详细分析。下面从书中选取代表性的词，包括一些词的等价物，如成语等，对其内部结构展开分析，并对四音节词语中出现的同素异序现象等作简单探讨。

一、四音节并列式词语

《姑妄言》四音节的并列式是相当多的，内部关系复杂：有部分相同的并列式，如 ABAC、ABCB，更有完全不同的并列式，为了更好地说明，我们姑且把这种情况的并列式用 ABCD 表示。

（一）ABAC 式

《姑妄言》ABAC 式比较丰富，有 272 个。例如：

1. A 为动词性语素

① 铁化初娶来时，爱他美丽，凡事顺他的性儿，后来纵惯了，就有些动手动脚的起来。（第 2 回）

② 那婆子同媳妇絮絮叨叨，问长问短。（第 19 回）

③ 如今求官给下来的东西做了把柄，不但可杜后患，就是目下寻是

---

① "四音单纯词""四音附加式合成词""四音复合词"的说法，参考徐时仪：《古白话词汇研究论稿》，上海：上海教育出版社，2000 年，第 206—207 页；向熹：《简明汉语史（修订本）》，北京：商务印书馆，2010 年，第 654—661 页。

寻非的官吏,也免他许多妄议妄想的。(第21回)

就构词语素而言,B、C可以是名词性语素,如"尽心尽力"中的"心""力";也可以是动词性语素,如"无依无靠"中的"依""靠";还可以是形容词性语素,如"作好作歹"中的"好""歹"。就形式而言,两种情况:一是B、C能构成词,且多是并列式复合词,如"问长问短、有头有尾、无影无踪、没头没脑"等;二是B、C不能构成复合词,如"离心离德"。就内容而言,B、C的语义或相反,如"知己知彼、问长问短";或相近,如"无拘无束";或相关,如"尽善尽美、回嘴回舌"。其中"回嘴回舌"义同"回嘴"。例如第8回:"(那丫头)起先还怕主母知道,后也就渐渐胆大起来,也回嘴回舌的调笑。""上门上户"义同"上门"。例如第20回:"该了七八个人的银子,成月上门上户的打闹,时常被人村辱不堪。"

《姑妄言》有"无B无C"14条,其中"无拘无束、无依无靠、无情无义、无病无灾、无怨无仇"等大多数表示的是"无BC",至于"无日无夜""无时无刻",邹秋珍、胡伟(2012)认为前者指不分白天黑夜,后者则指每时每刻①。

2. A为形容词性语素

① 他这呆头呆脑,我们也不必怕他,竟面前做了教他。(第12回)
② 这毛氏少时生有几分俏丽,在家做女儿时就毛手毛脚的。(第13回)

就构词语素而言,B、C可以是名词性语素,如"呆头呆脑"中的"头""脑";也可以是动词性的,如"冷言冷语"中的"言""语";还可以是形容词性的,如"大奸大恶"中的"奸""恶"。就形式而言,B、C有两种情况:一是B、C可以构成词,且多是复合词,如"多情多义、风言风语、娇声娇气、昏头昏脑、毛

---

① 邹秋珍、胡伟:《"无A无B"框架构式研究》,《广西社会科学》2012年第11期,第143页。

手毛脚、泼声泼气、轻手轻脚"等。二是 B、C 不能构成复合词时，如"独门独院（独院独门）、乌嘴乌面"等。就内容而言，B、C 的语素义或相反，如"同生同死"；或相近，如"恶言恶语"；或相关，如"毛手毛脚"。

《姑妄言》"大 B 大 C"有"大奸大恶、大模大样"等，"大模大样"指态度傲慢的样子，例如第 4 回："他先来时，你不那大模大样，奉承得他快活，要化他一千五百，只当毡子上去了一根毛。""大奸大恶"语义程度加深。例如第 6 回："这是实言，如大奸大恶，他上下皆有线索，互相蒙蔽，代为隐瞒，一时如何查访得出。"可以看出，《姑妄言》中"大 B 大 C"有加强表达程度的作用，往往带有贬义色彩。

3. A 为副词性语素

① 这两个虽不敢与他相抗，不过是强笑强迎，假趋假奉而已。（第 3 回）

② 不想才过了百日，水氏便同人作些不三不四的勾当。（第 10 回）

就构词语素而言，B、C 可以是数词性语素，如"不三不四"；可以是动词性语素，如"屡试屡验"；也可以是形容词性语素，如"不明不白"。就形式而言，B、C 之间有两种情况：一是 B、C 可以构成词，且多数是复合词，如"难割难舍"，但也有少数是单纯词，如"不尴不尬"中的"尴尬"就是联绵词。二是 B、C 不可以构成复合词，"不孝不友"。就内容而言，B、C 的语素义或相反，如"慎始慎终"；或相近，如"诚惶诚恐"；或相关，如"难割难舍"。

《姑妄言》中"不 B 不 C"式共有 13 条，即"不三不四、不即不离、不知不觉、不明不白、不稂不莠、不干不净、不疼不痒/不痛不痒、不尴不尬"等，以并列式为主。

4. A 为名词性语素或代词性语素

① 每人面前放一把自斟壶，自斟自饮，豁拳打关，不许代酒，不许错

斟。(第 2 回)

 ② 人千人万的走,知道谁拾了?（第 19 回）

 就构词语素而言,B、C 可以是名词性语素,如"人山人海";可以是动词性语素,如"自怨自艾"。就形式而言,B、C 有两种情况:一是 B、C 可以构成词,且多数是复合词,如"人千人万、人山人海、骨头骨脑、鬼头鬼脑、自嗟自叹、自怨自艾"等。二是 B、C 不可以构成复合词,如"火烧火辣、自作自受"等。就内容而言,B、C 的语素义或相反,如"日远日疏";或相近,如"自怨自艾";或相关,如"人山人海"。

 5. A 本为数词语素

 ① 那宝儿到了八九岁,听他母亲唱曲,不但一字不得遗忘,还唱和一腔一板不走。(第 8 回)
 ② 他名字叫做贾文物,如今又学起假斯文来,一举一动无不文文绉绉。(第 15 回)

 就构词语素而言,B、C 可以是名词性的,如"一腔一板";可以是动词性的,如"一举一动",也可以是形容词性的,如"万刁万恶";也可以是数词性的,如"一五一十"。就形式而言,B、C 有两种情况:一是 B、C 可以构成词,且多数是复合词,如"一腔一板、百依百随、万刁万恶"等。二是 B、C 不可以构成复合词,如"百发百中"。就内容而言,B、C 的语素义或相反,如"一朝一夕、一出一进";或相近,如"一生一世";或相关,如"一心一意"。

 《姑妄言》中"一 B 一 C"以并列为主,共计 17 个,如"一模一样、一五一十、一心一意、一举一动"已经凝固,其语义出现"增值"的情况,如"一举一动"。

 可以看出,《姑妄言》的 ABAC 式中 A 可以由具有名词、动词、形容词、数词、副词、代词等性质的语素充当;B、C 的语义具有或相同、或相关、或相反的关系,原本词性基本一致;有的 B、C 能构成复合词,有的则不能。这些词语中

有不少是模式词语,其基本形式有"不 B 不 C""一 B 一 C""大 B 大 C""无 B
无 C"等,这些模式构成的词语多数是并列式的。

（二）ABCB 式

《姑妄言》中还有一些 ABCB 式并列四音节词语,数量不多,仅 23 个。
例如:

① 在衙官求个份上,还千难万难的不依。（第 9 回）
② 世上人吃到老穿到老学不了,千真万真。（第 12 回）

文中"千难万难"即困难很多,非常困难;"千真万真"即极其确实,相当于
"千真万确"。例如清曹雪芹《红楼梦》第 35 回:"千真万真,从我们家四个女
孩儿一算起。"《姑妄言》中又有"千肯万肯"等,在这些词语中"千""万"是表示
强调性的数词,"千 B 万 B"表示程度极高。书中还有"东化西化""东晃西晃"
"左就右就"等形式,其中"左""右""东""西"是虚指,表示到处。这些 ABCB
式四音节词语中 B 原本或为动词,或为名词,或为形容词,等等;有的 A、C 可
以构成复合词,如"一狠百狠",但也有的不可以构成复合词,如"出尔反尔、倚
老卖老"等;多数情况下,A、C 之间的语义或相近,如"宽兮绰兮",或相反,如
"出乎反乎"。

（三）ABCD 式

《姑妄言》更多的是 ABCD 并列式四音节词语,有 841 个。例如:

① 他在此道中历练久了,钳红捉绿,手段也自高强。（第 2 回）
② 郇合还恐他躲在僻静处,故意的大吆小喝,后面撵着。（第 7 回）
③ 时园中系鹅卵石镶的路,七高八低。（第 7 回）
④ 无千带万的人,知道是谁?（第 12 回）

从 A、B、C、D 的关系来看,主要有以下几种情况:

A、C 本为方位名词或一般名词时，有的 A、C 可以构成复合方位词或一般复合词，如"东藏西躲、左思右想、心满意足、魂飞魄散"等；有的 A、C 不可以构成复合名词，如"鼻塌嘴歪"。B、D 原本是动词或形容词，且两者之间语义相近，如"冰消瓦解、东倒西歪"，或相反，如"暮来朝往"，或相关，如"腹笑心诽"；有的 B、D 可以构成复合动词，如"东藏西躲、道听途说"，有的则不能构成复合词，如"天打雷劈、胆战心惊"。其中"左 B 右 C""东 B 西 C"是《姑妄言》中的模式词语，前者有 8 个，后者有 11 个。

A、C 本为动词时，有的 A、C 可以构成复合动词，如"协力同心、寻死觅活、眠花宿柳、拖泥带水"，但有的则不可以构成复合动词，如"钻头觅缝、捶胸跌足、拆白道字"等。B、D 原本是动词，或名词，或数词等，且两者之间的语义或相关，如"敲门打户"，或相近，如"装模做样"，或相反，如"寻死觅活、剪头去尾"；B、D 有时可以构成复合词，如"装模做样、起早睡晚"，但多数是不能构成复合词，如"打牙犯嘴／打牙撩嘴、钳红捉绿"等。"钳红捉绿"是由两个动宾结构构成的并列结构四音节词语，其中"红""绿"是骰子的颜色，"钳红""捉绿"是并列关系。古代文献中又写作"除红捉绿、箝红捉绿、呼红捉绿"等。如明鹤市主人《醒风流》第 15 回："石秀甫因打诨了几日，深为厌烦，巴不得程公子不说起，好空些工夫到赌场里去呼红捉绿，躁脾一番。"

A、C 本为形容词时，有的可以构成复合形容词，如"光头滑脑"，但也有的不能构成复合词，如"拙口钝腮"。B、D 原本为名词，或动词，两者之间语义或相关，如"伶牙俐齿、肥头大脸"，或相近，如"大洞小眼"。有的 B、D 可以构成复合词，如"伶牙俐齿"，有的则不能，如"愁眉苦脸"。

A、C 本为数词时，多数情况下，A、C 可以构成复合词，如"三番五次、千恩万谢"；有的则不能构成复合词，如"四书五经"。《姑妄言》中相关词语较多，如"两次三番、两面三刀、三明两暗、三瓦两舍、三从四德、三年五载、三牲五鼎、三茶六饭、四肢百骸、四书五经、四时八节、五短三粗、五荤三厌、八索九丘"等。B、D 原本为形容词、名词、动词等，两者之间语义或相关，如"三瓦两舍、四时八节"，或相近，如"千奇百怪"，或相反，如"七死八活"。多数情况下，

B、D 可以构成复合词,如"千辛万苦",但也有些不能构成复合词,如"两次三番"。这些四音节词语中有的是模式词语,主要有"七 B 八 C""千 B 万 C"等形式,如七高八低、七老八少、七零八落、七手八脚、七死八活。其中"千 B 万 C/千 B 百 C"或强调次数多,如"千筹万算、千思万虑/千思万想、千算万计、千思百想",或形容多,如"千言万语、千方百计",或形容程度极高,如"千奇百怪、百媚千娇、千伶百俐"。

此外,也有少数并列式中 A、C 本为副词,如"新来乍到"。

上述并列式词语中,A 与 B、C 与 D 之间大多具有偏正、主谓、述宾等形式,且一般情况下同一个并列式四音节词语中 AB、CD 的内部结构基本一致。例如:

⑤ 那赢氏自从昨晚拿获,一日一夜,连黄汤辣水也没有尝着,已饿得腰酸肚痛。(第 7 回)

⑥ 间或打牙撩嘴调戏他两句,他也似推似就,如送如迎。(第 13 回)

"黄汤辣水"中"黄汤""辣水"都代指酒,"黄汤辣水"本来指酒,《姑妄言》中指非常简单的饮食。"打牙撩嘴"指相互戏谑,闲扯说笑。

可以看出,并列式是《姑妄言》四音节词语中相当重要的一种形式。该书四音节并列式词语主要有如下特点:就词性而言,A 与 C,B 与 D 的词性各自基本一致。在构成四音节词语之前,它们是名词、动词、数词、形容词、副词、代词,甚至是语气词,如"出乎反乎"。就结构而言,AB、CD 的内部结构基本一致,主要有主谓、述宾、偏正等形式;有的 A、C 或 B、D 可以构成复合词,有的则不能构成复合词。就语义而言,B、D 之间的语义或相关,或相近,或相反。有的 A、C 之间语义也存在相近,或相反,或相关的关系。此外,《姑妄言》中还有一些模式词语,其形式主要有"大 B 大 C""不 B 不 C""一 B 一 C""大 B 大 C""无 B 无 C""左 B 右 C""东 B 西 C"等,这些模式词语多数是并列式的。

二、其他四音节词语

《姑妄言》中还有偏正式、主谓式等四音节词语。

四音节偏正式词语中数量最多的是用"而""之"连接的，前者如"半途而废、满载而归、沐猴而冠、奄然而逝、因材而施、源源而来、执一而论"等，共 32 个，主要是状中结构；后者如"百年之后、不败之地、恻隐之心、长久之策、雷霆之怒、螽斯之庆、莫逆之交、趋庭之训、无稽之言、糟糠之妻"等，共 91 个，主要是定中结构。例如：

① 虽然，亦不可执一而论，竟有才貌双全，恩情毕至的，但千万中仅见之一人耳。（首回）

② 即牛耕亦以为螽斯之庆，每见这些娃娃抱在面前，便诵奇姐的好处。（第 14 回）

例句中"执一而论"指抓住一点或一个方面就进行评论。又如清钱泳《履园丛话·三江》："大凡治事必需通观全局，不可执一而论。""螽斯之庆"指庆祝多子多孙。这两类形式是古代汉语用法的遗留。

四音节偏正式词语中还有"AABC"，如"怅怅不乐、刺刺不休、娓娓不休、循循善诱、恹恹待毙、恹恹无力、扬扬不睬、凿凿可据、念念不忘"等，共 34 个，AA 与 BC 的关系是"$\underline{AA}_{定或状}$ - $BC_{中}$"。例如：

③ 众人见他说得凿凿可据，倒不好意思，大家含笑散去，这小子也回去了。（第 6 回）

"凿凿"表示确实，"凿凿可据"表示确实可作依据。该词早在明代就已见使用，例如明刘若愚《酌中志》卷二："而曦犯前罪，况复凿凿可据，其妖诗笔迹，刻字匠及本犯之妻妾子女众证，各已明确。"

《姑妄言》中还有"钳默不言、投火飞蛾、铁石心肠、合盘托出、惶愧不安、冬烘头脑"等 15 个一般偏正式四音节词语。例如：

④ 承你父女这等好情，我家奶奶又如此贤慧，我难道是铁石心肠，当真不爱你么？（第 19 回）

"铁石心肠"指像铁和石头一样的心肠。形容心肠很硬，不为感情所动。

此外，《姑妄言》中还有主谓式，如"呆气勃勃、怒气腾腾、喜气洋洋、气喘吁吁""口若悬河、视若罔闻、欣喜若狂、归心似箭、侯门似海、暴跳如雷"等。

三、四音节词语中的重叠现象

此处主要指 AABB 式重叠词语。近代汉语中的 AABB 式受到学者的关注，他们以近代汉语文献为主要语料，讨论了 AABB 式的结构类型、语法功能、语法意义等内容。潘攀（1997）认为《金瓶梅》中 AABB 的构成成分有形容词性、动词性、名词性、拟声词性①；张家合（2007）认为元曲中 AABB 式词的词类属性分为名词、动词、形容词、拟声词四类②；樊中元（2009）指出 AABB 式动词的语法意义有动量义、描写义两种③；潘国英（2018）认为明清时期动词 AABB 式主要有"AB 不成词，A 和 B 是语义相近或相类的""AB 不成词，A 和 B 是语义相反的""AB 是双音节词"三种形式④。虽然《姑妄言》中四音节重叠词有 AABB、ABAB 两种形式，但 AABB 式内部结构复杂，且数量上占有绝对优势，多达 228 个。

---

① 潘攀：《〈金瓶梅词话〉ABB、AABB 构词格》，《华中师范大学学报（哲学社会科学版）》1997 年第 4 期，第 110 页。

② 张家合：《元刊杂剧重叠构词研究》，《聊城大学学报（社会科学版）》2007 年第 3 期，第 88 页。

③ 樊中元：《〈儿女英雄传〉四音节重叠式研究》，《广西师范大学学报（哲学社会科学版）》2009 年第 1 期，第 49—50 页。

④ 潘国英：《动词 AABB 重叠式语法构成探源》，《湖州师范学院学报》2018 年第 7 期，第 76 页。

（一）重叠形容词

石锓（2010）认为，元明清时期，AABB 式形容词在结构、语义、语用等方面都有不同程度的发展①。清初小说《姑妄言》中共有 AABB 式形容词 144个。例如：

① 人人都穿得齐齐整整，独他只一件旧布直缀。（第 6 回）

② 那些婆娘要奉承夫人欢喜，无般的不说出来，却都拙口钝腮，头上一句，尾上一句，支支离离，说得总不入耳。（第 15 回）

吕叔湘（1965）曾把 AABB 式形容词分为两类：AB 成词、AB 不成词②。《姑妄言》中大多数 AABB 式形容词能还原为 AB，但也有一些形容词不能还原为 AB。主要情况如下：

一是 AABB 式形容词能还原为 AB，A、B 能构成 AA 和 BB。AB 可能是单纯词，即 AABB 式是由联绵式重叠而成。这类词语容易出现一词多形现象，如"朦朦胧胧-蒙蒙眬眬"，这与联绵词重在记音的特点有关。AB 可能是复合词。A、B 之间有的是并列结构，如"曲曲折折、弯弯曲曲、冒冒失失、零零碎碎、零零星星"。有的是偏正结构，如"太太平平、光光滑滑"，例如第 15 回："夫人天威，男人不复再敢矣，倒也太太平平过了两年。"有的是述补结构，如"畏畏缩缩"，例如第 7 回："这些姜婢见大奶奶在上面，虽知他不吃醋，到底畏畏缩缩，局局踏踏的。"从 AA 和 BB 的关系来说，《姑妄言》中有不少附加式，如"满满当当、揸揸巴巴"。其中"当当"为附加成分，"满满当当"形容很满的样子；"巴巴"附在某些形容词或名词后，表示程度深，"揸揸巴巴"形容参差不齐的样子。

二是 A、B 中只能构成 AA 或 BB，且能单独运用。或者为 AA，或者为

① 石锓：《汉语形容词重叠形式的历史发展》，北京：商务印书馆，2010 年，第 162 页。
② 转自石锓：《汉语形容词重叠形式的历史发展》，北京：商务印书馆，2010 年，第 12 页。

BB。如"的的确确、正正经经、古古板板、服服贴贴、结结实实、体体面面"等。例如"斯斯文文"中"文文"即"崇尚礼文仪节","服服贴贴"中"贴贴"即"安稳、平静","体体面面"中"面面"即"每一方面或地方"。

三是 A、B 不能构成 AA 和 BB。如"巴巴竭竭、热热闹闹、结结巴巴、迂迂腐腐"等。其中"巴巴竭竭"是由"巴竭"重叠而成,"巴竭"即"巴结",吴方言、江淮方言中"巴结"指勉强、勉强而为。"巴巴竭竭"则指日子过得勉强,形容贫困窘迫的样子,义同"巴巴结结"。如《姑妄言》第 19 回:"我娘儿两个,家中没一点甚么,巴巴竭竭的守到如今,他二十八岁了。"

此外,AABB 式形容词不能还原为 AB 时,有的 A、B 能构成 AA 和 BB,且单独运用。如"纷纷攘攘";有的 A、B 中能构成 AA 或 BB,且单独运用,如"愣愣挣挣";有的 A、B 中不能构成 AA 或 BB,如"揸揸鬇鬇"。

(二) 重叠动词

《姑妄言》的 AABB 式中动词比形容词要少很多,有 56 个,这些重叠动词有的是由 AB 重叠而成,有的则是由 AA、BB 组合而成的,其构成成分都是动词性。例如:

① 那老儿终日吵吵闹闹,媳妇哭哭啼啼,真是没法的事。(第 19 回)
② 何苦吵吵闹闹,到了人家,还是这个样子,反落了万代骂名。(第 20 回)

《姑妄言》中 AABB 式动词大多可以还原为 AB 式动词,少数不可以还原为 AB 式动词。当 AABB 式动词能还原为 AB 时,又有以下三种情况:

一是 A、B 能构成 AA、BB,且都能单独运用。如"哽哽咽咽"中"哽咽"表示不能痛快地哭出声,"哽哽"形容悲痛而声气堵塞貌,例如《宋史·方技传·钱乙传》:"士病欬,面青而光,气哽哽。""咽咽"形容悲哀声。例如元稹《通州丁溪馆夜别李景信三首》诗:"雨萧萧兮鹃咽咽,倾冠倒枕灯临灭。""哽""咽"都是动词性语素。这属于"AABB、AB、AA、BB"都能单独运用,且彼此意义相关的情况,只是"哽哽咽咽"所表示动作"造成的抽象状态加强"①。

二是 A 或 B 能构成 AA 或 BB,且 AA 或 BB 能单独运用。如"摇摇摆摆"本来指步态不稳,例如《姑妄言》第 20 回:"那刁桓满心今日要与屈氏做新相知,穿了一身新衣,摇摇摆摆,都到了牧家,方才坐下。""摇摇"指摇动貌。明高启《风树操》:"朝风之飘飘兮,维树之摇摇兮。"AABB、AB、AA 或 BB 能单独运用,且意义相关。

三是 A、B 不能构成 AA 和 BB,如"吆吆喝喝"。例如《姑妄言》第 10 回:"只求你烫酒拿菜,凭我吆吆喝喝,你都忍着些。""吆吆喝喝"指不停地吆喝,大声喊叫,在句中充当谓语。

有的 AABB 式动词不能还原为 AB,如"哭哭啼啼",指哭个没完没了,此时 A、B 不能构成 AA 和 BB。

《姑妄言》中 AABB 式动词是由动词性语素构成,在句中主要充当谓语,例如①中"哭哭啼啼";但有时也可以充当状语,例如第 19 回"内中一个头上包着白布,披着麻,些(在)哭哭啼啼的哀求","那小娥哭哭啼啼出去,上了轿,宦蓉叫跟他的小厮送了去了"。有时,也可以充当补语或定语,例如第 16 回中"这几年来来往往的人传说"的"来来往往"充当定语。

《姑妄言》中 AABB 式动词有"AB 成词""AB 不成词"两种形式,前者占绝对优势,且出现 AA、BB 都能成词,AA 或 BB 成词的两种情况;构词语素都是动词性的,所表示的语义大多相近或相关,一旦成为 AABB,意义发生变化。大多数情况 AABB 的意义是由原有语素义通过隐喻或者转喻的方式产生新的意义。如"吞吞吐吐"形容有话不直说或说话有顾虑,想说又不敢说的样子。

(三)重叠名词、拟声词、数词

《姑妄言》中 AABB 式名词数量很少,但比副词、数词、拟声词要多,有"生

---

① 周华玲、彭家法:《动词 AABB 式重叠试析》,《九江学院学报(社会科学版)》2019 年第 4 期,第 90—91 页。

生世世、枝枝叶叶、子子孙孙”等。例如：

　　① 大王厚恩，生生世世感戴不尽矣。（第 1 回）

　　② 但是下边有甚么话，他便到上边添出许多枝枝叶叶，轻事重报，告诉主母。（第 15 回）

　　③ 宦实道："先生活命之恩，无以为报，具有不腆之仪，聊尽愚父子一点鄙衷，其深厚之恩私，惟有子子孙孙顶祝而已。"（第 16 回）

　　《姑妄言》中 AABB 式名词有的可以还原为 AB，但 A 或 B 不能构成 AA 或者 BB，如"枝枝叶叶"。"枝叶"本指枝条和树叶，"枝枝叶叶"比喻在问题之外又派生出的新问题，词义发生转化，且"枝枝""叶叶"不能单独使用。从内部结构来看，该词属于并列式。有的 AABB 式名词可以还原为 AB，A 或 B 能构成 AA 或者 BB，且 AA 或 BB 可以独立使用，如"子子孙孙"。"子孙"本指儿子和孙子，例如《尚书·洪范》："身其康强，子孙其逢吉。"后来泛指后代，例如清文康《儿女英雄传》第 1 回："便是将来的子孙，有命作官固好……""子子孙孙"则泛指子孙后代，例如《尚书·梓材》："惟曰欲至于万年，惟王子子孙孙永保民。""子子孙孙"在表义功用上具有泛化的特点。文献中还有"孙孙"的说法，例如清文康《儿女英雄传》第 28 回："等他中了举人，中了进士，点了翰林，你两个再一个人给我们抱上两个孙孙。""孙孙"是对孙子的爱称。"枝枝叶叶""子子孙孙"是并列结构。

　　此外，《姑妄言》中 AABB 式拟声词有 17 个，即"叮叮咚咚、呜呜咽咽、咿咿喔喔、乒乒乓乓"等。例如第 11 回："香姑也倒（侧）耳会听了一会，见他唱得铿铿锵锵，甚是入耳。""铿铿锵锵"充当"唱"的补语。第 20 回："手中乱舞，脚下混跳，口里唧唧喳喳，只叫留下买路钱。""唧唧喳喳"形容细碎杂乱的声音。《姑妄言》中还有 AABB 式数词，例如第 18 回："（那个贼头）就到处张扬李头目帐里有三个美人，三三两两，互相传说，风声传到李自成耳中。""三三两两"是由数词构成的。

（四）ABB－AABB

《姑妄言》中"ABB－AABB"同时出现的有"愣挣挣-愣愣挣挣、古板板-古古板板、光滑滑-光光滑滑、欢喜喜-欢欢喜喜、紧揪揪-紧紧揪揪、冷清清-冷冷清清、瘦怯怯-瘦瘦怯怯、精壮壮-精精壮壮、黏达达-黏黏达达、笑嘻嘻-笑笑嘻嘻、痒酥酥-痒痒酥酥、兴头头-兴兴头头、文绉绉-文文绉绉、吭喝喝-吭吭喝喝、娇滴滴-娇娇滴滴"等。其中有一些四音节重叠式是由三音节重叠式二次重叠形成的，即"ABB→AABB"，如"静悄悄-静静悄悄"；有的三音节ABB是由四音节 AABB 缩略而成，即"ABBB→AAB"，如"战战兢兢-战兢兢"。

"战兢兢-战战兢兢"组："战战兢兢"源自《诗经·小雅·小旻》："战战兢兢，如临深渊，如履薄冰。"毛传："战战，恐也。兢兢，戒也。"本指畏惧谨慎貌，后来形容因害怕或寒冷而颤抖貌。如《姑妄言》第 5 回："邬合不知是为甚么，吓得战战兢兢，忙出位跪在地下，自己打了几个嘴巴。"又缩略为"战兢兢"，第 24 回："（竹思宽）吃了一夜大空心的酒，眼花头晕，吓得战兢兢。"

"文绉绉-文文绉绉"组："绉"，细葛布。《说文解字·系部》："绉，絺之细者也。"绉、絺都是细葛布，但绉比絺更细。"文"有"礼节仪式"义。"文绉"形容举止讲究。如明施耐庵《水浒传》第 90 回："不必文诌了，有肉快切一盘来，俺吃了，要赶路进城公干。""文绉绉"即"举止斯文貌"，是由"文绉"重叠而成的，程度加深。近代汉语文献中另有"文骤骤""文诌诌"等异形词，其中"文绉绉"是常见形式。如《姑妄言》第 10 回："众人见他讲得文绉绉的，倒都大笑了一场。""文文绉绉"又写作"文文诌诌"，明施耐庵《水浒传》第 29 回："小管营，不要文文诌诌，只拣紧要的话直说来。"《姑妄言》第 15 回："他名字叫做贾文物，如今又学起假斯文来，一举一动无不文文绉绉。"

"光挞挞-光光挞挞"组："挞"本指用鞭子或棍子打，但在"光挞挞-光光挞挞"中"挞挞"为词缀。"光挞挞"，《汉语大词典》卷二第 232 页释义为"同'光塌塌'"。"塌塌"有两个用法：一是"塌"连用为"塌塌"，形容耷拉下来的样子。现代汉语中有不少相关的形容词，如"软塌塌、瘪塌塌、潮塌塌、黑塌塌、湿塌塌、平塌塌"等,此时"塌塌"有实义。二是"塌塌"义逐渐淡化,最终成为一个词尾,如"白塌塌""光塌塌"等。

"光滑滑-光光滑滑"组:两词形均不见于《汉语大词典》等辞书。"光滑滑"形容物体表面细腻平滑,是由"光滑"中"滑"重叠而成的。如清李伯元《文明小史》第 47 回:"(白趋贤)出了两只大洋,替他办了一条辫子,底下是个网子,上面仍拿头发盖好,一样刷得光滑滑的,一点破绽看不出来。"该词沿用至今,如茅盾《腐蚀·一月二十一日》:"但当我的刺探触及那事情的性质的时候,她就像蜗牛似的缩了进去,只剩给我一个光滑滑的硬壳。"

"紧揪揪-紧紧揪揪"组:《字汇·手部》:"揪,手揪。""揪"本义为用手紧紧抓住,"揪"连用为"揪揪",表示聚拢。"紧揪揪"形容很紧的样子,程度加重。今天四川成都等方言中仍使用"紧揪揪"。如李劼人《暴风雨前》第五部分:"把髻头改梳成一个紧揪揪的圆纂在脑后。""紧揪揪"早见于《金瓶梅》。

有些"ABB-AABB"没有同时出现在《姑妄言》中,但在当时的其他文献中有出现,如"絮叨叨-絮絮叨叨""光乍乍-光光乍乍"。"絮絮叨叨"形容说话啰嗦,又作"絮叨叨"。《姑妄言》第 19 回:"那婆子同媳妇絮絮叨叨,问长问短。"清李渔《奈何天·逃禅》:"我这里絮叨叨,求他见怜。"

要注意的是,AABB 式中出现一些同素异序现象,如"吵吵闹闹-闹闹吵吵"。有些 AABB 式构成不稳定,某一成分可与不同的成分组合而成 AABB式,且所指相同或相近。如"跌跌冲冲-跌跌撞撞-跌跌春春"都指走路不稳的样子。例如:

　　① 外边天已黎明,众人才要拥着走,只见养氏跌跌撞撞跑了来。(第 11 回)

　　② 酒鬼大怒,跌跌春春,夹脸就是一拳打去。(第 20 回)

"跌跌春春"是"跌跌冲冲"的异形词,《汉语大词典》卷十第 446 页释"跌跌冲冲"为"同'跌跌撞撞'",释"跌跌撞撞"为"走路不稳像要跌倒的样子"。

江淮方言、吴语等方言中仍有使用。

《姑妄言》中有不少四音节词语源自方言，且至今还在方言中使用。"雷堆"，《汉语大词典》卷十一第 680 页释义为"③ 方言。粗笨，累赘"，例证出自《西游记》。据《汉语方言大词典》卷五，"雷堆"在江淮官话、吴语等中用作形容词，表示笨重；累赘；臃肿。《姑妄言》第 6 回："你家又没人来，穿着衣服雷雷堆堆的，那有甚趣。""雷雷堆堆"形容累赘。

《姑妄言》中 AABB 重叠词语比较丰富。就词性而言，形容词数量最多，动词次之，名词又次之。就结构而言，一是构词语素以形容词性语素为主，动词性次之；二是有"AB 成词""AB 不成词"两种形式，前者占绝对优势。若 AABB 是由 AB 重叠而成的，其基式只有一个词，即 AB，一般情况 A、B 之间以并列居多。出现 AA、BB 都能成词，AA 或 BB 成词的两种情况。若 AABB 式是由 AA、BB 叠加而成时，其先重叠为 AA 和 BB，然后 AA 和 BB 组合，AABB 以并列式为主。就语义而言，处于并列关系的 A、B 的语义相近或相关，或相反，其中以前两者为主，且 AB 与 AABB 语义大多相近或相关，语义相近或相关的 A、B 更容易形成 AABB 式。

四、四音节词语中的同素异序现象

《姑妄言》中四音节词语有"AABB - BBAA""ABCD - CDAB""ABCD - CDAB""ABCD - ABDC"等同素异序现象。其中"哭哭啼啼-啼啼哭哭、吵吵闹闹-闹闹吵吵、哝哝唧唧-唧唧哝哝"发生异序后词义基本不变。下面主要就"ABCD - CDAB""ABCD - CDAB""ABCD - ABDC"等展开分析。例如：

> ① 铁化听他说得天花乱坠，也动了心。（第 2 回）
> ② 他夸得乱坠天花，竟到了希圣希贤的地位。（第 10 回）

"天花乱坠"，据《汉语大词典》卷二第 1416 页，传说佛祖讲经说法，感动了天神，天界的花纷纷扬扬地飘落下来。后来形容说话动人或文字精彩，多指话说得夸大或不切实际。"乱坠天花"所表示意义相同。这两种形式在明代作品中就已经出现，如明凌濛初《二刻拍案惊奇》卷十一："凭那哥哥说得天花乱坠，只是不肯回去。"明单本《蕉帕记》第九出："你还要唠叨嘴哽，纵乱坠天花，教我怎生来听，不招只是打。"

从形式来看，《姑妄言》中共有四音节同素异序词语 18 组，其中以"ABCD－CDAB"形式为主。如下：

音信杳无-杳无音信　鹑衣百结-百结鹑衣　天花乱坠-乱坠天花

玉洁冰清-冰清玉洁　万刁万恶-万恶万刁　百媚千娇-千娇百媚

半信半疑-半疑半信　爱富嫌贫-嫌贫爱富　却病延年-延年却病

同心协力-协力同心　百计千方-千方百计　山珍海错-海错山珍

（以上 ABCD－CDAB）

性如烈火-性如火烈（ABCD－ABDC）

愁眉苦脸-眉愁脸苦（ABCD－BADC）

粉骨碎身-粉身碎骨（ABCD－ADCB）

眉清目秀-清眉目秀（ABCD－BACD）

眼来眉去-眉来眼去（ABCD－CBAD）

忘恩负义-负义忘恩-负恩忘义（ABCD－CDAB－CBAD）

上述四音节词语大多是成语或者类成语，而成语具有结构的凝固性，其中表现之一就是"不可位移性"[①]，但事实上，在使用过程中会出现异序现象，甚至异素现象。这反映了汉语表达的灵活性的特点。

从内部结构来看，上述四音节同素异序词语中的内部结构关系如下：

***

① 刘中富：《成语的界定与成语的层次性》，《山东师范大学学报（人文社会科学版）》2016 年第 4 期，第 57 页。

并列-并列	主谓//主谓-主谓//主谓	冰清玉洁$_2$-玉洁冰清$_1$	眉来眼去$_4$-眼来眉去$_1$
	动宾//动宾-动宾//动宾	粉身碎骨$_7$-粉骨碎身$_1$ 却病延年$_2$-延年却病$_1$ 忘恩负义$_2$-负恩忘义$_1$	嫌贫爱富$_1$-爱富嫌贫$_2$ 同心协力$_4$-协力同心$_3$ -负义忘恩$_2$
	偏正//偏正-偏正//偏正	山珍海错$_2$-海错山珍$_1$ 千娇百媚$_1$-百媚千娇$_1$ 半信半疑$_2$-半疑半信$_1$	千方百计$_3$-百计千方$_2$ 万刁万恶$_1$-万恶万刁$_1$
	偏正//偏正-主谓//主谓	愁眉苦脸$_7$-眉愁脸苦	
	主谓//主谓-偏正//主谓	眉清目秀$_2$-清眉目秀$_1$	
主谓-主谓		性如火烈$_1$-性如烈火$_1$	
偏正-主谓		杳无音信$_1$-音信杳无$_1$	百结鹑衣$_1$-鹑衣百结$_2$
主谓-动宾		天花乱坠$_2$-乱坠天花$_1$	

说明：表格中数字是该词语在《姑妄言》中使用的次数。

从结构来看，一组同素异序词语的两个形式的主要结构一致的有 14 组，其中并列式的有 13 组，其中内部结构完全一致的有 12 组。可见，《姑妄言》中四音节同素异序现象中结构一致的占多数。

从语义来看，一组同素异序词语的两个形式的意思基本一致。例如：

③ 见一个冲天冠、衮龙袍的人，面恶须长，眉愁脸苦。（第 1 回）

④ 这妇人头不梳，脸不洗，面色焦黄，眼眶通红，愁眉苦脸，一点东西也不吃。（第 7 回）

"愁眉苦脸""眉愁脸苦"都形容忧思重重，神色悲苦，其中"愁眉苦脸"也出现于其他文献中，如清吴敬梓《儒林外史》第 47 回："成老爹气的愁眉苦脸，只得自己走出去回那几个乡里人去了。"

从使用情况来看，各自出现的频次不一，见表格中的数字。其中"粉身碎骨-粉骨碎身""愁眉苦脸-眉愁脸苦"都为 7∶1,"眉来眼去-眼来眉去"为 4∶1,使用频次不同。多数情况下,每组的第一个形式的使用频次都高于第二个,且第一个形式几乎都沿用至今,是常见形式。如"嫌贫爱富-爱富嫌贫"组,BCC 中用例为 67∶24,其中"嫌贫爱富"用例为金代 1、元代 2、明代 2、清代 62,"爱富嫌贫"则为元代 2、清代 22,现代汉语"嫌贫爱富"成为常见形式,人们几乎不用"爱富嫌贫"。

此外,《姑妄言》中还有一些词语,如"红光满面、弄斧班门、疏财仗义、冬烘头脑、九流三教、梦倒魂颠、笑逐颜开、地天交泰"等在同时期的文献中有同素异序的形式,即"满面红光、班门弄斧、仗义疏财、头脑冬烘、三教九流"等,但《姑妄言》中没有使用到这些形式。例如:

⑤ 反见他比当日红光满面,笑容可掬……(第 5 回)

⑥ 你中举人进士,虽费了他几个钱,一来是你的命好,二来是他要做疏财仗义的好汉。(第 17 回)

"红光满面"形容人气色好,脸色红润,满面光彩。明清文献中有其同素异序词"满面红光",如清李汝珍《镜花缘》第 32 回:"舅兄今日满面红光,必有非常喜事,大约货物定是十分得彩,我们又要畅饮喜酒了。""红光满面-满面红光"义同,都经常出现于同时代其他文献中,且使用频次相近。又如"疏财仗义-仗义疏财",指用钱助人,扶危济困。BCC 中的用例比为 21∶104,《姑妄言》中用"疏财仗义",不用"仗义疏财",今天"仗义疏财"成为常见形式。

《姑妄言》词语的内部结构类型齐全,偏正式数量多,并列式仅次于偏正式,而述宾式、主谓式、述补式等数量较少,同素异序词、重叠式等较为丰富。

附加式以名词为主,主要以"子、小、老"等为附加成分。有的附加式名词最初以双音节的形式出现,后来才成为三音词,即"AB→<u>AB</u>+词缀"或"AB→词缀+<u>AB</u>",这些附加成分的使用使得表达更加口语化,有的三音节词语发展到现代汉语中附加成分逐渐消失。

偏正式是双音节、三音节词语中最为主要的结构。就双音节而言,偏正结构的词语最多。就三音节而言,数量最多的也是偏正结构的词语,其中又以名词为主,主要有"A＋BC""AB＋C"两种形式,后者居多。"A＋BC"中 A可以是名词性或形容词性语素,BC 可以是附加、并列、偏正、述宾等形式,其中偏正式占优势。"AB＋C"中 C 主要是名词性语素;AB 可以是并列、偏正、述宾、补充、主谓、附加等形式,其中偏正式占优势,述宾式次之,并列式又次之。就四音节而言,偏正式的数量比重叠式、并列式要少。偏正式是《姑妄言》中重要的结构形式,数量多,内部结构复杂,能产性强。

《姑妄言》的双音节、四音节词语中并列式较多。就单个并列式四音节词语而言,A 与 C 的词性基本一致,B 与 D 的词性基本一致,AB 与 CD 的内部结构基本一致。B、D 的语义或相关,或相近,或相反。有的 A、C 之间语义也存在相近,或相反,或相关的关系。A、C 或 B、D 可以构成复合词。就并列式四音节词语而言,构词语素丰富;AB 或 CD 的内部结构主要有主谓、述宾、偏正等形式。此外,《姑妄言》中出现了一些模式词语,多数是并列式的。

《姑妄言》中双音节、三音节、四音节词语中都有主谓、述宾、补充等形式,但相对而言数量不多。

重叠式是汉语构词法中一种非常重要的方式。《姑妄言》中 ABB 重叠式比较丰富。A 是成词语素,多由形容词性语素充当。多数情况下,BB 是由表示实义的构词语素重叠而成的,但有时它可能只是一个单纯成分。从 A 和BB 的关系来看,《姑妄言》中 ABB 形容词分为主谓式、并列式、补充式、附加式。A 与 BB 的组合存在多样性、灵活性,异形词的出现与文字上的异体字、同音字等有关。《姑妄言》中四音节重叠词有 AABB、ABAB 两种形式,从词类来看,形容词占绝对优势,动词、名词次之,拟声词又次之。这主要因为重叠式的目的在于强化修饰作用,而形容词的语法功能又以修饰、描写为主,两者需要一致,具有一定的修饰作用。结构上,形容词性语素是主要的构词语素,"AB 成词"形式占绝对优势。当"AB 成词"时出现 AA、BB 都能成词,AA

或 BB 成词的两种情况,此时 AB 可以是并列、偏正、述补等形式。《姑妄言》中有"ABB - AABB"同时出现的情况,其形成有"ABBB→ AAB""AAB→ ABBB"两种情况,"AABB"比"ABB"程度深。

同素异序词是汉语词汇发展过程中的一种重要的词汇现象。《姑妄言》中双音节同素异序词的内部结构多数相同,以并列式为主;一组同素异序词的词性与其构词语素的词性大多一致;一组同素异序词的词义或没有变化,或在某一义项上相同,或词义不同,但彼此间有一定的联系,其中前两者居多。多数同素异序词的两个形式产生于不同时代,形成原因多样。这些同素异序词必然经历"产生-共存-分化/淘汰"的过程。一组同素异序词并存,词性、结构、意义多有一致性,违反了语言经济性原则,最终或是一种形式被淘汰,或是两种形式并存使用,但两者的用法、词义等发生分化的情况。多数情况下,四音节同素异序词的内部结构完全一致,以并列式为主,词义基本相同。

语言经济性原则要求最简,但有时为了表达的需要,往往会出现羡余现象。《姑妄言》中词义的相似性和接近原则是促使羡余现象产生的重要机制,羡余的作用或是为了强调、凸显语义,或是为了增强口语色彩。

第三章 《姑妄言》概念场例析

专书词汇研究不仅要描写词汇构成,还要做好词义的分析与描写,要对其展开"动态的考察",注意"其历史演变的过程"①。蒋绍愚先生指出"以概念场为背景,考察其中成员及其分布在不同历史时期的变化,是研究词汇系统的历史演变的一种切实可行的方法。"②本章以"一斑窥全豹"的方法,从《姑妄言》中选取五个概念场,以概念场理论等为指导,坚持共时描写与历时分析相结合,探讨《姑妄言》的词语类聚及其语义关系,在比较中力求反映《姑妄言》词义系统、词语类聚的相关情况。

第一节 动作行为类概念场例析

"词汇演变中许多微妙的现象和规律在动词身上体现得最为生动和具体"③,《姑妄言》中动词极其丰富,发展变化也比较复杂,我们从书中选取两个概念场试作分析,以展现其词语类聚及词义演变的相关情况。

一、砍斫类概念场

砍斫,指人们用刀或者斧头等工具砍,是一个相对独立的概念场。《姑妄言》中该概念场成员主要有"斫""砍""劈""剁(剁)""斩""斲""析"。

---

① 蒋绍愚:《汉语历史词汇学概要》,北京:商务印书馆,2015年,第269页。

② 蒋绍愚:《汉语词义和词汇系统的历史演变初探》,《北京大学学报(哲学社会科学版)》2006年第4期,第104页。

③ 汪维辉:《东汉——隋常用词演变研究》,南京:南京大学出版社,2002年,第105页。

（一）砍斫类概念场成员的基本情况

1. 斫

《说文解字·斤部》："斫，击也。从斤石声。"斫，指用斧斤等砍斫。如《庄子·徐无鬼》："郢人垩漫其鼻端，若蝇翼，使匠石斫之，匠石运斤成风，听而斫之，尽垩而鼻不伤，郢人立不失容。"后来"斫"又指砍斫的工具。《姑妄言》中指称砍斫概念的"斫"有 23 例，其中单用有 12 例，指称的是概念场的动作部分。"斫"施及的对象是人体部位、动物、事物等；动作的主体是人；支配对象或为名词，或为代词；这些支配对象在句子中或作主语，或作宾语。如：

　　① 老子们这样心疼你，你哭甚么，恼了性子，斫做三四段。（第 18 回）
　　② 杨大劈面一刀斫着，张三就这空里，将杨大夹脸一掌，一个眼花，他也趁空跑了。（第 17 回）
　　③ 一千人中，二百大砍刀，以二百长枪随之，用片刀者低头专斫马足，长枪上刺贼人，兼护刀手。（第 21 回）
　　④ 天打雷劈，遇强人斫一万刀，比苟雄死的还利害。（第 24 回）

"斫"受"混""乱"等修饰，如第 18 回中的"乱斫"，第 22 回中的"混斫""蛮斫"等；"斫"后有"了、着、入"等形式，表示动作的完成、趋向等。"斫"用于被动句、把字句等句式中，如第 22 回："那三千流贼，被这些乡勇也有片刀斫做两截的。"从上举数例来看，"斫"的工具主要是刀。

与场外成员组成"斫戮""斫杀"。如第 22 回："星光之下，只认着没虎头的斫戮。""三员千总当先，中军武备，左营全艺，右营殳礼，奋勇斫杀。"书中用"斫千刀"来骂人。另，"斫"由"砍斫"引申为"击打""袭击"，如第 7 回："况他又不曾用钱，拣上好头号大板，尽力斫了个足数，已是打昏在地。"工具是"大号大板"。

2. 砍

《说文解字》未收录"砍"字。曹小云、甘小明（2013）认为"砍"至迟是宋代出现的①。《姑妄言》中指称砍斫概念的"砍"有 27 例,其中单用 21 例,指称的是概念场的动作部分。人体部位、动物、城门、瓜等是"砍"施及的对象,其主体是人。"砍"的支配对象可以是名词,如马足等,这些匹配对象在句中可以作主语或宾语。如:

① 及至砍那婆子时,他也心忙,虽然砍了两刀,又在脖子上,只疼昏了过去,尚未曾伤命。(第 3 回)

② 说犹未了,也被一刀砍着,就跌倒了,便不做声。(第 3 回)

③ 他同人砍开城门,放官兵入城。(第 9 回)

④ 虽然他的力小,固恨极了,刀又利,已砍得那头伶仃将断,一交跌倒在地。(第 19 回)

⑤ 片刀大棍,长枪钩镰,上打人身,下砍马足,枪刺钩钩,勇猛无比。(第 22 回)

"砍"可以受"混""乱"等修饰;后面可以跟"了、着、开、去、得"等,表示动作的完成、结果、趋向。如第 22 回:"泽民大怒,将两个乡老儿命带出去砍了。"第 24 回:"方要叫喊,被艾福举手劈面一刀砍去,跌倒在地。""砍"也用于被动句、把字句,如上文提到的"被一刀砍着"等。书中有"砍瓜切菜",形容操刀爽快利索,这个形式早就有使用,例如明罗懋登《西洋记》第 53 回:"(他)把那二十五名睡着的番兵,一个一刀,就象砍瓜切菜一样。"

与场外成员组成"砍刀""砍头"。从"砍刀"可以看出常用工具是"刀"。书中用"砍千刀"来骂人,且有"乱砍乱剁"等形式。

3. 劈

劈,用刀斧破开,《说文解字·刀部》:"劈,破也。"上古时期没有"劈"的例

---

① 曹小云、甘小明:《"砍"字出现时代考》,《贺州学院学报》2013 年第 2 期,第 66 页。

证①，《汉语大字典》所列最早书证为唐白居易《浔阳三题溢浦竹》："剖劈青琅玕，家家盖墙屋。"《姑妄言》中"劈"指称砍斫概念的例子只有 4 个，单用时指称的是概念场的动作部分。人体部位是"劈"施及的对象，其主体是人。"劈"后面可以有"下来、倒"等形式，表示动作的趋向、结果。如：

① 杨大拿刀赶出时，二人已不知去向，进来看那水氏，头颅脸鼻劈做两半，已死了。（第 17 回）

② 那艾金着了急，连头带脑狠狠的一下，也劈倒在地，蹬了蹬腿亦已呜呼。（第 24 回）

"劈"还有"雷击""正对着、冲着"之义，其中后者构成"劈头、劈胸、劈脸、劈面、劈空、劈手"等词。

4. 剁（剁）

《玉篇·刀部》："剁，斫。"《广韵·过韵》："剁，剁斫也。"《姑妄言》中"剁"有 15 例，其中 14 例指"用刀砍"，如例①；1 例指"用斧砍"，如第 3 回："我若不尽心替奶奶做事，要泄露与人，后来遭刀砍斧剁，一世没有汉子。""刀砍斧剁"中"斧"的工具义已经弱化。"剁"单用时指称的是概念场的动作部分。人体部位、动物、事物等是"剁"施及的对象，其主体是人。和"剁"匹配的对象在句中可以充当宾语成分，也可以充当主语成分，如"扫帚也剁三刀"中"扫帚"本为"剁"的对象，但在句中作主语。又如：

① 只见甄氏手中的刀起，劈面剁来，花须仰跌倒了。（第 19 回）

② 他剁手则不杀，剁的时候，伸右手与他剁了便罢。若先伸左手，剁去了，仍要剁去右手，你道他惨毒不惨毒？（第 21 回）

③ 我不碎剁万段了你这几个淫妇，不算手段。（第 23 回）

---

① 蒋绍愚：《打击义动词的词义分析》，《中国语文》2007 年第 5 期，第 389 页。

④（郝氏）叫竹美买了一根牛大肠并五斤牛肉来,他在房中将牛肉剁烂……（第24回）

⑤妇女稍有羞愧,即乱刀剁在城下。（第21回）

"剁"后可以有"了、去、来、烂、倒"等形式,可以表示动作的结果、趋向等,如例①、②等。"剁"可以受到"碎""乱"等的修饰,如例③。"剁"用于被动句、把字句中。《姑妄言》中"剁"有14例指重击。为了凸显"剁"的连续性,有时会用"碎""烂"等来修饰或作补充,如例④。有时,"剁""砍"连用,如"乱砍乱剁"（第9回）、"刀砍斧剁"（第3回）等说法。有时用于前后句中,例如第9回:"（李大）绰起右腕上刀来,顺手一刀,把那贼剁倒,便举刀混砍。"

5. 斩

斩,本指古代一种刑罚。《说文解字·车部》:"古用车裂,后人乃法车裂之意而用鈇钺,故字亦从车。斤者,鈇钺之类也。"后泛指砍斫。《释名·释丧制》:"斫头曰斩,斩腰曰腰斩。"《正字通·斤部》:"斩,断首也。"《姑妄言》中共有"斩"68例,其中53例指砍斫,有38例出自该书的最后四回,这四回的主要内容与战争相关。"斩"单用时施及的对象中人体部分为52例,占总数的66％,多数指人头,树木仅1例;与"斩"匹配的对象或为名词,或为代词;其在句中或作主语,或作宾语。如:

①有贼来拆门者,从孔中钩住,斩其首,贼遂不敢近。（第21回）

②因自成这个恶贼,向年兵犯凤阳,斩陵木,烧寝殿,杀官吏,纵罪宗,抢劫一空,大有所获。（第21回）

与场外成员组成"斩截""斩首""抄斩"等。"抄斩"是一个新词,如第22回:"抄斩他家之时,盛旺是他家掌事大总管……"《汉语大词典》卷六第373页援引鲁迅《呐喊》、越剧《二度梅》中的例句为例,书证有些滞后。另,《姑妄言》中"斩"还有9例用来表示（血嗣）断绝的意思。

6. 斲

斲，《说文解字·斤部》："斲，斫也。从斤㔀。……斲或从畫从丮。""斲"
"斸"是异体字。"斫""斲"都指砍斫概念，但"斫"指猛力地重击物体，"斲"则
指根据要求用斧砍去一部分，目的性很强。《姑妄言》中共有"斲"11 例，单用
3 例，但只有 1 例指称砍斫概念。如：

那宦莩自幼生得性质粗顽，面皮丑陋，混混沌沌，就像不曾斲开七窍
的顽石一般，他父母却十分珍爱。（第 5 回）

例句中"斲"的对象是坚硬的顽石，要"斲开"不仅需要重击，还需要持续
击打。

与场外成员组成"雕斲""斲丧""斲削"等。关于"斲"，清人王筠在《说文
释例》中提道："……或体作斸，亦谓以中之墨画之，先以绳墨定其体而后斲
也。"因此，"斲"起初是指沿着墨线砍斫，后来引申为"雕琢"之义，"雕斲"一词
与此相关。关于"斲丧"，清赵翼《陔余丛考·斲丧》："人不自爱惜，耗其精
神于酒色者，曰斲丧。"《姑妄言》中还有"作丧"一词，与"斲丧"所指相同。
"作"有"剔去鱼骨或鱼刺"之义，例如《礼记·内则》："肉曰脱之，鱼曰作
之。""斲"也有去掉多余的部分的意思，"作""斲"有相同之处。《姑妄言》中
"斲丧""作丧"出现的频次比为 8∶9，但明清其他文献中"斲丧"这一形式比
较常见。

7. 析

析，从木从斤，用斧子劈开木头。《说文解字·木部》："析，破木也。"如
《诗经·齐风·南山》："析薪如之何？ 匪斧不克。"《姑妄言》中有 3 例，但单用
仅 1 例。如：

这些逃出命来的百姓，先还罗雀熏鼠救饥，后来连草根树皮都吃尽
了，弄得易子而食，析骸而炊。（第 17 回）

"易子而食,析骨而炊"出自《史记·宋微子世家》,即"析骨而炊,易子而食"。《姑妄言》中的"析骨而炊"属于沿用情况。"析"在清代其他文献里有单用的情况,但大多出现于文言色彩较浓的语境中。如《歧路灯》第 94 回:"鬻儿卖女以供粢,拆屋析椽以为爨。"《聊斋志异·小谢》:"二女微笑,转身向灶,析薪溲米,为生执爨。"

与场外成员组成"析居""析离"。如第 14 回:"这钟趋自与哥哥析居之后,他一腔精神命脉,全在这一个利字上用功。"其中"析居"在中古文献中就有使用,如宋范正敏《遯斋闲览·娶妇离间友爱》:"季怒,遂逼其兄析居,而孝友衰焉。"

(二)砍斫类概念场的讨论

《姑妄言》中砍斫类概念场的成员,用概念要素分析法来分析,可知其彼此之间的区别如下表:

成员	工具	方式	力度	对　象	目的
砍$_{21}$	刀斧	斜着	重击	人$_{18}$、马足$_1$、瓜$_2$	
斫$_{12}$	刀斧	斜着	重击	人$_{11}$、马足$_1$	
剁$_{15}$	刀斧	正对往下	(连续)重击	人$_{13}$、扫帚$_1$、牛肉$_1$	
劈$_4$	刀斧	斜着往下		人$_4$	剖开
斩$_{53}$	刀	正对着		头部$_{52}$、树木$_1$	断开
斲$_1$	刀斧			顽石$_1$	
析$_1$	刀斧			骨$_1$	

注:表格中括号内数字表示该词指称砍斫概念的单用频次。

《姑妄言》中砍斫类概念场的成员在力度、方式、对象等方面各有侧重点。从上文及表格可知:"砍""斫"所指相同,但单用频次比为 21∶12;搭配对象上,"砍"比"斫"要丰富些;构词能力上,"斫戮""斫杀"两词早已有之,《姑妄言》中加以沿用;"砍刀""砍头"出现稍迟,一直沿用至现代汉语。"剁"在方向、力度、状态上有要求，表示正对着往下连续重击。"斩"单用时，施及的对象多数为人体部位。"析"指称砍斫概念仅 1 例，且还是沿用而来的。上述成员除了"剡"之外都可以充当构词语素。

以《现代汉语词典(第 7 版)》为参照，上述砍斫类概念场的成员在现代汉语中的使用情况如下：

成　员	《现代汉语词典(第 7 版)》	特　点
砍	① 用刀斧等猛力切入物体或将物体断开	重击
斫(*斲、*斮、*斱)	〈书〉砍；削	
劈	① 用刀斧等砍或由纵面破开	快速断开
剁(*剁)	用刀向下砍	连续重击
斩	① 砍	断开
析	① 分开；散开；② 分析	

注：《姑妄言》中使用的"剁"，在《现代汉语词典(第 7 版)》中该字形被附在"剁"之后。

从上表可知，到现代汉语普通话中砍斫类概念场的成员发生了变化：

一是"斲"附在"斫"后。关于"斲""斫""斱"，《现代汉语词典》第 5 版、第 7 版中的处理方式稍有不同。第 5 版中分列"斫""斱""斲"三条，并逐一解释，即"斫"为"〈书〉用刀斧砍"；"斲"为"〈书〉砍；削"；"斱"为"〈书〉斩；削"[①]。这三条的词义前都标有"〈书〉"，表示它是"书面上的文言词语"，"斲"下列"斲轮老手""斲丧"两条词语。第 7 版中把"斱""斲"归入"斫"中，以"斫(*斲、*斮、*斱)"列条。"斫"条的词义之前标有"〈书〉"，"斫"下列有"斫轮老手""斫丧"[②]。根据词典中"凡例"部分的说明，"单字条目所用汉字形体以现在通

① 中国社会科学院语言研究所词典编辑室：《现代汉语词典(第 5 版)》，北京：商务印书馆，2005 年，第 1799—1800 页。

② 中国社会科学院语言研究所词典编辑室：《现代汉语词典(第 7 版)》，北京：商务印书馆，2018 年，第 1730 页。

行的为标准。繁体字、异体字加括号附列在正体字之后；异体字的左上方标注的星号(﹡)，带一个星号的是《通用规范汉字表》里附列的异体字；带两个星号的是该表以外的异体字。""斫(﹡斵、﹡斲、﹡斮)"属于第一种情况，"剁(﹡剫)"属于第二种情况。从词典可知，"斫"在现代汉语普通话中已被"砍"取代，仅用于书面语。

这里需要补充说明的是，关于"斮"与"斫"的关系，《说文解字·斤部》："斮，斩也。从斤昔声。衺斩曰斫，正斩曰斮。"清代段玉裁在注解"斮"时基本沿用《说文解字》的解释，但在注解"斫"时补充"凡斫木、斫地、斫人皆曰斫矣"[①]。"斮"指正对着往下砍，施及的对象为人或人体部位；"斫"则指斜着砍，施及的对象较广。

二是"析"在现代汉语普通话中已经不再指称砍斫概念，而是用其引申义，可见其已经退出砍斫类概念场。

三是"剁"在《姑妄言》中单用 15 例，其中 14 例指"用刀砍"，1 例指"用斧砍"，后者出现在"刀砍斧剁"的结构中，此时"斧"工具义已经出现虚化，到现代汉语普通话中"剁"只指"用刀砍"，此时"斧"工具义素已经消失。

"砍、劈、剁、斩"是现代汉语普通话砍斫类概念场中成员，它们在方式、目的、力度等方面的区别更加显著；构词能力上"砍"有"砍伐""砍刀"，"劈"有"劈刀""劈杀""劈山"等，"斩"有"斩首"等。即"砍""斩""劈"等都可以单用，也可以作为构词语素。而"剁"仅单用，一般不作为构词语素使用。

此外，《姑妄言》中该概念场成员的场内、场外成员组合有"斫杀、斫戮、砍刀、抄斩、斩首、析居、析离"等，其中"抄斩"是新词，这些词语大多数已经在普通话中消失。

宋代文献中"斫"是砍斫概念场中的主导词，但元明清时期"砍"逐渐战胜了"斫"，成为主导词。据伍皓洁(2013)统计，"斫""砍"在《水浒传》频次比为

---

① ［清］段玉裁：《说文解字注》，上海：上海古籍出版社，2010 年。

1∶198,《三国演义》为 2∶115、《西游记》为 2∶105、《初刻拍案惊奇》为
3∶10,他认为"斫"在明清白话小说中出现的频次已经很少,基本上都是用
"砍"来表示"用刀斧等来砍断、砍斫"义,"砍"对"斫"的替换在这个时期基本
完成①。《姑妄言》中"砍""斫"的使用情况:从词频来看,表示"砍斫"概念的
"斫""砍"比为 12∶21;从构词能力、语法作用、支配对象及其性质等来看,
"斫"比"砍"稍弱,这一情况显然与上述观点不符。

为此,我们又对几部清代白话作品中"斫""砍"的使用情况作了如下
分析:

文 献 名	斫	砍
《十二楼》(吴语)	1	0
《姑妄言》	12	21
《红楼梦》(北京,前 80 回)	0	3
《儿女英雄传》(北京)	0	14
《歧路灯》(河南)	0	3
《儒林外史》(江淮)	1	5
《隋唐演义》	5	68

从整体来看,除了《姑妄言》,"砍"在上述作品中占主导地位。从作品及
其语言来看,使用"斫"的作品带有吴方言、江淮方言色彩。例如清李渔《十二
楼·奉先楼》:"闯贼拔刀要斫孩子,她就放声大哭起来……"清吴敬梓《儒林
外史》第 44 回:"如说有水有蚁,挖开了不是,即于挖的时候,带一个刽子手,
一刀把这奴才的狗头斫下来。"这两例中的"斫"都是单用。清代褚人获的《隋
唐演义》是以明代林瀚的《隋唐志传通俗演义》为基础,参考明刊本《大唐秦王
词话》《开元天宝遗事》等而写成的,后者难免会在语言上对《隋唐演义》产生

---

① 伍皓洁:《"砍"对"斫"的历时替换小考》,《兰州教育学院学报》2013 年第 3 期,第 47—49 页。

影响。加之,褚人获是长洲(今江苏苏州)人,吴方言词语或多或少会出现在他的作品之中。因此,书中出现"斫"的用法是有可能的。此外,我们在清代中期扬州人浦琳的评话底本——《清风闸》中发现了"斫骨刀""斫肉刀"等说法,这与该小说以清代扬州话为方言背景,口语性很强有关。由此,我们可以推断,《姑妄言》中"斫""砍"并用,可能是因为作者长期在南京生活,熟悉江淮方言,且又与江阴等吴语区的人关系密切,其创作中难免会掺杂一些熟悉的方言词,也有可能只是作者的个人习惯。

"斫"虽然在现代汉语普通话中已被"砍"取代(仅用于书面语),但在吴方言、江淮方言等中仍很活跃。《宁波方言词语考释》《简明吴方言词典》《现代汉语方言大词典》等方言词典或方言词汇释类专著中都收有"斫"及其构成的词语。此处以《现代汉语方言大词典》[①]为例,见下表:

方言名称	地名	单用情况	构成的词语
北方方言	万荣	＋(用刀斧砍)	斫□子(砍树)
	扬州	＋(用刀斧砍;揍)	斫刀、斫骨刀
吴方言	丹阳		斫刀
	宁波	＋(用刀斧砍)	斫树、斫柴刀
	金华	＋(砍;割)	斫草、斫树、斫柴
	温州	＋(用刀斧将草木断开;摧折)	斫树、斫刀
	苏州		斫麦、斫稻、斫草、斫刀
	上海	＋(砍;割)	斫柴、斫麦、斫稻、斫草、斫(柴)刀
徽语	绩溪	＋(砍;割植物;打;击打)	斫(毛)柴、斫田塝(砍去田坎坡上的草木)、斫灰草、斫竹、斫窑草、斫树、斫萝卜地(砍掉山上的树和草以开垦用于种萝卜地)、斫柴刀

---

① 李荣:《现代汉语方言大词典》,南京:江苏教育出版社,1998 年,第 2632—2633 页。

续　表

方言名称	地名	单用情况	构　成　的　词　语
赣语	萍乡	＋(用刀斧砍)	斫肉、斫壁岸(砍去高田岸陡坡上的灌木杂草)、斫一只巴子、斫大腿巴子(使劲拍打大腿)、斫飘(打水漂儿，贴着水面掷瓦片，使连续弹起，激起一串涟漪)
	黎川		斫柴
客家	于都		斫肉、斫皮
湘语	娄底		斫树、斫脑壳、斫凳、斫者困(侧着睡)
闽语	建瓯	单用(用刀斧砍)	斫樵、斫塝

注："＋"表示"斫"在某个方言中能够单用；括号里是词或短语的意思。

从上表可知，"斫"今天在扬州、宁波、上海等江淮方言、吴方言中仍比较活跃：

一是"斫"在扬州、宁波、建瓯、绩溪等地中可以单用，指用刀斧砍，搭配对象草木等植物、蹄爪、鸡、肉等。

二是"斫"的组合有 29 条："斫麦、斫稻"中"斫"即"割"；"斫大腿巴子、斫飘"等中"斫"指击打；"斫灰草、斫树、斫窑草、斫脑壳"等中"斫"指称砍斫概念，用法灵活、结构松散，搭配对象以植物为主，这几条可视为"斫"的单用例子；"斫萝卜地、斫壁岸、斫塝、斫田塝"等的结构也比较松散；"斫肉、斫皮、斫刀、斫骨刀、斫柴刀、斫凳"等中"斫"指称砍斫概念，结构比较紧密，是词；"斫者困"中"斫"疑为记音字。

"斫"还在一些现当代文学作品中出现，如无锡籍作家杨绛的《干校六记》中有"邻近北边大道的白菜，一旦捏来菜心已长瓷实，就给人斫去，留下一个个斫痕犹新的菜根""三四棵长足的大白菜根已斫断""他们在树苗林里斫下树枝"等，其中"斫"即为"砍"。有时，"斫"也会在一些名物词中出现，如盐城、南通、扬州等地有"斫糖"的说法，即麦芽糖。这种食物本是一整块的，购买时要借助工具从中敲切下来。

可见,"斫"虽然在现代汉语普通话中已经成为"书面文言词语",但它在江淮方言、吴方言等一些方言中不仅可以单用,还可以构成词语,支配对象比较丰富,比较活跃。

二、举物类概念场

《姑妄言》举物类概念场成员主要有"捧""奉""端""托""抬""举"。

(一)举物类概念场成员的基本情况

1. 奉

《说文解字·廾部》:"奉,承也。""奉"本为"捧"的古字。《广雅·释诂三》:"奉,持也。"《匡谬正俗》卷三:"奉者,皆谓恭而持之。"《姑妄言》中有 11 例单用的情况,在这些例子中"奉"施及的对象是茶、酒,宾语或为数量短语,或为代词。一般情况下,"奉"连接间接宾语需要借助"与"。如:

①(钱贵)命代目斟上二卮,自己双手奉一卮与钟生。(第 4 回)

② 唱毕,又每人奉了一钟,富新也有了几分醉意,掌上了灯,才散了。(第 18 回)

③ 单于学斟了一杯,亲奉与道士,道:"我敬老师一杯。"(第 19 回)

④ 女眷们在内坐席,那刁氏好不肉麻,敬这样,奉那样。(第 23 回)

与场外成员组成"奉送""奉敬"。

2. 捧

捧,举物。《文选·潘岳〈射雉赋〉》:"捧黄间以密毂,属刚罫以潜拟。"徐爱注:"捧,举也。"《姑妄言》有 21 例,其中 18 例用于"两手举物",单用,如例①;1 例用于"单手举物",如第 5 回:"一手捧着个盒子,一手拿着一把酒壶。""捧"施及的对象有酒肴、茶、晚饭、托盘、盒子、脸、镜子、银子、笔砚、屁股,都是名词性的,在句中多作宾语。"捧"的动作主体都是人。如:

① 要匀面，这个忙去捧镜子，那个就去拿粉盒。（第 23 回）

"捧"后可以有"着、了、出、上"等形式，表示动作的完成、结果等。如：

② 只见他捧了一个大托盘，碗碗碟碟摆了许多，又取了酒壶，一双箸，一个杯。（第 1 回）

③ （魏如虎）忙进内捧了两钟茶来，让童自大吃着。（第 3 回）

④ 正说着，内边捧出酒肴来，彼此相叙坐下。（第 4 回）

另有词语"撮屁捧臀""撮臀捧屁"。

3. 端

《广雅·释诂一》："端，正也。""端"的特点是平稳。《姑妄言》有 2 例，都用作两手举物，其对象有食物状元糕、装食物的碗等。如：

① 俗语说：端他的碗服他管。（第 10 回）

② 怕冷了，蒸在锅内，并一盘果馅状元糕，端来摆上。（第 19 回）

明代文献中"端"的用例不多，《西游记》中有 8 例，《金瓶梅》《型世言》等未见用例。清代文献中"端"的用例增多，且有"两手举物""移动物体"之分，以《红楼梦》《儒林外史》为例，具体情况如下：

文　献	端	
	两手举物	移动物体
《姑妄言》	2	0
《红楼梦》（前 80 回）	39	7
《儒林外史》	0	1

注：表格中的数字是"端"的单用频次。

"端"的使用情况印证了殷晓杰(2011)提出的"端"可能最初"只在江淮官话内小范围流行,清以后迅速向北扩展"的观点①。

4. 托

托,用手掌或其他东西向上承受(物体)。《姑妄言》仅 7 例,单用。"托"施及的对象是香腮、胸脯、两碗菜等,这些多为名词性的。"托"的动作主体是人,后面有"着、住、了"等形式。如:

① 只见那童禄拿方盘托了两碗菜,两个小菜碟。(第 9 回)

② (马氏)见郑氏靠着桌子闷坐,手托香腮,心中不知想甚么呢。(第 13 回)

③ (童自大)像八蛮献宝似的一手托着……(第 17 回)

与场外成员组成"托盘""托付"。其中"托盘"原先是动宾短语,"盘"指放置碗盏的盘子,例如宋孟元老《东京梦华录·筵会假赁》:"以至托盘,下请书,安排坐次,尊前执事,歌说观酒,谓之白席人。""托盘"这个动作行为所用的工具是"用来放置碗盏的盘子",据突显原则(principle of prominence),"人们的注意力更容易观察和记忆事物比较突显的方面"②,"托盘"的工具自然会成为人们关注的焦点,"托盘"便用来指工具,即可放置东西,用手托承的盘,也称为承盘,这是明清小说中新出现的词义。

5. 抬

抬,合力举物,《姑妄言》有 163 例,大多单用。"抬"搭配的对象很广:尸首、棺材、轿子、人、水、食盒、桌子、春凳、天平、凉床、火盆、钱米、棉袄、酒、枷等,大多为重物,这些成分在句子中可以充当宾语、主语;后面可以有"着、了、出、到、起来、上去"等,如:

---

① 殷晓杰:《明清山东方言词汇研究——以〈金瓶梅词话〉〈醒世姻缘传〉〈聊斋俚曲〉为中心》,北京:中国社会科学出版社,2011 年,第 159—160 页。

② 赵艳芳:《认知语言学概论》,上海:上海外语教育出版社,2002 年,第 97 页。

① 叫家人帮着他抬上肩头扛着。(第 2 回)

② 雇了乘轿子抬着阴氏,许多人搬着行李,径到阴老儿家来。(第 7 回)

③ 他夫妇二人抬他上去挂上,看着吊死了,才出了这口恶气。(第 18 回)

句式上,"抬"可用于被动句、把字句,如第 20 回:"宦萼拿了过来,把绳子剪断,同着将那妇人抬放在床上,替他捏着喉嗓。"第 21 回:"被众妇女抬了起来。""抬"还用于身体部位向上,如第 15 回:"那富氏要洗脸,两只膀子抬不动,将就撂了一把。"用"抬"是因"膀子"酸痛,没有力气使之向上。

与场内成员组成"抬举"。该词是承古词,例如元白朴《梧桐雨》第四折:"蒙主上抬举,加为六宫提督太监。"

6. 举

举,举物。《姑妄言》有 59 例,单用。"举"搭配的对象很广,有刀、箸、棒槌、呈子、呈状、闩、手、杯、笔、剑,都是分量轻的事物,宾语都是名词。"举"的后面有"起、了、出、到、起来、上去"等,"举"受"高"修饰,其匹配的对象在句中可以充当主语或宾语,有"V 了一 V"的形式。如:

① (暴利)刚举起刀来,那婆子腿吓软了,一交扑倒。(第 3 回)

② 宦萼也不起身,只把手略举了一举,叫看坐。(第 5 回)

③ 许多人都跪倒高举呈状,书办接了上去呈上。(第 7 回)

④ 只见那傅厚昂昂然先占了首位,见了关爵,只把手略举了举。(第 23 回)

与场内成员组成"抬举"。与场外成员组成"举手、举目、公举、荐举"等。其中"荐举"是"举荐"的同素异序词。

(二)举物类概念场的讨论

《姑妄言》中举物类概念场成员的侧重点不一样,如下表:

成员	用 具	方 式	重量	对 象
捧	一手/双手	托物使之向上	轻	酒肴、茶、晚饭、镜子、盒子、托盘、脸、银子、笔砚
奉	双手	恭敬地托物使之向前	轻	茶、酒
端	双手	手持两端使之平稳向上	轻	状元糕、碗
托	一手/双手	从下托物	轻	菜、香腮、胸脯
抬	双手	(两人以上)合力往上	重	水、食盒、桌子、春凳、天平、凉床、火盆、钱米、棉袄、酒、枷、尸首、棺材、轿子、人
举	一手	使之往上	轻	刀、箸、棒槌、皂子、呈状、闩、杯、笔、剑

上述成员都可以单用,但它们在方式、轻重、搭配对象等有区别:

"捧""奉""托""端"都用于轻的饮食或物体,但"捧"强调托起饮食或物体使之向上,可以用双手,也可以用单手;"奉"强调恭敬地向前;"端"强调平稳;"托"强调从下托起饮食或物体;"抬"是两个或以上的人合力使重物向上;"举"则指使轻的物体向上。这些成员都可以单用,除"端"外,都可以作为构词语素。《姑妄言》中举物类概念场成员的场内、场外成员组合有"奉送、奉敬、托付、抬举、荐举"等,多数已经在普通话中消失。

三、牵引类概念场

《姑妄言》中表示牵引概念的成员主要有"牵""引""挽""拉""扯""拽""拖""扳""抽"等。

(一)牵引类概念场成员的基本情况

1. 牵

《说文解字·牛部》:"牵,引前也。"《周礼·地官·牛人》:"与其牵傍。"注:"牵傍,在辕外挽牛也。人御之,居其前曰牵,居其旁曰傍。""牵"本义是拉、挽,其方式是主动者在前,被拉者在后。《姑妄言》中"牵"施及的对象主要是动物,如牛、羊之类;支配的对象是名词;这些支配对象在句子中多作宾语。例如:

　　① 素馨也笑道:"我去我去,若不把秃驴牵了来,我同他把命拼了。"(第5回)

　　② 黎明犹藏附郭民居,(福王)被贼兵搜执牵入城内。(第21回)

　　例句中"秃驴"是对僧人的骂詈词,是把人当作动物;福王躯腹肥重,被俘后被士兵当作牲口带入城中。"牵"后面可以有"住、入、了"等。与场内成员组成双音节词语"牵扯",如第23回:"你骂富呀富的,牵扯着你妹子做甚么?"与场外成员组成"牵头",如第5回:"这种人可知甚么羞耻节义,只图得主母的欢心,做牵头,做马泊六。""牵"还用于四音节词语,如第9回:"牵荤带蔬六碗菜,三杯之后一饭而已。""牵荤带蔬"又写作"牵荤带素"。

　　2. 曳

　　《说文解字·申部》:"曳,臾曳也。"段玉裁注:"臾曳,双声,犹牵引也。引则长,故衣长曰曳地。"《易·既济》:"曳其轮,濡其尾,无咎。"高亨注:"曳,以手引之。"《姑妄言》中"曳"共出现5次,即"弃甲曳兵"2次,单用3次。单用的例子中"长裙曳地""暗钩曳入"均出自《姑妄言》第4回中引用的《峒谿备录》。据陈益源研究,《峒谿备录》就是康熙年间陆次云的《峒谿纤志》,两者只是文字上稍有出入①。《峒谿备录》的语言与《姑妄言》相比,相差很大,前者属于文言笔记,后者属于白话小说。蒋绍愚(2019)认为要研究汉语的语法、词汇系统的变化,就必须依据历代反映实际语言的资料,也就是能够反映各个时期口语的资料。在同一种语料中,一部分是文的,一部分是白的。对这种语料,

---

　　① 陈益源:《〈姑妄言〉素材来源二考》,《明清小说研究》1997年第4期,第127—136页。

一般都会用分割的办法,把文言的部分去掉,只对白话部分作分析统计[①]。因此,这两例应加以排除。此种情况,下文提到的"引""挽"中也有出现。《姑妄言》中还有1处单用,即:

> 五月初二日,贼头哨先到,马贼徘徊堤上,步贼于堤外曳枝扬尘,作疑兵之状。(第21回)

这句话中的"曳"即拉、拖。

3. 拽

拽,表示用力拉,拖。《广韵·薛韵》:"曳,亦作拽,拕也。"元施惠《幽闺记》第20出:"(众扯科)将他扯起,倒拽横拖,横拖倒拽,把军令遵依!"《姑妄言》中"拽"指拉扯,用力拉,施及的对象主要是事物,如衣襟、裤子、棍子、门、棒等;支配的对象为名词;这些支配对象在句子中作宾语。例如:

> ① 后边有人将他衣襟拽住,忙回头一看,月下见得分明是个俊俏女子,却是丫环装束。(第6回)
> ② 将妇人推进里面,把门倒拽上出来。(第7回)
> ③ 有五六十人,拖枪拽捧,蜂拥前来。(第20回)

"拽"后面可以有"住、上、着、开"等,或表示动作的趋向,或表示动作的结果等;"拽"既可以用于主动句,也可以用于被动句。与场内成员组成双音节词语"扯拽"。如第1回:"鬼卒答应一声,扯拽而去。"《姑妄言》中"拽"还有"揣带"之义,如第12回:"他发了个狠,将房子什物全卖,拽着些银子,做了道士,往陕西终南山出家修行去了。"

---

① 蒋绍愚:《汉语史的研究和汉语史的语料》,《语文研究》2019年第3期,第1—14页。

4. 拖

拖，"扡"的俗体。《说文解字·手部》："扡，曳也。"本义是曳引，即拉着物体使挨着地等的表面移动。《姑妄言》中"拖"施及的对象主要是人、花瓣、被子、猴子、肠子、尸首、尸骸、枪、鞋等；支配的对象为名词，或者代词；这些支配对象在句子中大多作宾语。例如：

① (钱贵)便道："蝼蚁也知春意好，倒拖花瓣过墙东。"(第 10 回)
② 巩氏道："侬是弗稀罕事个，渠弗要拖人下水。"(第 18 回)
③ 将先去的差人每人三十大板，一个个打得七死八活，拖了出去。
(第 23 回)

"拖"后面可以有"住、正、起、不住、倒、紧"等，表示动作的趋向、结果等，如上述例句。与场外成员组成"拖带、拖翻、拖欠、拖累、拖泥带水"等。第 10回："俗语说的好，一人有福，拖带满屋。"第 16 回："听他骂了一阵，忽然撂下签来要打，众衙役上前拖翻。"其中"拖带"即提挈，"拖翻"即拉倒。第 9 回："那妇人一身拖泥带水沉重了，地下泥深路滑，他鞋弓足小，一步一跌。"又："他清早见钟生回去，不多时，拖泥带水的又来送他银子衣服。""拖泥带水"在《姑妄言》中用法不同。前者妇人落入河中，"拖"表示拖带，实意；后者"拖泥带水"形容钟生在泥泞中行走的状貌。

要注意的是，《姑妄言》中"拖"单用中还有"下垂"义，如第 11 回中有"两管鼻涕大长的拖在口辱(唇)上"的说法。

5. 拉

拉，本义是摧折，折断。《说文解字·手部》："拉，摧也。"《玉篇·手部》："拉，折也。"引申为"牵引，拽，挽"义。如唐刘禹锡《花下醉中联句》："谁能拉花住，争换得春回。"《姑妄言》中"拉"施及的对象主要是袖子、手、人、衣服、绳子、裤子、膀子、虎丘席、耳朵等；支配的对象为名词，或者代词；这些支配对象在句子中作主语，或作宾语。例如：

① 他说在泥马脚下睡的,那不有个拉马的马夫站在那里。(第1回)

例句中"拉马的马夫","马夫"主要承担牵领、管理、饲喂。此例中"拉"与"牵"同义。

② 只许玉仙穿了衣服,也不容他梳洗,叫家人拉上了轿子,啼啼哭哭而去。(第2回)

③ (卜校)一手拉着他的膀子,一手掐着脖子,往外一操,一交跌得老远。(第19回)

"拉"后面可以接"住、下、到、上、着、开、下来、起来"等,表示动作的趋向、结果等;"拉"既可以用于主动句,也可以用于被动句。与场内成员组成"拉牵""牵扯",如第20回:"阮大铖虽舍不得白放人去做官,但靠他拉牵,也挣了许多银子,后来大事还要靠他。""拉牵"指撮合、拉拢。

6. 扯

《正字通·手部》:"扯,俗撦字。"《姑妄言》中共出现"扯"162次,单用141次,绝大多数用于"拉"义。这个词义早在宋代就有使用,如华岳《田家》诗之四:"良人犹恐催耕早,自扯篷窗看晓星。"《姑妄言》中"扯"施及的对象是人或人体部位、事物等,如衣服、裤子、裙子、衫袖、裹脚、裤腰、衣襟、衣袖、被子、肠子、绳子、指头、风箱、书、手等;动作主体是人;"扯"支配的对象为名词、代词;这些支配对象在句子中或作宾语,有的则作主语。例如:

① 毛坑蛆把他肠子扯出数尺,忿忿的向众人道:"让你们受用。"(第18回)

② 三人挤作一床,各人扯了被蒙头盖上,浑身筛糠打战,不在话下。(第19回)

③ 国守急撇回枪,因用得力猛,把史奇一扯,晃了一晃,几乎栽下马

来。(第 22 回)

"扯"后面可以有"开、下、去、出、直、了、破、不多、不得、塌、住"等,表示动作的趋向、结果等,如上述例句。有时还可以重叠,出现 AA 式,或者 A 了 A 式。例如:

　　④ 像这样的女儿,十个指头扯扯,关着那一条筋?(第 4 回)
　　⑤ 钟生向妇人作了个揖,妇人忙把破衣袖扯了扯,回拜,道:"贵人爷折死我了,爷有甚话吩咐的?"(第 16 回)

有时"扯"出现于"厮揪厮扯、东扯西扭"等中。此时,"扯"受状语修饰。"扯"与场内成员组成"牵扯""扳扯"等。其他文献中还有"扯拉""扯拽"等。

要注意的是,《姑妄言》中"扯"还有"撕、撕下"义。如第 2 回:"把头上的瓦楞帽子,身上的海青,扯得稀烂。""海青"指宽袖的长袍。第 9 回:"李太大怒,抢过字来扯得粉碎。""扯"的这个词义早就出现,如宋孟元老《东京梦华录》卷五:"新人门额,用彩一段,碎裂其下,横抹挂之,婿入房,即众争扯小片而去,谓之利市缴门红。"章炳麟《新方言·释言》:"今人通谓裂物曰撦。""撕"指用手使东西裂开或离开附着处,其过程中需要单手或双手"扯"。

　　7. 扳

　　扳,用力往下或往里拉。《公羊传·隐公元年》:"隐长又贤,诸大夫扳隐而立之。"何休注:"扳,引也。"《姑妄言》中"扳"施及的对象主要是人或身体部分、事物,如腰、屁股、脚尖、胯骨、脚、腿、门枋、鞍、檐椽、藤、腿弯、椅子等;支配的对象为名词;这些支配对象在句子中作宾语。例如:

　　① 他扳住椅子道:"我是不行的,免劳下顾。"(第 5 回)

②（他）吩咐毕，披甲持枪，扳鞍上马，领了二千多贼，如飞般迎了来。（第22回）

③他应一声，忽然跃起，两手扳住檐椽，全身悬空，走长檐殆遍，色不变。（第24回）

"扳"后面可以有"住、倒、紧、着"等，表示动作的趋向、结果等。与场内成员组成"扳扯"，与场外成员组成"扳倒"等。如第21回："你管着户部，不拿出来，倒扳扯我。"

8. 抽

抽，本义为引，引出。《广韵·尤韵》："抽，引也。或作紬，紬引其端绪也。""抽"后来指从中间拉出。《说文解字》中以"搯"为正体，"挍""𢷏"为或体。李学勤（2013）认为其区别在于声符不同，"汉隶中以由作为声符，为楷书所本，经典中也以用'抽'为常"[1]。《姑妄言》中"抽"出现320次，大多数单用，如：

①依我一句话，我做长草儿，你们抽，长的在先，短的在后……（第6回）

②你道何为蜘蛛丝？因他是屁眼里抽出来的，故有此美名。（第7回）

《姑妄言》中"抽"受"乱、混、大"等修饰，有的用于AA、A — A、AABB等形式中。

9. 引

引，本义是拉开弓，引申为拉开。《姑妄言》中有"引"单用表示"拉"的情况，但仅有1处，即第11回："水涨时，健儿引绠而上。"这句话出自清康熙年

---

① 李学勤：《字源》，天津：天津古籍出版社，2013年，第1074页。

间陈鼎的《黔游记》,这部游记属于文言文,文言色彩较强的"引"自然有可能进入陈鼎的笔下。

10. 挽

挽,本义为拉、牵引。《左传·襄公十四年》:"夫二子者,或挽之,或推之,欲无入,得乎?"杨伯峻注:"在前牵引曰挽。"《玉篇》:"挽,引也。"后来引申为"留住、扭转局面、牵引"等义。《姑妄言》中表示"拉、牵引"之义,且单用的有1例,即第11回:"数里之地,水涸时,人力推挽,行一二日者有之。"其中"推""挽"连用,表示前牵后推,使物体向前。"挽"与场内成员组成"牵挽",即第11回:"逆流牵挽,层累而上,计程仅一千二百里。"这两例虽然出自《姑妄言》,但实际上是作者直接引自清代康熙年间许缵曾的《滇行纪程续抄》。《姑妄言》中"挽"还有"弯手钩住"义,如第17回:"饿夫挽着病妻,气奄奄不能趋步。"

(二)牵引类概念场的讨论

《姑妄言》中牵引类概念场的成员,用概念要素分析法来分析,可知其彼此之间的区别在于:

成员	方　式	力度	对　象
引	在前拉着		纽
牵	单手或双手拉着		羊、老虎、人(把人当作动物)
曳	拉着物体使挨着地的表面移动		枝
挽	弯手钩住绳子	用力	舟
拽	往面前拉	用力	衣襟、裤子、棍子、门、棒
扯	单手或双手间隔拉开	用力	衣服、裤子、裙子、衫袖、裹脚、裤腰、衣襟、衣袖、被子、肠子、绳子、指头、风箱、书、手
拉	用手拉		袖子、手、人、衣服、绳子、裤子、膀子、虎丘席、耳朵

续　表

成员	方　　式	力度	对　　象
拖	拉着物体使挨着地或某物体的表面移动		鞋、人、花瓣、被子、猴子、肠子、尸首、尸、尸骸、枪
抽	从中间拉		肠
扳	用手往下或往里	用力	腰、脚尖、胯骨、脚、腿、门枋、鞍、檐椽、藤、腿弯

下面,从《姑妄言》找出相关例句,观察其细微差别。

① 他又爬进去,拉着绳头爬了出来,用力倒扯。那里扯得动?(第2回)

② 把喜老爷的头抱住,尽着薅胡子,薅掉了半边,就揪着半边胡子,像牵羊的一般拉着,衣服也没有穿,披着床被,拉上去了。(第3回)

③ 钟生眼疾,见妇人下水,赶上一步,一把拉住衣服,尽力拖了上来。(第9回)

④ 卜氏上前,一把拧着耳朵,似牵羊也似的拖到屋里,叫了跪下。(第12回)

⑤ 到了里面,只见三四个人拉着那卖酒的往外拖。那人紧紧的扳住门枋,死也不放。(第20回)

在表示"牵引"这个概念时,《姑妄言》中"引""挽""曳"已成为构词语素,虽然书中出现一两处单用的情况,但或是引自他人文言笔记,或仿古而来。"拽""扯""拉""拖""扳"成为常用词,但彼此之间有细微的区别。结合例①可知,"拉"只是带着绳头往目的地去,"拽"是朝自己所在的方向用力拉,"扯"则是用力使某物跟别的分开。例②中喜老爷在书房鬼混,被妻子发现,妻子揪住他的胡须"拉"回;例④中游夏流在家里地位低,看到妻子吓得跌在地上,又因紧张爬不起来,其妻"拧"着耳朵把他"拖"回。"拖""拉"都有牵引之义,但方式不同，"拖"是使人或物体挨着地面或其他物体表面移动。例⑤中"拉"侧重于抓住，"拖"侧重于人或物体沿着某物移动，"扳"则指用力拉住不放。

《姑妄言》中牵引类概念场成员的场内、场外成员组合有"扯拽、牵扯、牵头、拖欠、拖累、拖翻、拉牵"等，一些词语的某个义项已经很少用于现代汉语普通话。

第二节　名物类概念场例析

关于《姑妄言》名物类词义系统问题，我们仅以夹取食物的棍状餐具这个概念场为例，以《姑妄言》中的相关语料为参考，试作说明。

一、夹取食物的棍状餐具类概念场成员的基本情况

《姑妄言》中指称夹取食物的棍状餐具概念场成员有"箸（筯）""筷"。

1. 箸

《说文解字·竹部》："箸，饭攲也。"段玉裁注："攲，各本作敧。敧者，倾侧意。箸必须侧用之，故曰饭攲。"偶尔也有用"梜（筴）"的。《说文解字·木部》："梜，检柙也。"段玉裁注："检柙皆函物之称，然则梜亦谓函物之器也……谓箸为梜，此引申之义也。"据陆忠发（2000），明代之前主要用"箸"来指称上述概念①。《姑妄言》中"箸"共 14 例，单用 10 例，可以和用具"杯""钟"并举，组成"杯箸""钟箸"；可以受数量短语"一双"的修饰，可充当宾语，如"举箸"；可以充当量词，如"几箸"。例如：

　　① 只见他捧了一个大托盘，碗碗碟碟摆了许多，又取了酒壶，一双箸，一个杯。（第 1 回）

---

　　① 陆忠发：《释"箸"》，《古汉语研究》2000 年第 2 期，第 56—58 页："箸""筴"是不同的食具，且东汉之前的"箸"为"吃肉时用以戳着小肉块的一根细细的棍子"，东汉后才与后来的"筷子"所指相同。

② 八个人一举箸,只剩了四个空盘同几块骨头,竹清只拿着寡酒相让。(第 2 回)

③ 忙忙喝了几杯酒,吃了几箸菜,又想了一会。(第 5 回)

④ 邬合一手执杯,一手持箸,嘴合在酒杯上,眼钉在菜碗内,不住乱吃,那里还顾得答应。(第 5 回)

"箸"单用时,大多和单音节动词组成动宾结构,如"放箸""举箸""持箸""动箸"等。《姑妄言》中有"箸子"2 例,例如第 3 回:"(魏如虎)吓得把手中箸子掉在桌上,回头望了望,不知是甚么缘故,忙拾起箸将韭菜一连吃上几大口。"《姑妄言》中"箸子""箸"两种形式同时出现,但"箸"的频次高于"箸子"。

《姑妄言》中又有"筯"7 例。当"筯"单用时,可以受数量短语"一双"的修饰,如第 17 回:"邬合看着每人散了一个碗,一双筯。"可以充当量词,如第 19 回:"忙敬了宦萼一杯,饮过,又让了两筯菜。"可以和用具"杯"组成"杯筯",也可以和"竹"组成复合词"竹筯"。虽然"筯"在《姑妄言》中出现频次低于"箸",但其组合能力、语法功能等差不多,这是因为两者是俗体与正体的关系。南唐徐锴《说文解字系传》:"箸,今俗讹作筯也。"《集韵·御韵》:"箸,或作筯。"因此,在统计《姑妄言》用例时,我们把"筯"归入"箸"中。这样,《姑妄言》中"箸(筯)"共有 21 例,单用 13 例,与场外成员,组成"竹筯""杯箸/筯"等。

2. 筷

《姑妄言》中"筷"与"钟"并举,组成"钟筷",可以充当动词的宾语。如第 12 回:"杨大忙去切了鸭子盛上,拿个盘子来装了粽子,又拿了钟筷来。""筷"还有附加式,即"筷子",共 2 例,受数量短语修饰,充当动词的宾语。如第 10 回:"童自大笑着拿起一双筷子竖在耳朵傍,呼儿呼儿叫了三声。"例句中童自大是个不识字的土财主,其语言粗俗,"筷子"出现于他的口中是极有可能的。

从使用频率、组合能力及语法功能来看，《姑妄言》中"箸（筯）"很强势，是主导词。

二、夹取食物的棍状餐具类概念场的讨论

"筷"最早写作"快"。先是明代陆容在《菽园杂记》卷一提到"民间俗讳"现象之时，指出"各处有之，而吴中为甚"，在外行船者忌讳"住""翻"等字词，为了避开原有形式，他们或者换个语素，如"幡布→抹布"；或者"另起炉灶"，如"箸→快儿"。其后，李诩在《戒庵老人漫笔》中记录方言词语时有"筯谓之快"的说法。据此可知：一是当时"快（儿）""筯""箸"之间存在名异实同的关系；二是"快（儿）"是个源自明代吴方言词的新词，民间忌讳是它产生的原因。这个新词很快就以更符合词义的新形式出现在清代文献之中。受造字的习惯定势的影响，人们在"快"上增加意符形成"筷"字①。为了进一步弄清"筷""箸"的发展情况，以清代几部方言背景较明确的小说为语料，对其中两词的用法进行考察。如下表：

文　献	筷			箸（筯）			备　注
	筷/快	筷子	筷儿	箸/筯	箸子	箸儿	
《十二楼》②	0	0	0	3	0	0	
《姑妄言》	1	2	0	13	2	0	
《红楼梦》（前80回）	0	4	0	19	3	0	火箸（儿）2例③
《歧路灯》	0	0	0	19	0	8	火箸1例
《清风闸》	0	42	2	0	0	0	"筷"有8例用于复合词，"箸笼"1例

---

① 王琪：《从"箸"演变到"筷子"的再探讨》，《古汉语研究》2008年第1期，第73—76页。

② 李渔是明末清初人，卒于康熙年间，其作品《十二楼》带有一些吴方言色彩。

③ 火箸（儿），《汉语大词典》卷七第17页中解释为："夹炉中煤炭等燃料或通火用的工具。用铁制成，形似筷子，一端有铁链连结。"

续 表

文 献	筷			箸(筯)			备 注
	筷/快	筷子	筷儿	箸/筯	箸子	箸儿	
《儿女英雄传》	0	13	0	2	1	0	箸筒儿1例
《官场现形记》	0	12	0	4	0	0	
《海上花列传》	14	0	0	3	0	0	

"箸子"是明清时期产生的新形式,明代文献《金瓶梅》中"箸子"4例(另有"箸儿"4例),《今古奇观》中有"箸子"1例。这一形式在《姑妄言》中得到沿用。

清代李渔《十二楼》中有"箸"3例;《姑妄言》(雍正间)中"筷子/筷""箸/箸子"并存,以"箸"为主;《红楼梦》(乾隆年间)中以"箸"为主,"筷子""箸子"共用;《歧路灯》中仍以"箸"为主,出现"箸儿"。可以看出,此时虽然有的文献中有"箸儿/子""筷子/筷",但仍以"箸"为主。到《儿女英雄传》《官场现形记》等文献中"箸"已经失去了主导地位,"筷子"逐渐占据主导地位。与上述作品不一样的是,《清风闸》是清代乾隆年间的评话小说,具有"市井小说性质"①,作者是扬州评话人蒲琳。作为评话人的底本,该书语言的主要特点是口语色彩、方言色彩浓。书中有"筷子"42例,"筷儿"2例,另有8例用于复合词,"箸"只是构词语素,且仅有"箸笼"1例。

明代已有"箸子"这一形式,这应该是汉语双音化影响之下产生的。同时,这一时期的吴方言中,人们开始用"快儿"这个新形式来表示"夹取食物的棍状餐具"这个概念。为了使表意更加准确,人们给"快"增加意符,产生新字"筷"。受双音化的影响,出现"筷子"的形式,这一形式很快成为表达"夹取食物的棍状餐具"这个概念的主要形式,而"箸"只是一些方言中以单用或者构词语素的形式留用。《海上花列传》《官场现形记》等出现"箸"单用的情况显

---

① 董国炎:《论〈清风闸〉的演变及其意义》,《黑龙江社会科学》2008年第1期,第105页。

然与吴语的影响有关。今天现代汉语普通话中"箸"已销声匿迹,但在吴语、江淮方言等中还能见到以"箸"为构词语素的"箸笼"等。《现代汉语词典(第7版)》第1717页释"箸"为"〈方〉筷子",这是把"箸"作为方言词处理。

《姑妄言》中出现"筷₁""箸₁₃""筷子₂""箸子₂"四种形式,就使用频次而言,"箸"是主要形式;就结构而言,单音节为主,附加式较弱。这反映了雍正初年"筷"与"箸"、"筷子"与"箸子"的共用状态。

第三节 性质状态类概念场例析

徐时仪先生分析《朱子语类》中愚昧类的概念场时列出该概念场的成员为"愚、蠢、昏、暗、闇、昧、鲁、钝、顽、村",他认为彼时"愚"为上位词,也是"愚昧"概念场的典型成员,其成员各有侧重点①。以此为参照,我们以《姑妄言》中的此类概念场为讨论对象。

一、愚昧类概念场成员的基本情况

《姑妄言》中愚昧类概念场的成员有"愚""蠢""笨(坌、夯)""昏""卤""昧""钝""顽""村""闇"。

1. 蠢

蠢,《说文解字·蚰部》:"蠢,虫动也。从蚰,春声。"借为"惷"。《说文解字·心部》:"惷,乱也,从心,春声。"《姑妄言》中有"蠢"52例,其中单用9例,可修饰名词"丫环、新郎、富翁",又受"更、奇、极"等修饰。如:

① 向来只得几个蠢丫环打扫看守,以备他老夫妻游玩。(第5回)
② 说起这阿呆来,比他那姑娘老苗婆更蠢。(第11回)

---

① 徐时仪:《〈朱子语类〉愚昧、痴狂概念词语类聚考探》,《陕西师范大学学报(哲学社会科学版)》2013年第5期,第65—72页。

③ 童自大生平极蠢，此时竟聪明起来，就能领略。（第 17 回）

与场内成员组成"愚蠢""蠢夯"等。如第 14 回："这两个儿子都到了十岁，愚卤至极，蠢夯异常。"与场外成员组成"痴蠢、粗蠢、蠢然、蠢人、蠢妇、蠢奴、蠢牛、蠢驴、蠢虫、蠢材/才、蠢物、蠢货、蠢话、蠢念"等。如《姑妄言》第 4 回："若是那痴蠢子弟，虽富胜陶朱，他不但不肯相陪，还有许多的讥诮。"

上述，"蠢"用法比较灵活，可作定语、状语、谓语、中心语，且其组合能力强，如上述组合。其中"愚蠢""蠢夯"是同义词凝固而成的。与《朱子语类》相比，《姑妄言》中"蠢"的用法灵活，场内、场外组合增多，组合能力增强。

2. 愚

愚，指"无知愚蠢"，具体表现为"理解力、思考力、分辨力、记忆力不如常人"①，《姑妄言》共有 94 例②，单用 7 例，充当定语、中心语。如：

① 这些愚妇人专信邪魔外道，自取其辱，也不为过。（第 14 回）
② 自悔佞佛之愚，已无及了，生生自己坑了一个女儿。（第 18 回）
③ 你想这愚而佞佛的人家，一时如何遇得着，所以只管耽误了他的青春姻缘。（第 18 回）

与场内成员组成"愚昧、愚闇、愚钝、愚卤、愚蠢、愚顽"等，是沿用而来的。与场外成员组合成"愚弟、愚兄；愚见、愚意、愚怀、愚忧；愚迷、愚騃、愚陋、愚呆、愚人、庸愚、痴愚、愚夫、愚妇、痴顽"。其中与表示"称己"或"称与己相关

---

① 徐时仪：《〈朱子语类〉愚昧、痴狂概念词语类聚考探》，《陕西师范大学学报（哲学社会科学版）》2013 年第 5 期，第 66 页。

② "愚"，正文还有 4 例，我们未算在内，因其是"鱼"的谐音。《姑妄言》第 16 回："他急了，高叫道：'老爷天恩，念小人是个大愚民哪？'那知县听他说了这个愚字，吩咐住了，众役放他起来，知县呵呵笑道：'你说就是愚民。'因指着钟吾仁向他道：'他还是个大呆瓜呢。'因道：'看你的愚，权记打，且送你去稽候所住几日，耐耐你的刁性。'"此前钟吾仁把银两放入鱼腹中贿赂知县，现在知县要打他，他用谐音暗示知县。另外，林钝翁批注中有"愚"26 例，也未计在内。

的事物"等语素组合,表示谦辞的有"愚弟、愚兄;愚见、愚意、愚怀、愚忧";与表示性质的语素组合的有"愚迷、愚骏、愚陋、愚丑、愚呆、庸愚、痴愚"。如《姑妄言》第 11 回:"这些不知事的人说我儿子痴愚。"与表示意义相对的语素组合的有"贤愚"。如第 15 回:"合城贤愚见他三个绝顶的坏人忽然自己都改变了,皆轰传以为异事。"与事物、人等组合的有"愚人、愚士、愚妇、愚夫"。如第 14 回:"这些村中愚妇,知道甚么叫做羞耻,贪他些小惠,无不乐从。"与表示程度的语素组合的有"下愚"。如第 5 回:"大老爷这段想头,非天聪天明不能及此,岂晚学生下愚可到?"引申为"愚弄,欺骗",有 3 例,如第 23 回:"阮大铖为江防兵部,西北数省尽失,犹终日报捷,愚南京人之耳目。"

上述,《姑妄言》中"愚"单用时使用频次、语法功能不如"蠢",构成的复合词中多数是沿用而来的。《朱子语类》中"愚"单用时可作定语、谓语、中心语等,其组合能力强,有"愚弄""昏愚"等,而《姑妄言》中"愚"单用时语法功能不强,但组合中出现以其为詈词的用法,详见"詈词"部分。

3. 笨(坌、夯)

(1) 夯

夯,笨拙。元曲等文献中有该词,如元郑廷玉《忍字记》第一折:"你这般胖,立在我解典库门首,知的啰是个胖和尚,不知的啰,则道是个夯神儿来进宝。"明吴承恩《西游记》第 44 回:"这呆子有些夯力量,跳下来,把三个圣像,拿在肩膊上,扛将出来。"《姑妄言》有 12 例,单用 3 例,作主语、定语,受副词"死"的修饰,同时也可修饰名词"狗",用法灵活。如:

① 我这去,听得说还要变只夯狗,日日要噗粪的呢。(第 9 回)
② 那(盔甲器械)又重又夯,不过好看壮胆而已。(第 21 回)

与场内成员组成"卤夯""蠢夯"。如《姑妄言》第 9 回:"形容卤夯,相貌狰狞。"第 12 回:"那驴子蠢夯,没有狗通人性,见人睡着,不但不敢上身,竟反往后退。"第 14 回:"这两个儿子都到了十岁,愚卤至极,蠢夯异常。""愚卤"与

"蠢夯"连用,表示"笨拙"。与场外成员组成"夯工""夯汉""粗夯"。如《姑妄言》第 19 回"你撺了他去,这些粗夯活计,我是不会做的","况他又是风月行中历过的人,比不得那个花子是夯工,他十分在行"。

上述,"夯"用法灵活,组合能力较强,语法功能强。林钝翁在第 14 回批注中提道:"丫头何必曰江北? 盖江北粗夯丫头其价甚廉之故。"

（2）坌

坌,本指尘埃,后指笨,不灵巧。《汉语大字典》第 456 页:"坌,用同'笨',不灵活。"《姑妄言》有 3 例,单用 1 例,作谓语。整理者因不清楚"坌""笨"的关系,而误把"坌"当作错别字,并用"笨"进行订补。如第 2 回:"我坌(笨)些,不会念书,人见先生常打我,就捉弄害我。"

与场外成员组成"坌汉"。《姑妄言》第 14 回有"两条精壮夯汉,一个名苗秀,一个名谷实",第 23 回中有"那苗秀、谷实是乡村中的坌汉",可见"夯汉"即"坌汉"。"坌"在明清小说中多组合为"坌蠢""蠢坌",如元杨文奎《儿女团圆》第二折:"则他生的短矮也那蠢坌身材。"明施耐庵《水浒传》第 104 回:"腰肢坌蠢,全无袅娜风情。"

（3）笨

笨,本指竹中内层白色薄皮,后借指智力低下,笨拙。如晋葛洪《抱朴子·外篇》:"杖浅短而多谬,闇趋舍之臧否者,笨人也。"《姑妄言》仅有 1 例,是与场外成员组合的"粗笨",即第 3 回:"两个粗笨些的,为洒扫浆洗之用。"

《姑妄言》中"夯""坌""笨"都可以表示笨拙,其使用频次为 12∶3∶1,其组合有"卤夯、蠢夯、夯工、夯汉、粗夯、坌汉、粗笨"。从词义及其使用语境来看,"粗夯""粗笨"同义,"夯汉""坌汉"同义。丁小豹（2014）认为:"第一,但凡用'夯'字的,几乎不用'笨'字。《西游记》《儒林外史》《醒世姻缘传》是用'夯'字,而不用'笨'字。第二,用'笨'字的,也几乎不用'夯'。《红楼梦》（前 80回）、《儿女英雄传》用'笨'未用'夯'。第三,小说作者的地域性对选'夯'还是用'笨'字有影响。但凡用'夯'字的,《西游记》《儒林外史》作者长居江浙,作品中有江浙方言成分。而用'笨'字的《红楼梦》（前 80 回）、《儿女英雄传》等属于北方官话小说。"①《姑妄言》中"笨""夯"都可以表示"笨拙",且"笨"的频次低于"夯"。这是因为作者长期在南京生活,熟悉江淮方言、吴语,作品中出现"夯"是极有可能的;又因作者是"三韩"人,即辽宁省朝阳市一带地方的人②,偶用"笨"字也是有可能的。

4. 昏

昏,本指天刚黑的时候,傍晚,后指昏聩、糊涂。《姑妄言》中单用 5 例,可修饰名词作定语,也可陈述主语充当谓语,还可以补充说明动词作补语,如:

① 不知怎样,一时看昏了,跑了去抱着亲嘴,小的自己并不知道。(第 10 回)

② 我喜欢昏了,信还拿在手里,忘了看呢。(第 19 回)

③ 先是心昏,赌了这些年,弄得倾家荡产,还不灰心,真连人味儿也没了。(第 20 回)

④ 有那样个昏老子,就生了这个昏儿子。(第 23 回)

与场内成员组成"昏昧"。如第 4 回:"小弟连日为睡魔所侵,神思昏昧,并无拙作,只方才见小园中花草可爱,诌得一词一绝,正欲求斧政。"与场外成员组成"昏倦""昏头昏脑"等。如第 4 回:"兄方才说神思昏倦,这是坐久了的缘故。"

上述,"昏"单用比较灵活,语法功能比较丰富。

5. 卤

卤,本指盐碱地,通"鲁",指愚钝。如《文选·刘祯〈赠五官中郎将〉诗之

①　丁小豹:《"夯货"之"夯"音义考》,《河北科技师范学院学报(社会科学版)》2014 年第 4 期,第72 页。

②　陈辽:《奇书〈姑妄言〉及其作者曹去晶》,《南京理工大学学报(社会科学版)》1999 年第 5 期,第 27 页。

四》："小臣信顽卤，俚俛安能追。"李善注："《论语》曰：'参也鲁。'孔安国曰：'鲁，钝也。'鲁与卤同。"《姑妄言》中"卤"表示"愚钝"义，单用1例，与"愚"并用，作谓语。即第11回："他道是：但愿生儿愚且卤，无灾无难到公卿。"

与场内成员组成"卤夯""愚卤"。如第5回："这个不过说先生太通了，遇见愚卤的学生，难以为情。"引申为"粗鲁、鲁莽"义，如第17回："我一时急了，粗卤了些，奶奶不要见怪。"第9回："忽见他说要杀，恐他卤夫性儿误害无辜。"《姑妄言》中"鲁"仅用于"鲁酒"等，表示"愚钝"用"卤"。

6. 顽

顽，本指难劈开的囫囵木柴，引申为愚妄无知。《姑妄言》中"顽"有249例，但大多数指"玩赏、嬉戏"，指"愚妄无知"的不多，且没有单用例。

与场内成员组成"顽钝""愚顽"。前者见于《朱子语类》，后者则由同义词凝固而成的复合词。《广雅·释诂一》："顽，愚也。"宋欧阳修《感春杂言》诗："俟河之清不可得，聊自歌此讥愚顽。"又如《姑妄言》第5回："二者因豚儿顽钝，不足坦府上东床之腹。"第23回："沉醉未醒，谓他如昏昏醉梦，愚顽毫无所知，全凭马士英胡诌打混而已。"

与场外成员组成"痴顽""粗顽"。如第5回："那宦萼自幼生得性质粗顽，面皮丑陋，混混沌沌。""痴顽"早见于宋吴潜《水调歌头·江淮一览》词："很石痴顽甚，不省古今愁。"《姑妄言》中"顽"之"愚妄无知"没有单用例，其组合中"顽钝""愚顽""痴顽"都是沿用而来的，"粗顽"为并列式，文献中不多见。

7. 钝

钝，本指不锋利，如第3回："暴利行凶时，他那切菜刀先砍了二人，已钝缺了。"引申为笨拙、迟钝。《姑妄言》中没用单用例，有与场内成员组合的"顽钝""愚钝"，是沿用的词语。与场外成员组合为"拙口钝腮"，此是明代词语。故"钝"在《姑妄言》中作为构词语素存在。如第15回："邬合道：'晚生虽愚钝，决不敢负三位老爷之命。'"又"那些婆娘要奉承夫人欢喜，无般的不说出来，却都拙口钝腮。"另，"钝"又由"不锋利"引申为"折磨、折腾"。《姑妄言》中有"疲钝""困钝"。如第 22 回:"但恐他众步卒已经两次奔劳,喘息未定,又命远去救援,未免疲钝耳。"

《姑妄言》中指称"笨拙、迟钝"的"钝"已成为构词语素,没有单用例。

8. 村

村,本指村庄,代指农村人,后来引申为蠢、笨。如宋罗大经《鹤林玉露》卷五:"显仁拊掌笑曰:'我道这婆子村,果然!'"《姑妄言》有"村"73 例,但主要表示"村俗""村庄"义,指"蠢笨"的仅有 1 例,且作为构词语素,即第 23 回:"我家虽穷,公公也做过官,跷起脚来,比那有钱村牛头还高些。"

9. 暗

暗,本指光线不足,引申为愚昧,糊涂。《姑妄言》中仅有 1 例,单用,如第 23 回:"君非甚暗,孤立而炀蔽恒多;臣尽行私,比党而公忠绝少。"这句话出自书中的"逆闯檄文"。

10. 昧

昧,本指日光暗淡不明,后指糊涂、愚昧。《姑妄言》中单用 1 例,即糊涂,活用为动词,即第 16 回:"某下土愚士,已昧往因,求大王指示。"

与场内成员组成"愚昧""昏昧"。此两者早见于《朱子语类》,沿用至今,且"昧"使用频次低。如第 17 回:"不想过了数日,便是冬至,天启重呆愚昧,自己不去郊天。"另,"昧"有"蒙蔽"义,如第 19 回:"他贞心不昧,虽然口哑身禁,心中颇明。"又有"违背"义,如第 8 回:"因见他年高了,故此忍住,只得昧着心说了你几句与他压气。"

11. 闇

闇,《说文解字·门部》"闭门也",引申为愚昧、糊涂。《姑妄言》中没有单用例,仅有与场内成员组合的"愚闇",如第 14 回:"如匹夫匹妇,愚闇无知,尚不足责。"该词早见于《朱子语类》,沿用至清代。

二、愚昧类概念场的讨论

徐时仪先生认为《朱子语类》愚昧类概念场成员都表示"无知糊涂",但在

"理解力、思考力、分辨力、记忆力等能力低下的程度上各有侧重"①,以此为基础,我们对《姑妄言》愚昧类概念场成员的具体情况进行考察。列表如下:

成员	《朱子语类》		《姑妄言》		《现代汉语词典》	
	侧重	功能	侧重	功能	侧重	功能
愚	蠢笨无知	词、语素（上位词、主导词）	智力低下	词、语素	智力低下	语素
蠢	笨拙	词、语素	蠢笨无知	词、语素（主导词）	智力低下、笨拙	词、语素
笨（坌、夯）	—	—	智力低下或欠缺常识的糊涂	词、语素	蠢笨无知	词、语素（主导词）
昏	欠缺分辨能力或智力低下造成的	词、语素	欠缺分辨能力的糊涂	词、语素	欠缺分辨能力的糊涂	语素
鲁	反应慢	词、语素	—	—	反应慢	语素
卤	—	—	反应慢	词、语素		
昧	欠缺常识的糊涂	词、语素	不辨是非	词、语素	不辨是非	语素
钝	反应慢	词、语素	反应慢	语素	反应慢	语素
顽	固执	词、语素	固执	语素	固执	语素
闇	不明真相、不辨是非	词、语素	不明真相、不辨是非	语素	—	—
暗	见识不明	词、语素	见识不明	词、语素	见识不明	语素
村	朴实	词、语素	见识不明	语素	—	—

注:"功能"是指概念成员能否单用,是否充当构词语素,是否为概念场的主导词,"—"表示没有。

---

① 徐时仪:《〈朱子语类〉愚昧、痴狂概念词语类聚考探》,《陕西师范大学学报(哲学社会科学版)》2013年第5期,第70页。

可以看出,愚昧类概念场的成员、主导词发生了变化。"愚"是《朱子语类》愚昧类概念场中的主导词,但在清初《姑妄言》中已经成为该概念场的一般成员,到现代汉语普通话只能作为构词语素;"蠢"在《朱子语类》愚昧类概念场中只是一般成员,但在清初《姑妄言》中成为该概念场的主导词,到现代汉语普通话中再次成为该概念场的一般成员,三个阶段中"蠢"都可以单用,也可以作构词语素;《姑妄言》中"笨(夯、坌)"发展很快,到现代汉语普通话中成为愚昧类概念场的主导词;"闇""村"等在《朱子语类》中是概念场中的一般成员,既可单用,也可以作构词语素,但在清初《姑妄言》中只用作构词语素,且出现的频次很低,到现代汉语普通话中已经不再指称"愚昧"这个概念;"鲁",《姑妄言》中作"卤",但现代汉语中"卤"不指"愚昧"这个概念。

"同一概念的词语类聚相当于一个词汇场,每个词语类聚中成员来自不同的历时层面,各成员又有各自的组合,在类聚中形成互补关系,词义系统则由一个个概念词语类聚互相关联构成"①。《姑妄言》中该概念场成员的场内组合有"愚昧、愚闇、愚卤、愚蠢、愚顽、愚钝、蠢夯、昏昧、昏昏、顽钝、卤夯"等,场外组合有"愚迷、愚駥、愚陋、愚呆、愚人、愚弟、愚兄、愚见、愚意、愚怀、愚忧、庸愚、痴愚、痴顽、痴蠢、粗蠢、蠢然、蠢话、蠢人、蠢物、夯工、夯汉、粗夯、粗笨、坌汉、粗顽、昏君、村夫、村牛"等。这些词语多数是沿用而来的。

《姑妄言》中砍斫类概念场的成员在力度、方式、对象等方面各有侧重点,"斫""砍"用法差不多,这与该书词汇具有地域性特点有关。现代汉语保留"斫"的词形,但"砍斫"义消失了;"剁"用刀的连续动作的义素在现代方言中突显,《姑妄言》中用斧砍斫的工具义素消失。

举物类概念场的成员在方式、用具、对象、轻重方面各有不同,"捧"强调用双手或单手托起饮食或物体使之向上,"奉"强调恭敬地向前,"端"强调平稳,"托"强调从下托起饮食或物体,"抬"强调合力使重物向上,"举"指使轻的

---

① 　徐时仪:《〈朱子语类〉词汇研究》,上海:上海古籍出版社,2013年,第509页。

物体向上。这些成员可以单用,大多可以作为构词语素。

在表示牵引概念时,《姑妄言》中"引""挽""曳"已成为构词语素,"拽""扯""拉""拖""扳"成为常用词,彼此在方式、力度等方面有细微的区别。

夹取食物的棍状餐具类概念场中,《姑妄言》中虽然已经出现"筷/筷子",但"箸(筯)"很强势,是主导词。

关于愚昧类概念场,一方面,其成员、主导词发生了变化。从《朱子语类》到《姑妄言》,愚昧类概念场中,"愚"的变化是"主导词→一般成员","蠢"则是"一般成员→主导词";到现代汉语普通话的愚昧类概念场中,"愚"只能充当构词语素,"蠢"则比较活跃,既可以单用,也可以充当构词语素。《姑妄言》中"笨(夯、坌)"发展很快,到现代汉语普通话中成为愚昧类概念场的主导词,至于"誾""钝""村"等在《姑妄言》中只用作构词语素,且频次很低,到现代汉语普通话中已经从愚昧类概念消失。另一方面,"夯""坌""笨"都可以表示笨拙,使用频次为 12∶3∶1。《姑妄言》的作者熟悉江淮方言、吴语,其作品中以"夯"指"笨拙"为主,但作者本身是"三韩"人,因此书中难免会出现"笨"字,但频次很低。

上述五类概念场成员分别与场内成员、场外成员组成词语,形成规模不一的词语类聚。

第四章 《姑妄言》隐语研究

　　隐语虽早就有之,但清初是历代隐语发展的集大成时期,也是隐语发展的兴盛期。这一时期隐语的内容更加丰富,表达更加成熟,形式更加复杂。这与隐语自身发展渐趋成熟有关,也与清初社会、思想等的影响有关。本章以《姑妄言》中词语类隐语(即狭义的隐语)为研究对象,以语言变异理论为指导,运用定量统计与定性分析、宏观分析与微观观察相结合等方法,从结构、语义等方面厘清隐语的语言特征,从使用者身份、使用者性别、使用场合等方面厘清其社会特征,力求在共时层面上展现隐语的面貌与特点;然后从历史来源、造词方式、形成过程、成因等方面探讨隐语的生成机制,从历时的角度考察隐语的演变机制,这对近代汉语隐语、汉语词汇史、语言变异等的研究有着重要意义。

第一节　汉语隐语研究现状

一、汉语隐语研究概述

（一）汉语隐语研究方面

　　国内隐语研究历史悠久。宋代就有隐语专辑,如《圆社锦语》《行院声嗽》等,多数篇幅短小,收词不多,但基本保留原来面目,具有重要的语料价值①。

---

　　① 据郝志伦研究,近代汉语时期隐语类辑录主要有宋代的《圆社锦语》(收于《蹴鞠谱》)、《绮谈市语》(收于《事林广记续集》)等专门记载当时球戏、日常生活等多个方面的隐语;明代的《行院声嗽》(见于《墨娥小录》)、《金陵六院市语》《六院汇选江湖方语》《梨园市语》与《西平市语》(见于《西湖游览志余》)等则记录了与青楼相关的隐语;清代的《新刻江湖切要》《江湖通用切口摘要》(收于《鹅幻汇编》)等也记录了不少隐语,上述这些辑录内容相对而言比较单一,数量可见,仅为近代汉语文献中隐语的"冰山一角"。

近现代以来较早关注隐语研究是容肇祖（1924）、吴汉痴（1924）、赵元任（1931）等，他们或关注反切类隐语的分类问题，或关注切口资料，为后来的相关研究奠定了基础。

20世纪八九十年代至今，隐语研究涉及面渐广。刘中富（2003），游汝杰、邹嘉彦（2016）等深入探讨隐语的界定、外延、特点、分类、构词方式等问题。关于隐语的界定，张永言（1982）等认为隐语是词汇变异现象[①]，曹聪孙（1992）、郭熙（2013）等认为隐语是一种语言变异现象（语言变体），邵燕梅（2013）分别从广义、狭义两个角度对隐语作了界定，指出广义的隐语属于语言变异现象，狭义的隐语属于词汇变异现象[②]。关于隐语的外延问题，赵丽明（1991）认为隐语包括封闭性很强的秘密语（暗语、黑话）、行话，半封闭的委婉语、禁忌语[③]；祝克懿（2003）认为黑话、行话等与隐语不属于同一层级的概念[④]，他们在隐语外延的广狭问题上仍存在一定的分歧。关于隐语的分类，潘庆云（1995）从社会语言学的角度把隐语分为市井隐语、江湖隐语等32类[⑤]；郝志伦（2001）把隐语分为言语类、非言语类，言语类又分为语词形态、语句形态、谣诀形态[⑥]；曹炜（2010）把隐语分为行业隐语、松散社会群体隐语、黑话[⑦]；邵燕梅（2021）依据语言形式把隐语分为词语型、语音型等四类[⑧]。关于隐语的造词法与构词理据，刘中富（1997）、曲彦斌（2014）等探讨了隐语的造词法与构词理据问题，黄星（2008）从认知语用学的角度揭示部分隐语的生成机制[⑨]，邵燕梅（2014）

① 张永言：《词汇学简论》，武汉：华中工学院出版社，1982年。

② 邵燕梅：《论隐语与相关术语的关系与区分》，《山东师范大学学报（人文社会科学版）》2013年第6期，第144页。

③ 赵丽明：《湘西苗族隐语的使用情况和社会功能》，《语言·社会·文化：首届社会语言学学术讨论会文集》，北京：语文出版社，1991年。

④ 祝克懿：《论隐语及其下位类型》，《汉语学习》2003年第4期，第18页。

⑤ 潘庆云：《中华隐语大全》，上海：学林出版社，1995年。

⑥ 郝志伦：《汉语隐语论纲》，成都：巴蜀书社，2001年，第201页。

⑦ 曹炜：《现代汉语词汇研究（修订本）》，广州：暨南大学出版社，2010年，第179—180页。

⑧ 邵燕梅：《现代汉语隐语研究》，北京：中国社会科学出版社，2021年。

⑨ 黄星：《隐语研究的认知语用学视角》，《西南民族大学学报（人文社科版）》2008年第S2期，第8—10页。

认为汉语"基本隐语"主要有"拟声、语音、文字、语义、截取、修辞、联想、文化等八种造词手段"①。此外，曲彦斌（1995）、陈崎（2002）等编写了各类隐语词典，其中《中国秘密语大辞典》比较注重隐语理据分析，具有较高的语言学价值②。从研究成果来看，汉语隐语研究成果比较丰富，但现有研究主要以现代汉语的隐语为考察对象，涉及明清白话小说隐语的研究不多，更未能对其展开细致描写与深入分析。

（二）近代汉语隐语研究方面

现有研究涉及近代汉语隐语的成果不多，而且主要是个案研究。简要梳理如下：

一是训释成果渐趋丰富。包括一些专书词典、训释专著、近代汉语词典，如白维国、江蓝生、汪维辉（2015）比较注重收录明清白话小说隐语；隐语类词典，如曲彦斌（2020）从历代隐语文献中辑录 2 万余隐语条目，其中明清白话小说隐语较多③；一些论文，如周志锋（2006）、杨琳（2020）等训释了部分晦涩难懂的隐语。训释成果大多言之成理，具有很高的学术价值。

二是造词法研究不断深入。傅憎享（1990）、白维国（1995）等基于《金瓶梅》指出隐语有析字、借代、拟音等方式；李宇明（1995）较全面地从辨析字形的角度概括出直拆、蕴含等八类"析字"类隐语④；郝志伦（2001）认为隐语有语音、词法、句法、文字、修辞等构词形式⑤；曲彦斌（2014）认为语词形态的隐语有词法学造词法、句法学造词法、修辞学造词法、语音学造词法和综合造词法⑥。隐语造词法研究正不断走向深入。

三是市语研究成为重要专题。白维国（1986）较早关注市语现象⑦；蒋冀

---

① 邵燕梅：《汉语基本隐语造词手段与造词法分析》，《文化学刊》2014 年第 2 期，第 19 页。

② 陈崎：《中国秘密语大辞典》，上海：汉语大词典出版社，2002 年。

③ 曲彦斌：《汉语历代隐语汇释》，北京：研究出版社，2020 年。

④ 李宇明：《析字构词——隐语构词法研究》，《语文研究》1995 年第 4 期，第 37—42 页。

⑤ 郝志伦：《汉语隐语论纲》，成都：巴蜀书社，2001 年，第 240—380 页。

⑥ 曲彦斌：《汉语民间秘密语（隐语行话）语法概要（下）》，《文化学刊》2014 年第 3 期，第 67—85 页。

⑦ 白维国：《〈金瓶梅〉和市语》，《明清小说论丛》1986 年第 4 期。

骋、吴福祥(1997)归纳市语的类型；王锳(2008)较为全面地分析市语的性质、构成等，并汇释宋元明市语271条，附市语训诂资料若干，涉及不少明代白话小说隐语。这是学界首次对宋元明市语的语言特征作专题研究，具有很高的参考价值①。高国藩(2009)阐述了市语在唐宋至今传播流变的情况，指出市语是非物质文化遗产俗语现象的一部分②。汪维辉(2013)梳理宋元已降市语中"～老"系列词，分析"老"的性质，阐明"训老""顶老(鼎老)"等的理据③。市语研究集中于宋元明清，涉及不少明清白话小说隐语。

四是系统研究已然开始。郝志伦(2001)梳理历代隐语语料，认为隐语具有隐型、显型的文化特征，指出隐语对共同语的积极意义，其研究侧重于隐语的语言特征，兼及一些义化现象④。曲彦斌(2020)在探讨隐语的类型、结构特点等语言特征的同时，注重发掘隐语的社会文化功能⑤。

虽然近代汉语隐语研究已取得一些成果，但明清白话小说隐语还很薄弱，需拓展的空间还很多：一是语料范围尚需扩大。除了名著，其他一般白话小说的隐语也应被纳入观察的范围。二是个案研究仍需开展。部分隐语与常规形式的关系，隐语怎样违反常规，如何演变等诸多问题有待逐一展开个案研究。三是系统化研究有待进一步加强。已有研究以个案研究为主，明清白话小说隐语的语言特征、社会特征、生成机制、演变规律等都有待全面而系统地展开。

（三）语言变异研究方面

文莱奇(Uriel Weinreich)较早地指出语言是"有序的异质体"⑥，他的学生拉波夫(William Labov)则较早地采用田野调查法，开创了语言变异研究范式。徐通锵(1988、1991)以祁县、闻喜等方言材料为基础进行音变研究，为

---

① 王锳：《宋元明市语汇释(修订增补本)》，北京：中华书局，2008年。
② 高国藩：《市语的文化内涵及其现实意义——〈江湖市语〉序》，《盐城师范学院学报(人文社会科学版)》2009年第1期，第79页。
③ 汪维辉：《近代汉语中的"～老"系列词》，《古汉语研究》2013年第3期，第42页。
④ 郝志伦：《汉语隐语论纲》，成都：巴蜀书社，2001年。
⑤ 曲彦斌：《汉语历代隐语汇释》，北京：研究出版社，2020年。
⑥ 转自徐大明、陶红印、谢天蔚：《当代社会语言学》，北京：中国社会科学院出版社，1997年，第69页。

我国语言变异研究树立了一种范式。此后,祝畹瑾(1992)、陈松岑(1999)等对变异理论的研究对象、方法等作了系统论述。何自然、吴东英(1999)对语言变异展开对比研究,认为内地与香港在词汇创新的结果方面有明显的地域差异①。2001年起随着首届社会语言学国际研讨会召开,以及《中国社会语言学》杂志创刊等,我国社会语言学进入新阶段,出现了不少语言变异方面的成果。如刁晏斌(2003)等探讨了现代汉语中的两种语法变异现象②,徐大明(2004、2006、2018)引进国外语言变异研究的最新成果,并提出言语社区理论。近十年来,语言变异研究领域渐宽,网络语言、词汇变异、语言接触等是其研究热点。如周敏(2013)、肖慧(2017)等考察了现代汉语词汇变异现象,探寻变异成因。今天,语言变异理论是主流语言学理论之一,从社会角度研究语言变异是语言学研究的重要范式,它为本章的开展提供了理论指导与方法借鉴。

总之,目前为止,还没有学者用语言变异理论去系统全面地考察明清白话小说中的隐语。清初是汉语隐语发展的兴盛期,又是近代汉语向现代汉语过渡的重要阶段。以白话小说《姑妄言》中的隐语为研究对象,在一个小的封闭系统里,对该书的隐语展开穷尽性式爬梳,进而用语言变异理论观照该书的隐语,是隐语研究的新视角。

二、《姑妄言》隐语研究的意义

一是扫除阅读障碍,这是隐语研究最直接的作用。《姑妄言》中的隐语主要源自民间隐语或文人自创隐语,大多隐秘性不强,属于半封闭的状态。但在具体的阅读过程中,隐语还是会给我们带来难度。原因有三:隐语是人为创造的特定性语言符号,这是"非常规"的表达,其构词理据往往难以追溯;作为一种社会方言,隐语必然与特定的社会、历史、文化有关,要理解隐语就要

---

① 何自然、吴东英:《内地与香港的语言变异和发展》,《语言文字应用》1999年第4期,第82页。

② 刁晏斌:《新时期语法变异现象研究述评》,《语言文字应用》2003年第5期。

还原其蕴含的文化等;部分隐语造词是借用了语音、文字等材料,随着时间的推移,这些原材料发生变化,必然也会给隐语的解读带来困难,本章研究最直接的作用是扫除因隐语而形成的阅读障碍。

二是丰富隐语研究的材料广度和理论深度,构建语言变异视域下汉语隐语研究的范式。隐语是一种词汇变异现象,目前人们还没有从语言变异的视角对近代汉语文献中隐语展开全面系统研究。《姑妄言》的隐语研究将为文献中的汉语隐语研究构建一种范式。

三是为语文辞书与隐语词典的编写提供重要参考。隐语既是专类工具书的收编对象,也是语文工具书的收编对象。目前可见的《俚语隐语行话词典》(曲彦斌,1996)等暂未涉及《姑妄言》。《姑妄言》中保存了大量隐语资料,可从增补词条、订补义项等方面为语文工具书、隐语词典等提供丰富的资料。

四是为汉语词汇史的研究提供第一手材料,为语言变异理论研究开阔视野,提供材料。全面搜集和整理《姑妄言》的隐语资料,将为汉语史研究的深入发展提供重要参考。同时,词汇变异现象研究是语言变异研究的重要内容,但现有研究比较倾向于现代语音、句法、话语等,《姑妄言》中隐语的研究会为词汇变异研究提供新的材料,拓宽语言变异研究的视野。

此外,为明清时期的社会文化史、民俗史等的研究提供语言证据。隐语是反映社会下层人民生活的"历史小百科",其产生与发展必然带有社会的"印记",挖掘《姑妄言》中隐语的相关信息,将为社会文化史、民俗史等的研究提供有力的证据。

第二节　隐语的语言特征

作为词汇系统的组成部分,隐语的构成材料、规则都源自汉语,必然与其他汉语词汇存在相通之处,但隐语又是一种语言变体,必然有独特之处。本节在个案比较的基础上,从形式、语义等方面全面地考察《姑妄言》中隐语的语言特征,力求在共时层面上展现隐语的面貌与特征。

一、结 构 特 点

隐语是用"非常规"的方式来表达所指,内部结构上必然有其独特之处。

(一) 构词语素

《姑妄言》的隐语比较丰富。从其构成来看,该书隐语的构词语素虽然不多,但有些语素构词能力比较强。例如"马",古人常把女人比作"马",例如"养瘦马",指明清时期扬州"畜养少女作妓妾"的现象。《姑妄言》中出现"入马""拉马""马泊六"等隐语。如第5回中丫鬟仆妇不知廉耻,"做牵头,做马泊六""传消递息,引奸入马",其中"入马"隐指嫖妓宿娼或者男女勾搭上,"马泊六"隐指有选择地撮合男女关系。"拉马"本来指拉拢不正当的男女关系。这些隐语与以"马"隐指女子有关。又如"水",古人认为女子感情不专一,以"水"来隐指女子。《蹴鞠图谱·圆社锦语》有"水表:娼妓",《事林广记·绮谈市语·人物门》有"娼妇:妓者;水表"。《姑妄言》第12回中"做这贩棒槌收水银的买卖","水银"隐指嫖资。《姑妄言》中"水客"隐指人贩子,有时专指贩卖女子为娼的人。其他文献中还有"水局_{妓院}""水户_{开妓院的}""水钱_{嫖资}"的说法。

(二) 结构形式

1. 单纯词

《姑妄言》隐语中单纯词很少。"才丁、贝戎、川中犬、团于蓝、金童玉、八千女鬼"等是隐语中的单纯词。

"才丁""贝戎"等是拆分汉字构成的隐语,"才丁"即"打"的隐语,"贝戎"即"贼"的隐语,它们分别表示一个概念,内部不可分析,应算是隐语中的单纯词。以"才丁"为例,"才""丁"在常规表达中是自由语素,是单音节词,但在隐语"才丁"中"才""丁"是有形无义的符号,原本各自的意思与"才丁"没有任何联系。这些隐语中的单个音节与所指无关,只有组合起来才能"曲折"表示一个概念,因此,它们是隐语范畴中的单纯词。

"金童玉"即"女",是藏去"金童玉女"的末字而形成的隐语。一般情况下,"金""玉"是自由语素,"童"是不自由语素,但在表达隐语概念"女"时,

"金""童""玉"的语素义与所指没有任何关联,它们成为符号。"金童玉"不够完整,但它表示一个概念,应该是再次符号化的词。据此,"金童玉"在隐语范畴中具有单纯词的特点。"八千女鬼"也是隐语中的单纯词,即"魏"字。

2. 附加式

王锳(2012)认为市语(主要是隐语)中附加式构词法特别发达,既有与通语共有的词缀"子""头""儿",又有特有的词缀,如"老、作、物、粗、道"等①。但《姑妄言》中附加式隐语不多,主要有"～子""～老/老～""～儿"等形式,如"炉子、兔子、孤老、老黄"等。

3. 复合式

双音节复合词中的并列式,如"巢窝";偏正式,如"水银、白米、鼎器、家兄、汤保"等;述宾式,如"崩鼎、跳槽、翻梢、会房"等。其中有的隐语词汇化程度还不够高,例如"打钉",第 10 回有"打个钉""打白钉"的说法。主谓式很少,如"孔方"。

三音节的复合式有些复杂,以偏正式居多。一是"1+2",即"A+BC",A为一个单音节的修饰部分,BC 为两个音节的中心部分。其中 A 可以是名词语素或者形容词语素,BC 有并列、偏正、述宾等情况。BC 为附加式时,B、C必有一个附加语素,如"兔羔子";BC 为并列式,如"卯字号","字""号"都是名词性语素;BC 为偏正式时,或定中关系,即"A+(B$_{定}$+C$_{中}$)",如"竹夫人、银夫人、私盐包";或状中关系,即 A+(B$_{状}$+C$_{中}$),如"角先生";BC 为述宾式时,即"A+(B$_{动}$+C$_{宾}$)",如"半开门、活切头"。"A+BC"式隐语以名词为主,具有双层结构,"A"对"BC"有着限定或修饰等作用。二是"2+1",即"AB+C",AB 为两个音节的修饰部分,C 为一个单音节的中心部分,其中 C 除极个别为形容词性语素,其余都是名词性语素,AB 有并列、偏正、述宾等情况,如"子孙桩、揭被香、后庭花"等。《姑妄言》的偏正式三音节隐语中"AB+C"式最多,且以名词为主,具有双层结构,AB 大多是语义和功能独立的词语,对 C 有着

---

① 王锳:《宋元明市语汇释(修订增补本)》,北京:中华书局,2008 年,第 3 页。

限定或修饰等作用。此外,《姑妄言》的三音节隐语中还有一些述宾式、主谓式,如"闯寡门、飞过海、黑豆跳"等。

四音节复合式隐语,如"如此云云",指省略了不便详细说的话。

由上可知,与常规相比,《姑妄言》中隐语的结构具有如下特点:

一是结构类型较为齐全,有单纯词、合成词之分。合成词又有附加式、复合式,复合式又有并列、述宾、偏正、主谓式,但缺少重叠、述补两种形式,单纯词中没有音译、叠音等形式。

二是单纯词少。有"才丁、金童玉、川中犬"等特殊的单纯词。"才丁"等利用汉字的可离性、视觉化等特点构成的隐语,在常规形式中其成分有的是自由语素,有的是半自由语素,但在隐语范畴中当其合成隐语表示一个概念时,这些成分与所指没有任何关系。

三是附加式隐语数量少,词缀不丰富,所处位置较为固定。"～老"本是近代汉语市语中特有的词缀,但《姑妄言》仅有"孤老",是沿用前代的情况。

四是复合式隐语居多,但偏正式为主,述补式、主谓式较少。三音节复合式隐语,一个或两个语素构成的隐语很少,三个语素构成的隐语不少,其中偏正式最多,述宾式次之。述宾式大多是"A＋BC"式。偏正式有"A＋BC""AB＋C"两种类型,名词为主,具有双层结构。

二、语 义 特 点

作为一种词汇变异现象,隐语的语义具有不明晰的特点,其形式与语义之间存在一定的距离。人们在交际中有意地使用违反常规的隐语,使得形式和语义的对应关系变得复杂。

（一）语义具有隐秘性

交际功能是语言中最主要的社会功能。用语言进行交际,人们传递信息有"编码—发送—传递—接收—解码"五个阶段[①],其中编码、解码尤为重

---

① 叶蜚声、徐通锵等:《语言学纲要(修订本)》,北京:北京大学出版社,2010年,第27页。

要。信息发出者要根据需要选择相关的语言符号，并按照一定的语言规则组织符号；接收者则根据已有认知，采用"合作原则"，对获悉的信息进行解码，还原发出者的所指。隐语是人们交际过程中人为使用的语言符号，实质就是用非常规的形式表达隐含的意义，因此，理解起来有些困难，具有隐秘性。

例如"虎扑儿、丁拐、活切头"等，字面与所指之间存在一定的距离，形式与语义之间不够明晰。以"丁拐"为例，第 2 回："先还同小孩子们跌钱下城棋，输了时回家，见他母亲那里有藏着的钱，便偷了出去，后来就渐渐同人捣丁拐掷四子，便输得大了，就将家中零东碎西偷出去卖了还人。""跌钱"是一种赌博，指取钱用器物遮住以猜。义中竹思宽经常"跌钱""下城棋"，后来就"捣丁拐掷四子"，这是动宾构成的并列式，"丁拐"原指牙牌中的么二，这一用法见于其他文献。如清天花才子《快心编·初集》："众人道：'莫说闲话，大家来掷。'有个道：'丁拐儿罢。'有个道：'四子儿罢。'"

（二）语义隐秘程度不同

从隐语形式与语义的对应程度来看，《姑妄言》中隐语的隐秘性强弱不同。或完全封闭，如"黑豆跳""白米""黄物"等与科举、官场等相关的隐语。人们在交际中不愿信息被外人知道，就采用偏离常规的方式来表达信息，因偏离程度大，隐语的隐秘性就较强。或半封闭，人们也是采用有别于常规的方式来表达，但隐语比较容易被"解密"。有的隐语，例如"贝者""八刀"等拆字类隐语，虽然字面与所指没有关联，但人们往往可以根据汉字结构的特点，联想到所指。就语言的封闭程度而言，拆字类隐语多数属于半封闭的，其目的往往在于戏谑、娱乐等。还有一种情况，一些隐语产生之初，隐秘性较强，后来随着使用，隐秘性逐渐变弱。处于渐弱阶段的隐语，也比较容易被"解密"。如《姑妄言》第 6 回："你不知道你肚子里的私盐包是那里的？"没有缴纳盐税而私自贩运出售的盐是私盐，"私盐包"用来比喻不安全的物品，书中却隐指所怀的私生子。隐语的形式和语义之间对应程度不同，就会给人们的口语交际或书面语阅读产生不同程度的"交际障碍"或"阅读障碍"。

（三）形式与语义的对应关系复杂

从形式与语义的对应关系来看,《姑妄言》隐语存在一对一、一对多、多对一的情况。

一对一,指单义隐语。《姑妄言》中此类情况不多,或是"马扁""八千女鬼"等利用汉字字形特点构成的隐语,或是"金童玉"等改常规词形而形成的隐语,它们都表示一个完整的概念;或是"会房""别敬"等形式、语义都是新创的单义隐语。

一对多,即借用已有词形来表达新的隐语义,新义与原义有一定的联系。例如"家兄",本指兄长,因人对银钱亲如兄长,故隐指银钱。第 23 回有:"他不但囊橐中有元宝家兄,且仕路上又有尚书家兄,真是势利双全的时候。"第 9 回中童自大说"人因我是监生,又有几个钱,都假意奉承我",林钝翁批注"看家兄的体面"。"家兄"隐指银钱,这种情况可以理解为偏离常用义的现象。一形多义现象,大多是在常用义之外,还有一个隐语义。就隐语而言,此时仍旧只有一个隐语义,还是隐语单义词。有时,会出现两个或以上隐语义,但这样的情况不多见。如"七大八",隐指妾,如明徐翙《春波影》第三出:"我眼里见了多少人家七大八,不似这个真是能诗能画。"《姑妄言》中"七大八"却隐指年龄小。

多对一,即一义多形现象。形式不同,所指基本相同,即理性意义基本相同。例如"孔方-孔方兄-家兄",都指银钱,但在词形、结构等方面不同。"孔方"是主谓结构,采用借代的方式产生的隐语义,且产生时间较早;"孔方兄""家兄"是偏正结构,借助比拟产生隐语义,产生时间相对较晚。又如"兔子-卯字号-大耳朵猫",隐指娈童。耳朵大是兔子的外形特征之一,"大耳朵猫"即兔子。其他文献中还有"兔儿",《墨娥小录》中记载"兔儿"曾是娼妓的隐语,但在清代文献中"兔儿"隐指娈童。在表示"隐指娈童或男妓"这一语义,"兔子"这一形式逐渐被大家认可,并被使用,成为某个或某几个社会群体的隐语,甚至进入白话小说、戏曲等口语性较强的文学作品中,《姑妄言》中出现8 次,《品花宝鉴》出现 2 次。最终,"娈童或男妓"成为"兔子"的常用义之一。一义多形是汉语词汇中的常见现象,或是历代沿用并存而形成的,或是受方言等的影响并存而形成的,隐语中也存在类似的情况。

第三节 隐语的社会特征

隐语是一种社会方言变体,是人们在日常交际过程中有意违反常规而产生的词汇变异现象。隐语的使用与说话人的社会身份有关,也与使用的场合等有关。此处试着区分叙述性、对话两类语料,从身份、性别、场合、功能等方面考察《姑妄言》隐语的社会特征。

一、频次统计

《姑妄言》中隐语出现的频次(数字是出现的频次):炉$_1$、酒$_1$、钉$_6$、厥物$_{26}$、孤老$_{10}$、那话$_9$、兔子$_8$、鼎器$_4$、打钉$_4$、别敬$_3$、现梢$_3$、团头$_3$、雏儿$_1$、黄物$_3$、孔方$_1$、孔方兄$_1$、黄米$_1$、私窠$_3$、八刀$_1$、贝戎$_2$、家兄$_2$、炉子$_1$、八乂$_1$、白米$_1$、才丁$_1$、丁拐$_1$、翻梢$_1$、贝者$_1$、崩鼎$_1$、马扁$_1$、马蚤$_1$、丘八$_1$、花心$_1$、破瓜$_3$、会房$_1$、元红$_1$、女乔$_1$、入马$_1$、水银$_1$、水客$_1$、六耳$_1$、跳槽$_1$、朱提$_1$、四马$_1$、汤保$_1$、剪绺$_1$、老黄$_1$、香算$_1$、樱桃$_1$、丫油$_1$、淡菜$_1$、刮上$_1$、银夫人$_1$、开巢窝$_1$、川中犬$_1$、闯寡门$_1$、翻烧饼$_1$、捞毛的$_1$、飞过海$_1$、黑豆跳$_1$、虎扑儿$_1$、活切头$_1$、团于蓝$_1$、私窠子$_1$、月巴子$_1$、做串字$_2$、竹夫人$_2$、走邪路$_2$、百姓眼$_2$、大花子$_3$、金童玉$_2$、七大八$_2$、青天白$_2$、卯字号$_1$、磨镜子$_1$、陈妈妈$_2$、做吕字$_1$、私盐包$_1$、子孙桩$_1$、钻狗洞$_1$、揭被香$_1$、后庭花$_1$、兔羔子$_1$、角先生$_8$、八千女鬼$_1$、如此云云$_4$。

上述,"厥物"出现的频次最高,"孤老""兔子"等次之,大多数隐语的使用频次低。《姑妄言》的隐语中双音节词语、三音节词语为主,这与汉语词汇的一般情况一致。

二、使用者的身份

《姑妄言》的隐语主要出现在对话、叙述两类语言中。对话"虽不与实际生活中的言语事件相关联,但它是实际生活中的言语事件所特有的,经常也是真实讲话人所特有的话语"①。因此,我们可以直接根据上下文话语语境来判断隐语使用者的身份。

隐语	说话者	听话者	隐语	说话者	听话者
白米	宦萝(官员之子)	钟情(官员)	兔子	郗氏(充好古妻)	宦萝
六耳	钱贵(妓女)	代目(女仆)		宦畎(仆人)	宦萝
跳槽	宦萝	权氏(平儒妻)	家兄	阎良(乡老)	傅厚(土财主)
黄米	宦萝	钟情	剪绺	褚盈(乞丐)	花子
炉子	道士	自言自语	刮上	黄氏(单于学妻)	翟叠峰(道士)
孤老	龙扬	心里话	钻狗洞	素馨(丫鬟)	万缘(和尚)
七大八	少年	另外的少年	八千女鬼	宦萝	童自大、贾文物
	昌氏(妓女)	昌氏母	黄物	钟情	宦实(官员)、邬合、宦萝、梅生
那话	宦萝	邬合(篾片)	崩鼎	道姑	崔命儿(吴老儿妻)
鼎器	万缘(和尚)	道士	磨镜子	道姑	崔命儿
	道士	自言自语	孔方兄	贾文物(翰林之子)	童自大、宦萝(朋友)
	和尚	童自大(商人)	金童玉	少年	另外的少年
现梢	竹思宽(赌徒)	铁化(财主)		昌氏(妓女)	昌氏母
	屠四(开赌场的)	铁化(财主)	陈妈妈	苟氏(李自成母)	李守忠(李自成父)

① 徐大明、蔡冰:《语言变异与变化》,上海:上海教育出版社,2006年,第5页。

隐语	说话者	听话者	隐语	说话者	听话者
兔羔子	充好古（下流之人）	龙扬	打钉	杨大（水氏情人）	水氏（收生婆）
走邪路	老媒婆	童自大、其他媒婆		庞周利（阮大铖的管事）	毛氏（阮大铖妻）
开巢窝	卜氏（游夏流妻）	宦萼、游夏流、杨为英、七八个管家	雏儿	竹思宽（赌徒）	铁化（财主）
			团于蓝	邬合（篾片）	宦萼
青天白	少年	另外的少年	角先生	童自大₂	童禄（仆人）
	昌氏（妓女）	昌氏母			

说明：人物的自言自语或心里话都是一种非典型的语言交际现象，隐语社会特征显著，应列入对话类中，如"鼎器""孤老""炉子"。另，"黄米""白米"出现在礼帖中，社会特征也很容易识别，也列入对话类中。

　　《姑妄言》对话中，隐语使用者主要有钟情、钱贵、宦萼、宦畎、庞周利、邬合、褚盈、万缘、龙扬、素馨、老媒婆、道士、贾文物、少年、阎良、昌氏、屠四、竹思宽、郗氏、苟氏、卜氏、充好古、和尚、道姑、杨大。其中钟情是官员，贾文物、宦萼是官员之子，阎良是乡老，余下人物都是社会地位较低者。如宦畎、庞周利、素馨是仆人，屠四、竹思宽是赌徒，道士、万缘、和尚、道姑是出家人，邬合是篾片，褚盈是花子，水氏是接生婆。听话者有官员，但更多的是万缘、水氏、代目等。可见，《姑妄言》隐语使用者以社会中下层人为主，包括胥吏、商人、僧道等。这与隐语"源自日常用语，源自诸行百业"有很大的关系。作为社会的个体，人们总是生活于某个或某些言语社团中。相对而言，社会阶层较低的人们因彼此的频繁接触会获得更多的隐语，也会使用更多的隐语。

　　此外，《姑妄言》叙述语言中也出现不少隐语：酒、炉、钉、八义、八刀、白米、黄米、贝戎、贝者、厥物、别敬、才丁、打钉、淡菜、丁拐、那话、鼎器、翻梢、现梢、孤老、黄物、家兄、孔方、老黄、马扁、四马、汤保、水客、跳槽、朱提、樱桃、入马、私窠、私窠子、兔子、丫油、大花子、百姓眼、捞毛的、陈妈妈、川中犬、虎扑儿、子孙桩、闯寡门、翻烧饼、飞过海、黑豆跳、活切头、卯字号、磨镜子、银夫人、月巴子、竹夫人、做串字、做吕字、走邪路、破瓜、会房、元红、团头、马蚤、女乔、香算、如此云云、角先生、揭被香、后庭花,等等。

可以看出,《姑妄言》叙述语言中隐语的数量不少,类型比较丰富。这些隐语多数社会特征不明显,但它们都出自作者之笔,有潜在的听话者——即读者。

三、使用的场合

从使用场合来看,交际场合有公众场合、公开场合、私密场合等,其中私密场合主要是指关系非常密切的人物之间。

《姑妄言》中有 2 处隐语出现于听话者为二人的场合,1 处出现于听话者为四人的场合,2 处出现于听话者是约数或不确定的场合。例如第 12 回中卜氏用"开巢窝"说丈夫游夏流及其朋友宦萼、杨为英、七八个管家等人,这是在家里,环境比较私密。又如:

第 15 回:"(宦萼)因向贾文物道:'三弟没有昨日那把柄还罢了,你我都是八千女鬼的那把刀。他一时记恨,混说起来,怎处?'"例句中宦萼依仗魏忠贤横行乡里,先是伙同童自大、贾文物在钱贵家"正然作恶",得了他父亲的密信,知道魏党倒台,吓得独自归家,第二日又得知钟生中举,更是大吃一惊,悄悄将贾文物、童自大、邬合请来商议,尽管当时现场只有他们四人,宦萼还是不敢直接提及"魏"字,用"八千女鬼"来代指。显然童自大、贾文物也知道宦萼的话中的隐语所指,他们二人立马作出回应,童自大提出跟钟情"叩头赔个礼",贾文物则说要"从容议之"。

第 16 回中宦家遇祸,钟情帮忙,宦实父子为了答谢,把黄金、白银藏于食盒中,到钟情私宅拜访。"宦萼在袖中取出礼帖递过。钟生一看:谨具黄米八百担,白米二千担。"宦实父子礼帖的内容只有钟情看到,但宦实父子还是谨慎地用"白米""黄米"隐指白银、黄金,是因为现场还有邬合、梅生,尽管有私交,但毕竟是送礼,要注意保密。钟情表明自己"本为秉公,并无私念""使外人闻知,晚生上获罪于朝廷,并获罪于堂上",坚持不受,又说"老先生如此见爱,晚生再过却,反获罪于长者了,请将黄物收回"。钟情用"黄物"隐指黄金,并把银子分给梅生、邬合、宦实父子,自己却"一文不受"。王锳(2012)认为"黄物"中"物"是词缀,"残留着一定的实义"①。

第17回中童自大招待媒婆,老媒婆言及"走邪路",尽管现场还有其他媒婆,但都是圈内人,且在童自大家里,属于私密场合。

《姑妄言》有29处隐语出现于听话者为一人的场合,另有2处出现于自言自语之中,1处出现于心里话中。例如:

第3回:"(竹思宽)道:'昨日他家局子里有几个人,都是外路来的,我看他都是些雏儿,成千家银子拿着,我因没有现梢,不敢下场。'""屠四见了铁化,大喜道:'爷来得好,我正要烦老竹去奉请,因他两日不曾来,这三位都是现梢,大爷顽顽。'"例子中竹思宽为了让铁化离家,就鼓动铁化去屠四家赌博,说屠四家有个"雏儿_{对赌博不精通的人}"拿着成千家银子,是"现梢"。第二天铁化果然去屠四家,屠四看到铁化,非常高兴,悄悄地向铁化介绍参与赌博的三位都是"现梢"。"现梢"即带着现成的赌资。竹思宽在铁化家里跟铁化说话,是在仅有两人的私密场合使用"现梢"。屠四在赌场跟铁化说话,也是在仅有两人的私密场合使用"现梢"。

可以看出,话语中交际双方绝大多数彼此熟悉,使用的隐语必然是双方能够理解的,因此不会影响彼此的交际。但也有极少数隐语的使用者彼此并不熟悉。例如:

《姑妄言》第15回:"(万缘和尚)见无人在傍,遂透一句,道:'道兄这些时可曾遇着个好鼎器么?'"这里"透"即套别人的话。明顾起元《客座赘语·诠俗》:"不知其人之隐曲也,以言探出之曰透。"在人们看来,和尚、道士遵守清规戒律,当远离女色,不可谈论男女之事。例句中万缘和尚与道士是陌生人,

---

① 王锳:《宋元明市语汇释(修订增补本)》,北京:中华书局,2008年,第4页。

他不好贸然问道士女色之事,一直等到"无人在傍"时才敢向道士询问。当时现场仅有两人,属于私密场合,万缘和尚没有直接表达,而是使用"鼎器"来隐指女人。道士回答万缘:"这事不过是机缘凑巧,不是可以强求得的。"此处万缘和道士即便不熟悉,但他二人都了解"鼎器"这个隐语,因此也不会产生交际障碍。

可见,《姑妄言》隐语大多数都出现于比较私密的场合中,这与隐语的隐秘性要求有关。

四、使用者的性别、年龄

社会语言学家关注性别、年龄差异对语言变异的影响。我们对《姑妄言》话语中隐语使用者的性别作了进一步的考察,如下表:

隐语	黄物	六耳	剪绺	那话	跳槽	白米	黄米	炉子	兔子	崩鼎	打针	鼎器	雏儿	现梢	家兄	炉子	孤老	孔方兄	陈妈妈
男	1	0	1	1	1	1	1	1	1	0	2	3	1	2	1	1	1	1	0
女	0	1	0	0	0	0	0	0	0	1	1	0	0	0	0	0	0	0	1

隐语	金童玉	青天白	七大八	角先生	开巢窝	兔羔子	磨镜子	钻狗洞	团于蓝	走邪路	八千女鬼
男	1	1	1	2	0	1	0	0	1	0	1
女	1	1	1	0	1	1	1	1	0	1	0

从隐语使用者的性别来看,男性使用隐语的数量多、类型丰富,涉及官场、科举、商业等多个方面。相对而言,一般女性使用隐语的数量要少,且范围很窄。男性、女性使用隐语的差异与他们各自社会化程度有关。社会化是一个社会性个体从小到大与社会不断接触的过程[①]。清初的封建社会里,男

---

① 郭风岚:《北京话话语标记"这个""那个"的社会语言学分析》,《中国语文》2009 年第 5 期,第43 页。

性、女性与社会接触的程度是不一样的。除了少数女性,如媒婆、女仆等因生活需要与外面社会接触外,多数女性只能困于家庭生活中。男性则不同,他们除了家庭外,还可能会出现在官场、商场等多个社交场所,他们与社会接触的程度远远超过女性,尤其是家庭型女性。男性可以属于不同的言语社团,与言语社团相关的隐语自然会得到他们的认同,并得到应用。例如,出自宦萼之口的隐语有"跳槽、白米、黄米、八千女鬼"等,与好友童自大、贾文物不言"魏",言"八千女鬼",与权氏交流则使用源自行院的"跳槽",在官场与他人交流言及"白米""黄米"。

关于《姑妄言》隐语使用者的年龄问题,因部分使用者的年龄项不易辨别,资料不够全面,暂未列表。但小说中可以看出,隐语更容易出自年轻人、中年人之口,这可能也与他们社会化程度相对高些有关。总之,从清初《姑妄言》隐语的使用情况来看,成年男性因与社会接触范围广、程度深,更容易使用隐语。

以上,从隐语的使用者的身份、性别、年龄,以及隐语使用的场合来考察隐语的社会特征。作为一种社会方言,隐语的使用与说话人的社会身份、性别、年龄有关,还与使用的场合等有关。男性、女性使用隐语的差异与彼此社会化程度有关。与其他一般词汇相比,隐语具有显著的社会特征,它是使用者社会身份和社会关系的标记。

第四节　隐语的造词方式

造词法是从历时的角度考察词的形成[①]。关于汉语词汇的造词方式,刘叔新(2005)把现代汉语造词法分为词汇材料式、语音材料式、混合材料式,其中第一种最常应用,它还有结合法、叠连法、改造法、转化法之分[②];董秀芳(2011)认为双音复合词的衍生方式有"从短语到双音词""从句法结构到双音

---

① 蒋绍愚:《汉语历史词汇学概要》,北京:商务印书馆,2015年,第63页。
② 刘叔新:《汉语描写词汇学(重排本)》,北京:商务印书馆,2005年,第128页。

词""从跨层结构到双音词"三大类①。蒋绍愚（2015）从汉语历史词汇学的角度认为汉语造词法有"旧词→新词（一对一）""词＋词（凝固或在线生成）→复合词""词＋词缀→派生词""译音词"等五大类，其中第一种包括音变、义变、改造，第二种包括"词＋词（重叠）""短语→复合词""语法结构→复合词""跨层结构→复合词"②。基于《姑妄言》中的隐语这个"微系统"，我们发现隐语的造词方式主要有以下几类。

一、常规造词类

派生法是隐语产生的方法之一，但《姑妄言》中通过此法形成的隐语不多。如"老黄""孤老"。"～老"是近代汉语隐语的常见形式，但《姑妄言》中仅有"孤老"一词。

复合法是隐语产生的方法之一，主要指"词＋词→复合词"中"在线生成"的情况，即两个词放在一起，一开始就是一个复合词③。如"孔方""刮上"，单义词为主。例如第19回："要想刮上奶奶，除非把他的夜合儿弄上了，在内中行事才中用。""刮"指勾搭。明顾起元《客座赘语·诠俗》："与人有桑中之期曰'偷'，相挑曰'刮'。"较早见于《水浒传》（2例）、《金瓶梅》（2例），例如明施耐庵《水浒传》第24回："西门庆他如今刮上了卖炊饼的武大老婆，每日只在紫石街上王婆茶坊里坐地……"清代文献《九尾龟》《孽海花》《野叟曝言》中也有用例，例如清曾朴《孽海花》第4回："彩云真个象馋嘴猫儿似的，贪多嚼不烂，才扔下一个小仔，倒又刮上一个戏子了。"

《姑妄言》中由派生法、复合法产生的隐语很少。

二、改变形式类

改变形式类主要指人们主观地改变常规形式（表层形式、深层形式）而形

---

① 董秀芳：《词汇化：汉语双音词的衍生和发展（修订本）》，北京：商务印书馆，2011年。
② 蒋绍愚：《汉语历史词汇学概要》，北京：商务印书馆，2015年，第70—76页。
③ 蒋绍愚：《汉语历史词汇学概要》，北京：商务印书馆，2015年，第73页。

成的隐语，主要有代码式、隐缺式、换素式、融合式等类型。

（一）代码式

刘中富（2003）指出：“汉字具有可离析性、视点的多维性和形象性特点，常被用来作为语言表达和造词造语的手段。”①基于汉字的可离析性、可视性等特点，人们通过“拆”“合”“改”等方式对汉字进行解析重组而形成。这种利用文字材料构成的隐语，我们称之为“代码式隐语”。

或“拆”，例如《姑妄言》第2回：“人背后送他一个美号，叫做贝者贝戎。”“贝者”即“赌”的隐语，“贝戎”即“贼”的隐语。第17回：“不要为了一个子，先送掉八乂子呢。”“八乂”是由“父”拆分而来的，是“父”的隐语。第18回：“有个七字令赞他道：妙，好。女乔，马蚤。”“女乔”“马蚤”即“娇”“骚”的隐语。

拆字法，实际上就是把一个合体字（由两个或两个以上的独体字组合而成）拆分下来，按照一定的顺序单向线性排列，重新组合成为一个新的语言形式。这个新的语言形式与原先的独体字在意义上没有联系，但与被拆的合体字有关。以“八刀”为例，就常规而言，“八”“刀”是两个自由语素，可以充当构词成分，又是能够独立运用的两个词，“八刀”是短语。但在隐语范畴中，“八刀”表示一个概念，即“分”，“八”“刀”原先的词义与隐语“八刀”没有联系，此时它是一个词。

或“合”，例如《姑妄言》第23回：“这次遇着这个香箅，正是劲敌，喜乐无比。”这里的“香箅”实际上是“香箅”。《说文解字·竹部》：“箅，长六寸，计历数者。从竹从弄。”“个”像“竹”字的一半形，因此“箅”实际指“个个弄”，“香箅”是个隐晦的隐语。合字式隐语是由两个或两个以上独体字组成的新的语言形式，其所指与合体字的意思没有关系，但与组成合体字的两个或两个以上的独体字的意义有关。《姑妄言》中解语花是冯寅千金买来的妾，该女子是戏子出身，以“香箅”指其淫乱。“香箅”具有隐蔽性，在具体文本的阅读中形

---

① 刘中富：《汉字字形特点与秘密语造词》，《汉字文化》2003年第3期，第49页。

成"障碍"。可见,汉字的繁简变化、异体字等等往往也会给代码式隐语的"解密"增加一定的难度。

或"改",新的语言形式与常规形式在语音、语义上没有联系,只是字形相似。例如《姑妄言》第5回:"他去年拿了好些银子,纳了一个甚么团于蓝的头一名监生,他自己说大得很呢。""团(團)于蓝(藍)"即"国(國)子监(監)",因两者的繁体字形相近而形成。

在代码式隐语中,拆字法是主要的构词方法。通过拆分汉字来构成隐语的方式,宋元时期极为盛行,人们称为"拆白道字"。这种方法在明清文献中得到沿用,产生了一些代码式的隐语。

《姑妄言》中还有"才丁打、八千女鬼魏、贝者赌、马扁骗、四马骂"等。有的隐语在明清白话小说中多次出现,例如"才丁",清李渔《玉搔头·缔盟》:"先将四马相加,后把才丁来钉。"

《姑妄言》的人名中有不少属于代码式隐语,如第23回:"这焦氏留心,见水良儿、马蚤儿隐隐藏藏一溜烟也去了。"其中"马蚤"即"骚","水良"即"浪",作者用这两个名字来隐指她们品行不端。又如第24回:"马士英夫妇,同那呆子马台,假孙马加卢,皆死于兵刃之下。"其中"马台"即"骀",而"马加卢"是直接采用描写的方式构成的,即"驴",作者用这两个名字来暗指两人的智商存在问题。

代码式是隐语中较为独特的方式,它与汉字的"可离析性"特点有关,也与人们对汉字构形比较敏感有关。在交际过程中,人们为了某种需要故意违反常规来传达信息,无论是"才丁",还是"马扁",它们已经符号化,表示一个概念。《姑妄言》中代码式隐语大多出现于叙述性语言中,从表达的效果来看,此类隐语大多带有嘲讽的色彩,隐秘性不强,具有半封闭性的特点。

(二)隐缺式

隐缺式隐语,指隐去常规语言形式的某个部分,剩余的部分再次符号化,所指就是隐去部分的意思。俞理明认为"在一个完整的惯用词语中,把其中表意所需的词隐而不说,用剩余部分来表示这个隐去的内容,不论这个剩余部分的结构是否完整、表意是否合理,在语句中都充当一个词的角色"①。表面上的结构、表意等是不完整的,真正的语义指向应是隐去的部分。

汉语中隐缺式隐语主要有两种形式:藏头、缩脚。例如《姑妄言》第1回中两个少年谈论昌氏,"一个说道:'好一个金童玉。'那一个道:'得同他青天白一下子就快活了。'先那一个道:'七大八个呢。'"少年当面谈论昌氏是不礼貌的,何况还要谈话禁忌方面的内容,所以他们采用非常规的形式——"金童玉""七大八""青天白"来进行交流,传递信息。"青天白"即"日","七大八"即"小",它们是在原有常规形式中去掉最后一字构成的隐语。从内部结构来看,"七大八"的结构已经不完整;从形式来看,"七大八""青天白""金童玉"是非常规的形式;从语义上来看,这些非常规形式的语义内容就是隐缺部分的所指。因此,虽然这些隐缺式隐语在表意上存在不合理性,但在语句中"都充当一个词的角色"。白话文献中如果出现隐缺式隐语,读者往往要对它们的常规语言形式有所了解,才能由不完整的"非常规"的结构联想到所指,才能达到"解密"的目的。因此,隐缺式隐语往往具有一定的隐秘性。在交际过程中,人们为了某种需要故意偏离常规来传达信息,无论是"金童玉",还是"七大八",它们已经符号化,结构上不可以拆分,仅仅表示一个概念,是隐语中的单纯词。

附带一提的是,《姑妄言》还有隐去歇后语注释部分的情况。歇后语由引子、注释两部分构成,前者相当于谜面,后者则相当于谜底。多数情况下两者同时出现,但有时会出现"谜底"或缺的情况,此处略加说明。如《姑妄言》第10回:"我这个想头,可是山顶上一连三个观音堂。""山顶上观音堂"是引子,其注释语应为"高庙"。"庙"与"妙"谐音。使用"山顶上一连三个观音堂",是想说明"想头"非常高妙。第10回:"童自大笑道:'邬哥,你唱的真是土地老儿没儿子。'宦萼道:'这怎么说?'童自大道:'庙绝了。'""庙"与"妙"谐音,

---

① 俞理明:《汉语缩略研究——缩略:语言符号的再符号化》,成都:巴蜀书社,2005年,第368页。

"绝"即"极"。"庙绝了"即妙极了。隐去歇后语的注释部分形成的隐语,从被截取的对象来看,所用歇后语大多是人们熟悉的;从截取的结果来看,此类隐语大多是半封闭的。虽然使用这类隐语的主要目的不是隐秘,而是使语言表达多样化,给人以新的审美体验,但因其省略了一部分,往往客观上会给读者的阅读带来一定的难度。

(三)换素式

"换素"是指原有复合词的一个语素被替换①,这是汉语词汇造词的常用方法之一。

"卯字号"是把常见形式"天字号"的"天"换成"卯"形成的。例如《姑妄言》第 10 回:"有人知道他也是卯字号的朋友,不好明明抢白他,或用隐语讥讽。"例句中"卯"是地支的第四位,即兔。因此,"卯字号"即兔子,"卯字号的朋友"即好"卯"者,指好男风的人。男风与传统伦理观念不合,人们为了准确地表达其意,就会尽可能地去选用联系紧密的事物来隐晦表达。

"做吕字"是明清小说中出现的隐语,指亲嘴,"吕"由两个"口"相叠而成。"走邪路"隐指男女之间的不正当的关系。《姑妄言》中还有"做串字、走水路、走旱路"等,这些隐语大多是在常规形式的基础上变换语素仿造而成的。

与一般换素造词不同的是,换素式隐语是人们有意识地临时改换常规形式中的某个语素,以达到曲折表意的目的。

(四)融合式

融合式也是隐语产生的方式之一,包括"短语→复合词""语法结构→复合词"等情况,都有一个融合的过程。例如"飞过海",本是短语,但在明清文献中专指明清官场中通过行贿提前获任的舞弊行为,内部融合成词。又如"厥物",《姑妄言》共出现 26 次,在《姑妄言》及其他清代文献中已经成词(《笑林广记》3 例、《蜃楼志》1 例、《品花宝鉴》1 例)。从形式来看,《姑妄言》中有"那厥物""那根厥物"两种形式,前者 5 例,后者 2 例。"那""厥"在汉语中都

---

① 蒋绍愚:《汉语历史词汇学概要》,北京:商务印书馆,2015 年,第 72 页。

可以充当远指代词,如果"厥物"是短语,那么在"那厥物"中"那""厥"是"意义和功能完全相同的指代性成分"①,它们同时修饰名词"物",这违背了语言经济性的原则。只有语素"厥"的意义脱落,指称功能弱化,"厥物"融合成词,"那厥物"的表达才是合理的。从语义上来看,"厥"是远指代词,有用来指代不方便说的事物的功能,如果"厥物"是短语,那么在用例中,它可以随着"厥"的指代功能,有丰富的所指,但目力所及,"厥物"是单义词。因此,当语素"厥"失去指代作用后,"厥物"的意义进一步融合,最终词汇化,成为双音节词语,用作隐语。

《姑妄言》中还有"那话(儿)",它与"厥物"都是"指示代词+中心语",但在使用频率、融合程度等方面有差别。"那话(儿)"融合程度不高。一是汉语中"指示代词+中心语"短语词汇化有一定难度。"指示代词和中心语的关系比较远、语序上远离中心语"②,即两者之间往往容易插入其他成分,这就使得"指示代词+中心语"这一类内部融合的情况不多。二是"那"是自由语素。"由于当面谈话时语境和上下文总是帮助提示语义,特别是熟识的人之间的谈话更是易于理解,基于省力的原则,人们总是避免词义复杂或者不熟悉的词汇,而仍能保持口头交际的有效性"③。"那"频繁地出现于口语中,用来指向各类不同的事物。"那"的用法越灵活,"那话(儿)"融合就越有难度。因此,它虽然早在元曲中就已出现,明清文献中更是常见,但受"那"的讳饰功能影响,"那话(儿)"可以隐指财物、男根等,具体什么意思,要依赖于上下文语境。"厥"是《尚书》《诗经》等上古文献中常见代词,后来"厥"被"其"取代,《尔雅·释言》:"厥,其也。"明清白话文献中"厥"较少见,CCL、BCC语料库中"厥物"出现的数量远远低于"那话(儿)"的情况。《姑妄言》中"厥物""那话(儿)"的用例不同,为26:9,且"厥物"主要用于叙述语言中,单义词。白话小说中

---

① 贺卫国:《〈中国古代孤本小说〉词语札记》,《河池学院学报》2012年第1期,第49页。

② 董秀芳:《词汇化:汉语双音词的衍生和发展(修订本)》,北京:商务印书馆,2011年,第154页。

③ 徐大明、陶红印、谢天蔚:《当代社会语言学》,北京:中国社会科学出版社,1997年,第118页。

人物对话中多用"那话（儿）"，反映了当时交流的双方都认同这个用法。作者在叙述文字中用"厥物"来表达隐含的内容，应该是故意为之，以达到求雅的目的。

又如"闯寡门"，王锳（2008）、崔山佳（2009）、谭耀炬（2010）等多有讨论，看法不尽相同。《汉语大词典》卷十二第 142 页释为"旧指不花钱逛妓院"。"闯寡门"的语义特征是［－花钱］［＋妓院］［＋闲谈］，这与明代隐语专辑《金陵六院市语》的解释"空谈而去"一致。"闯寡门"已经处于融合阶段，只是融合程度不高，可以插入其他成分，如明沈泰《盛明杂剧》初集："不免去撞个寡门则个。"前文提到的"做吕字"也是如此。

三、改 变 语 义 类

这是隐语产生最直接的、比较常见的方式。主要指在语言交际过程中，借用汉语的常规语言形式，临时有意识地改变其语义而形成的隐语。隐语义与原有义之间往往是通过比喻、借代、比拟等方式实现的，具体如下：

比喻，周荐在《词汇学词典学研究》中提出："两个直接组成成分都是喻指的复合词，与所反映的客观对象没有直指、被直指的关系，而纯粹是比喻。"①《姑妄言》中比喻类隐语主要是以形似作为联系点来实现的，如"樱桃"，第 18 回："柳眉弯，樱桃小，眼波淫淫，腰肢袅袅。"用"樱桃"隐指口，因为女子的唇似樱桃娇小红润。诸多形象的比喻使得该书的语言富有表现力，达到诙谐或讽刺等目的，同时客观上使得该书语言的白话色彩更浓。

借代，借用所指事物的相关特征来代指被指事物，此类隐语产生的前提条件是特征要鲜明。如《姑妄言》中以"孔方"代指金钱，是因为形状代指事物；以"朱提"代指白银（云南省昭通市朱提山盛产白银），是因为产地代指事物。以"黄物"或"黄米"代指黄金，这是因为颜色代指事物。又如以"菱花"代指镜子，因为古代铜镜背面往往刻铸菱花形。例如《姑妄言》第 4 回："此事只

---

① 周荐：《词汇学词典学研究》，北京：商务印书馆，2004 年，第 126 页。

你知我知,不可再传六耳,异日我此身有归,决不使你失所。"其中"六耳"指第三者。这些借代类隐语,利用能指与所指的相关性,达到特点鲜明的表达效果。

此外,还有比拟,《姑妄言》常见的拟物类隐语有"青蚨、兔子、私窠(子)、竹夫人、陈妈妈"等。

改变内容是隐语造词中较为常见的方式,《姑妄言》中类似的还有"黄米_{黄金}、跳槽、私盐包、白米_{白银}"等。据统计,《姑妄言》的隐语以修辞类隐语为主,其中比喻类最多。人类认识客观世界首先是用形象思维,象形性是《姑妄言》隐语的主要特点之一。例如第 1 回中"银妇人"是形似女阴的银质溺具。《姑妄言》中比喻类隐语多是如此,这些以象形为纽带形成的隐语,形象具体,使得语言更加生动。

此外,《姑妄言》中除了一些历史人物名字外,大多人名具有谐音隐指的特点,如卜通(不通)、卜孝(不孝)、蔡绎生(蔡亦生,卖菜为生)、崔命儿(催命儿)、富新(负心)、傅厚(富厚)、韩无传(寒无传)、宦蓉(万恶)、牧德厚(没得后)、牧福(没福)、聂变豹(孽便报)、单于学(善于学)、苏才(疏财)、童佐弼(同作弊)、游夏流(游下流)、王恩(忘恩)、闻则陶(闻则逃)、吴天良(无天良)、吴义(无义)、吴知(无知)、真佳训(真家训)、钟吾仁(终无仁)、竹思宽(竹丝而宽,即篾片)等等。

综上,《姑妄言》隐语造词方式主要三类情况:一是常规造词类,即派生造词法、复合造词法。《姑妄言》这两类较少。二是改变形式类,代码式、隐缺式隐语是新形新义,是隐语系统中的单纯词。融合式隐语包括"短语→复合词""语法结构→复合词"两种情况。三是改变语义类,即采用常规形式,产生新隐语义。新的隐语义主要是通过比喻、借代、比拟等修辞方式形成的,当新义与原有语义之间的联系较远时有可能会成为新词语。

隐语的造词方式既与其他汉语词汇造词方式有着相通之处,也有着自身的独特之处。汉语中其他词汇的新词、新义是在不知不觉中逐渐产生的,具有渐变性特点。隐语主要是人为地改变常规形式(表层形式或语法形式)表达隐含义,或给原有形式人为地赋以新的隐含义,具有临时性的特点,且无论是新词还是新义的产生都体现了突变性的特点。

第五节 隐语的来源、形成机制与成因

无论是数量上,还是形式上,清代隐语都比以往丰富。《姑妄言》是清初的白话小说,历代隐语的积累必然会在其中有所体现。此处我们在对《姑妄言》隐语的形成进行个案追溯之中,考察隐语的来源,形成过程、机制、成因。

一、隐 语 的 来 源

《姑妄言》的隐语是多层面的,其来源比较复杂,或源自不同时期(沿用与新创),或源自不同的言语社团,或源自不同地区等。

(一)源自不同时期

汉语词语的发展是传承与创新并存的。作为词汇的组成部分,隐语系统中存在某个或某几个时间段内沿用的语言现象,如"虎扑儿、百姓眼、闯寡门、剪绺、孤老"等。

源自宋代之前的隐语,如"孔方",旧时铜钱外圆,中有方孔,故名。《汉书·食货志下》"钱圜函方"颜师古注引孟康曰:"外圆而内孔方也。"晋鲁褒《钱神论》:"钱之为体,有乾坤之象,内则其方,外则其圆……亲之如兄,字曰'孔方',失之则贫弱,得之则富昌。"《姑妄言》第 3 回:"何幸仗着腹内文章进了学,祁辛亏了孔方之力也游了庠。"又如"丘八",指兵,这种用法较早出现于五代十国后蜀何光远的《鉴诫录》卷四:"大夫对曰:'丘八所置。'"明清小说中这一用法得到沿用,例如《姑妄言》第 9 回:"他祖籍山西大同府人,代代俱当丘八。""丘八"成为兵痞的代称,含有贬义。"丘八"还隐指帮闲之类的。如《新刻江湖切要·人物类》:"帮闲:丘八。"

源自宋代的隐语,如"竹夫人",据《汉语大词典》卷八第 1089 页,是一种古代消暑用具,"编青竹为长笼,或取整段竹中间通空,四周开洞以通风,暑时

置床席间"。虽然唐代就已经出现,但至宋代才有"竹夫人"的称呼。如宋苏轼《送竹几与谢秀才》诗:"留我同行木上坐,赠君无语竹夫人。"《姑妄言》第13回:"(郏氏)怀中抱着个竹夫人,一条腿跨在上边,睡得正浓。"

源自元代的隐语,如"马扁",即"骗"的隐语。元秦简夫《东堂老》第一折:"不养蚕桑不种田,全凭马扁度流年。"《姑妄言》沿用,如第8回:"又知他丈人豪富,遂买谣言说富户部替女婿买的举人,希图马扁。"

源自明代的隐语,如"四马",即"骂(罵)"的隐语。明兰陵笑笑生《金瓶梅》第80回:"娘捎出四马儿来了。"又如"陈妈妈",指妇女行经或行房时所用褱巾①。明无名氏《金陵六院市语》:"行经号为红官人,用绢呼作陈妈妈。"《姑妄言》第21回:"我的这一块陈妈妈,竟是一张百官诰了。"

《姑妄言》中的隐语具有历史层次性。借助近代汉语时期的隐语专辑、《汉语历代隐语汇释》等,以及BCC、CCL等语料库中相关隐语用例,我们发现《姑妄言》中的部分隐语大多源自前代,这些隐语曾零星地散见于戏曲、白话小说等文献中。

(二)源自不同言语社团

隐语是"某些社会群体所使用的故意不让外人所知晓的秘密词语"②。从使用的社会群体来看,《姑妄言》的隐语涉及科举、赌博、宗教、行院等方面。

科举、官场类隐语,前者如"黑豆跳""活切头",后者如"别敬""白米"等。如《姑妄言》第16回中宦莘的父亲请钟生帮忙说情,事后答谢钟生,送"八百两黄物,二千两白米",钟生推辞,说道:"请将黄物收回。"其中"黄物"隐指黄金。该隐语早就有之。《绮谈市语·玉帛门》:"金:黄物;马蹄。"《汉语大词典》卷八第174页收"白米",释为"银子的隐语",援引《隔帘花影》中的例句为书证,书证稍晚,应补《姑妄言》中的例子。这类隐语大多隐秘性强,就有很强的封闭性。

---

① 王锳:《宋元明市语汇释(修订增补本)》,北京:中华书局,2008年,第17页。
② 曹炜:《现代汉语词汇研究(修订本)》,广州:暨南大学出版社,2010年,第177页。

赌博类隐语,例如《姑妄言》第2回:"还有一种好赌的人输了,借钱作本的,借得来翻梢。"赌场中称赌资为"梢","翻梢"指在赌场中赢回所输的赌资,"现梢"指现成的赌资。如第2回:"此后众人知道他是属太监的,净了身了,再不同他大赌,只赌现梢。"清代白话文献中亦作"现消",如清张南庄《何典》第4回:"又不是正明交易,到是现消开割的好。"

宗教类隐语,《姑妄言》中此类隐语不多,有"鼎器""崩鼎""炉子/炉"等。如第1回:"他有的是银子,四处云游,遇着有好鼎器,他就采补一番。""鼎"本是炊具,古人把它作为制药炼丹的器具。古人认为采阴炼丹可长寿,称女子为"鼎器",是将女子作为炼就内丹的容器。"炉子"有时又称为"炉"。如第11回:"一个有榛子大,有鼻如钮,是妇人炉中用的。"这类隐语大多隐秘性较强。

行院类隐语,《姑妄言》中此类较多。如第7回:"又过了二三年,有一个私窠子计氏,生得甚美而骚。""窠子"隐指妇女。《行院声嗽·人物》:"妇:窠子。""私窠子"隐指娼妓,《姑妄言》中多写作"私窠"。明谢肇淛《五杂俎》卷八:"今时娼妓,布满天下……又有不隶于官,家居而卖奸者,谓之土妓,俗谓之私窠子。"《金瓶梅词话》第98回:"只靠老婆赚钱,谓之隐名娼妓,今时呼为私窠子是也。"

出现于人们日常口语的市井类隐语。如"酒_{含有酒精的饮料}-酒_{沉迷于赌博的赌徒}",《姑妄言》第4回:"南京赌场中有个市语,送了这种人一个暗号,名之曰酒。虽不知他的深意,大约说一个人全成了酒,昏沉沉,连死活都不知的意思。"

（三）源自不同地域

就地域分布而言,《姑妄言》中有的隐语源自当时的通语,如"七大八_小""家兄_{银钱}"等。有的源自方言。例如《姑妄言》第2回:"这种人的官衔,南京叫做汤保,北京呼为捞毛的。"有嫖客时屠四充当杂役,"买买酒菜",没有人时与昌氏"日则同食,夜则同衾"。

"捞毛"专指在给妓女介绍嫖客中谋取薄利。如清蒲松龄《聊斋俚曲集·幸云曲》第12回:"六哥道:'只会卖酒,不会给你捞毛。'"文中妓女佛动心带着侍女金墩、玉座到酒店见嫖客,金墩让酒店的小六哥通报,六哥不愿帮忙。

《切口·长三书寓》："相帮：龟奴也。犹之北京呼茶壶捞毛也。""捞毛的"专指给妓女介绍嫖客的人。如清魏秀仁《花月痕》第 12 回："自此，做衣服打首饰，碧桃要那样，同秀便做那样，每一天也花几十吊钱，连老鸨、帮闲、捞毛的，没一个不沾些光。"后来"捞毛的"泛指在妓院中牟利的人。《汉语大词典》卷六第 890 页解释"捞毛的"为"旧时泛称依靠卖淫为生的人"，仅引《儒林外史》中例句为书证，书证滞后，宜补上《姑妄言》中例子。

"汤保""捞毛的"所指相同。"汤"即水，隐指女子，"保"与"鸨"音近。明清小说中还有相关用例，例如明代清溪道人《禅真逸史》第 25 回："只听得楼上唱饮欢笑，杜伏威赶入中门，一个汤保在灶下烫酒，问道：'是那个撞入来？'"清云封山人《铁花仙史》第 10 回."这鸨母正在白云留痛打水无声，只见汤保走入说道：'外面有一老道要见妈妈。'"申畅（1991）、贾海建（2013）等都肯定《禅真逸史》的作者清溪道人就是方汝浩，但关于方汝浩的籍贯却意见不一，前者认为方汝浩是河南人，曾寓居江苏[①]，后者则认为方汝浩是浙江兰溪人，可能有寓居杭州的经历[②]，从"汤保"的使用可知方汝浩当与南京有一定关系。

《姑妄言》带有方言色彩的隐语多数源自江淮方言。例如第 2 回："南京衙中妓女们的市语，白昼有人会房名曰打钉。"《俚语隐语行话词典》未收录"打钉"，但收录"打钉子"，释义为："〈隐〉江西抚州犯罪团伙指白天发生性关系。"其实这种说法早在明清之际的白话小说中就已经出现。

不同地域对同一事物或现象等必然会有不同的隐称。如"汤保"与"捞毛的"。又如"剪绺"与"扒儿手"，清宣鼎《夜雨秋灯录·小癫子》有"北之剪绺，南之扒儿手"的说法。

以上，主要从不同角度考察隐语的历史来源，隐语具有多层面特点。源自不同层面的隐语很容易产生异名同指的现象，例如银钱有"白米""家兄""梢"等说法。

---

① 申畅：《明代中州小说大家方汝浩及其代表作〈禅真逸史〉》，《河南师范大学学报（哲学社会科学版）》1991 年第 1 期，第 71—72 页。

② 贾海建：《明代小说家清溪道人考辨》，《明清小说研究》2013 年第 2 期，第 204 页。

二、隐语的形成过程

在语言的使用中，变异是无所不在的，它是语言中存在的一种"正常的动态语言现象"，是"语言使用者在使用语言过程中对常规语言的背弃和偏离"①。陈松岑(1999)、丁崇明(2000)等对语言变异的类型作了分析，其中丁崇明(2000)根据语言变异的范围，把语言变异分为个人语言变异、部分人模仿变异、群体模仿变异、言语社团变异②。隐语是一种语言变异(主要是词汇变异)现象，我们在参考前贤相关研究的基础上，对单个隐语的形成过程试着展开分析，指出"成熟"的隐语经历了"个体词汇变异——模仿变异——言语社团变异"的过程。具体如下：

第一阶段是个体词汇变异阶段。个体词汇变异是指在交际中说话双方随机改变某个常规形式的形式或内容而产生的词汇变异形式，这个形式是常规形式的变体。"遁辞以隐意，谲譬以指事也。……盖意生于权谲，而事出于机急，与夫谐辞，可相表里者也"③。说话者在交际中临时使用有别于常规的变体来表达，这是言语者有意为之的临时变异。因此，单个隐语产生之初具有临时性、突变性的特点。

第二个阶段是模仿变异阶段。词汇的变化最容易被人们感知，容易受到人们的注意，就有可能得到大家的认同。随着个体交际范围扩大，临时变异产生的词汇变体有可能得到更多人的认可，他们就会模仿与运用这一变体。随着人们之间接触的频繁，这一变体可能再次被更多的人认可与运用。这就是集体模仿变异。"个人变异影响到其他人的语言，变异才能进行下去"④。有的变体在这一阶段没有得到大家的认可，例如"点缀"本指"加以衬托或装

---

① 杜启联：《多元视域下语言变异的分类研究》，《新乡学院学报》2016年第1期，第41页。
② 丁崇明：《语言变异的部分原因及变异种类》，《北京师范大学学报(人文社会科学版)》2000年第6期，第119页。
③ [南朝梁]刘勰：《文心雕龙》，上海：上海古籍出版社，1980年，第15页。
④ 丁崇明：《语言变异的部分原因及变异种类》，《北京师范大学学报(人文社会科学版)》2000年第6期，第119页。

饰,使原有事物变得更加美好",引申为绘画的布局和着色,《姑妄言》中临时用来隐指男女行为,这是通过改变常规的内容而产生的变异,是个体词汇变异,目力所及其他文献中未见"点缀_{隐指男女行为}"这一用法。《姑妄言》中类似的还有"开荤、接风、开荒"等,都出现于叙述性语言之中。之所以出现这些情况,与作者求雅、求变的创作需要有关。

第三个阶段是言语社团变异阶段。言语社团变异是比较稳定的,它为言语社团内部的成员所接受。言语社团的一致性并不表现在语言行为的一致性上,而是表现在相同的语言态度上[1]。当某个偏离常规形式的词汇变体在某一言语社团内部得到大多数认可并能自发运用,这个带有社会特征的变体就成为一个"成熟"的隐语。

临时变异一旦逐步扩散,最后有可能成为言语社团的变异。其间认同态度是变体得以扩散的内在条件,交际的频繁则是变体得以扩散的外在条件。当变异产生的变体得到言语社团的接受后,就会存在一段时间。就单个隐语而言,它最初主要是个人的词汇变异,后来随着交际的开展,就有可能会及时被他人模仿,成为部分人的模仿变异;随着接触程度的加深,进而有可能成为社会群体中比较稳定的变异,甚至成为言语社团的变异,即"成熟"的隐语。处于三个阶段的变异形式都是隐语。常规形式在第一阶段被人为地临时突变为隐语,此后,又在第二、三阶段逐渐成为"成熟"的隐语。

三、隐语的产生机制

隐喻、转喻是人类思维的重要特征,也是隐语的产生机制。

隐喻是指"从一个认知域到另一个认知域的投射,是一种用一个具体概念来理解一个抽象概念的认知方式"[2]。人们会把原来已经熟悉的事物与陌

---

[1] 参见徐大明、蔡冰:《语言变异与变化》,上海:上海教育出版社,2006年,第142页:"拉波夫从语言行为表现出来的差异中看到了使用者在语言态度上的一致性,从而将他们视为同一个语言社区。"

[2] 张谊生:《论与汉语副词相关的虚化机制——兼论现代汉巧副词的性质、分类与范围》,《中国语文》2000年第1期,第9页。

生的事物联系起来,用已有的语言形式来表达新事物。事物间的相似性是隐喻产生的基础,《姑妄言》中"跳槽""活切头"等因方式相似,"花心""私盐包"等因形状相似,"鼎器"因功能相似,"家兄""孔方兄"等则因心理认知相似。

"黑豆跳"则比较复杂。"虎跳"本来形容像虎一样耸身向上跳跃,用来指侧手翻之类的动作。据《汉语方言大词典》卷三,吴方言有"辖虎跳""豁虎跳""打虎跳"的说法。明末王衡《郁轮袍》第六折:"我做考官茅糙,错认中又有错认,白日里捏个虎跳。"此时"虎跳"词义泛化,指科举考试中的替考行为。这是舞弊行为,不能被外人知道,具有很强的主观排他性。《说文解字·火部》:"黑,火所熏之色也。"本来是视觉上的"黑色",产生"昏暗、光线不明"义,再由自然环境状态转移到新的目标域,产生"不能公开的、隐秘的"之义,后者是基于视觉和心理感觉上的相似。"虎跳"前用"黑"修饰,感情色彩增强,更能形象地表明替考的不合理性。这样"黑虎跳"就取代"虎跳",成为科举考试中替考行为的隐语形式。明末、清代的文献中,"黑虎跳"也用于官场,指通过不正当手段获得升迁。《情邮记》《快园道古》《型世言》等有用例,例如明陆人龙《型世言》第16回:"这年萧仲升因两考满,复疏通三考又满,要赴京。考功司办了事,送文选司题与冠带。这吏员官是个钱堆,除活切头、黑虎跳、飞过海,这些都是个白丁。"此时"黑虎跳"由科举考试域转到官场域,从原域中的"替考"到目标域中"顶补",两者的相似之处在于"替代"。《姑妄言》中改"黑虎跳"为"黑豆跳",增强了这一隐语的隐蔽性。

转喻是在同一认知域中用一个突显的事物来代替另一事物①,邻近性是转喻的基础。《姑妄言》中代码式、隐缺式隐语与转喻有关。例如人们改变"七大八小"为"七大八",表达"小","七大八"是新隐语。此外,"兔子""剪绺"等新义的产生也与转喻有关。又如"绺"即绺子,丝缕编成的线。古人的钱袋或者贵重的佩饰是用线系结的,小偷行窃时需要割断或剪断绺子,或者直接割断衣袋才能取走钱袋或佩饰。因此,"剪绺"即剪断或割断钱袋取走财物。

---

① 　赵艳芳:《认知语言学概论》,上海:上海教育出版社,2000年,第116页。

例如《姑妄言》第 10 回:"我几百钱的酒肴,问你句话儿,你就千难万难的,你不是做偷摸便是剪绺弄来的,不要带累了我。""剪绺"又指剪绺的人。例如清代宣鼎《夜雨秋灯录·小癞子》有"北之剪绺,南之扒儿手"的说法。"剪绺"词义的变化,由动作行为到实施这一动作行为的人,是基于邻近性原则产生的。

四、隐语的形成原因

隐语的形成既与社会因素有关,也与语言交际的需要、文化心理需要等有关,其中社会因素是最为重要的。

(一) 社会的影响

作为一种语言变异现象,隐语产生、使用于特定的社会环境。明清时期地方官为了获得京官的庇护,离京时要给京官送"别敬","别敬"这一官场隐语源自明末,行于清代①。《汉语大词典》卷二第 630 页:"旧时贿赂的讳称。"《清宣宗实录·道光十三年七月甲申条》:"及门生外升道府州县,于师生同年处所,必须留赠银两,名曰别敬。"徐珂《清稗类钞·廉俭类》:"同邑吴臬司俊由粤东入觐,将出都,以例馈同乡官,俗所谓别敬者是也。"又如"活切头""飞过海"是两种舞弊行为的隐称,前者是科举时代的产物,后者与明清地方官选任制度有关。

(二) 语言交际的需要

隐语在特定的语言环境中具有交际功能②。隐语是交际中产生的,在某一特定场合中说话者会有意地采用某个形式来传达信息,因此隐语能够反映说话者的某种主观需要。主要表现为:

一是保密。为了自身的利益,故意采用违反常规方式的变体来表达,这是不希望他人获知,此类隐语往往隐秘性最强。《姑妄言》中与赌博、偷窃、贿赂等有关的隐语大多如此。清代赌博成风,清朝政府多次禁赌,清人萧奭在

---

① 杨帅:《从"别敬"看晚清"官场规则"及对国家影响》,《北方文学》2017 年第 17 期,第 109 页。
② 郝志伦:《汉语隐语论纲》,成都:巴蜀书社,2001 年,第 5 页。

其笔记《永宪录》卷二中有详细的记载,例如:"严赌博之禁,以绝盗源。凡犯赌博者,旗人鞭一百,民人责四十板,各枷号两月。其造牌骰之人,亦照赌博治罪。"潘洪钢认为"清代是中国历史上赌博最为繁盛的时代,也是禁赌法律规定最为严厉的一个时代"[①],这一阶段参与赌博的人群包括了社会各阶层。在禁赌的情况下,出现了"梢、翻梢、现梢"等表示赌资的说法,是为了保密的需要。

二是讽刺、谐谑的需要。为了表达的需要,使语言更加生动形象,人们往往会使用非常规形式来曲折表意。如《姑妄言》第5回中宦萼想结交朋友,邬合推荐童自大,说童家"金银满库,米豆千仓",宦萼嫌弃童自大没有"官势",邬合解释:"他去年拿了好些银子,纳了一个甚么团于蓝的头一名监生,他自己说大得很呢,不过四五十年就要选州左堂,比本县大爷还大一级。他还嫌官小,要到黄河里去效用。据晚生揣度,他这一到河里,大约鳖都司的前程,他自然有的。"《姑妄言》中邬合以帮闲为生,他有"能识人意的聪明,凑趣奉承的话语"(《姑妄言》第5回)。邬合知道宦萼是个痴顽公子,向来"惟知骄矜使气",瞧不上童自大,因此他故意用"团于蓝",一来迎合宦萼的心理,达到奉承宦萼的目的。二是邬合虽是篾片,但也是"衣冠中人",知道国子监的相关情况,他心里是瞧不起商人的("士农工商",古人历来贱商轻商,清邹容《革命军》:"外国之富商大贾皆为议员执政权,而中国则贬之曰末务,卑之曰市井,贱之曰市侩,不得与士大夫为伍。"),何况还是目不识丁的商人,因此用"团于蓝"讽刺童自大。可见,个体词汇变异时,采用什么样的方式对常规形式加以改造往往会跟个人的语言习惯、当时的言语双方及场合等有一定的关系。

此外,语言具有经济性原则,"辞达而已矣"是基本要求,但有时为了表达的需要,人们曲折表意,客观上增强了语言的趣味。如《姑妄言》第13回:"此时毛氏也四十多岁,骚淫难胜当日,无奈面孔减了许多丰韵,就把他打在赘字号听提去了。""赘字号"即"赘",指无用、多余之义。"打在赘字号听提"指弃

---

①　潘洪钢:《清代的赌博与禁赌》,《江汉论坛》2008年第9期,第61页。

在一边,需要时才提用。这一用法早见于《金瓶梅》,后也见于清代的其他文献。如清褚人获《隋唐演义》第 31 回:"陛下晓得我是初学,好歹放几个屁在上,量陛下不把奴打到赘字号里去。""赘字号"还在现代作品中沿用,如张爱玲《连环套》:"赶明儿你有了太太,把我打到赘字号里去了,也不知是留下我还是不留下我。"

(三) 文化心理因素

文化心理对隐语的产生有着重要影响。人们对死亡、疾病等有所顾忌,往往会采用比较含蓄的方式来表达。生殖、排泄等内容更是让人难以启齿,当不得不表达时人们会选用其他形式来代替。例如《姑妄言》第 13 回:"忽念子孙桩,动淫心往就尝。""子孙桩"隐语男根。又如第 2 回,"那一品老淡菜常常到口,概不取利。""淡菜"本指生活在浅海岩石上的贻贝,因形似女阴,文献中常以此隐指女阴。如元伊世珍《琅嬛记》卷中:"蚨青类人首,眉目宛然,玄罗类人足,戚车类男阴,文蛤类女阴。文蛤即淡菜,亦名东海夫人。"《姑妄言》中"淡菜"都与此相关。作为汉语历史词汇学研究成果之一,《汉语大词典》似乎应该补上"隐指女阴"这一用法。郝志伦(1994)认为此类隐语的产生与"人类对性生殖的崇拜禁忌"有关,他认为"由禁忌而产生避讳,由避讳而形成隐语也是语言交际的必然趋势"①。

《姑妄言》中与生殖、男风相关的隐语增多,如"大花子""兔子"等,出现此类隐语有其特定的原因。明末清初随着资本主义的萌芽、城市经济的发展,市民文化得到进一步的繁荣,在工商业不断发展之中,消费群体悄然发生变化,俗文学得到新的发展。这一时期行院兴盛,政府曾一度取缔官妓,但私娼仍盛,同时男风之癖兴起。文人深受宋明理学"存天理、灭人欲"的影响,他们是保守的,一些禁忌思想根深蒂固,但他们开始追求思想"解禁",在这样的背景下,"求隐"是他们寻求解决的途径之一。因此,清初小说《姑妄言》中采用

---

① 郝志伦:《论生殖隐语与原始禁忌》,《贵州师范大学学报(社会科学版)》1994 年第 3 期,第 79 页。

特殊的方式,即故意地采用"非常态"的方式来表达隐含的意义。

此外,隐语也与作者创作需要有关。清初开始倡导"经世致用",文人创作小说多注重写实,具有浓厚的生活气息,口语色彩强,通俗性强。隐语具有"通俗性、娱乐性、戏谑性"的特点。在通俗文学繁荣的清代白话小说中,隐语"如鱼得水"。《姑妄言》完成于清初,书中人物大多为市井小民、闲汉赌棍之流,作者惯以讽刺的笔法来描写此类人物,为了更加形象地塑造人物形象,他往往用一些貌似隐语,实则饱含嘲讽的语言,这不仅使得小说白话色彩增强,客观上也使得该书语言生动,满足了读者求新求异的需要。例如上文提到的"团于蓝",曹去晶想借邬合之口表达出对童自大这个人物持批判的态度。这与他在《姑妄言》"总评"言及的"宦萼之恶,贾文物之假,童自大之臭"可为互证。

作为一种词汇变异现象,隐语的历史来源具有多层面性特点;单个隐语经历了"个体词汇变异——模仿变异——言语社团变异"的过程,成为"成熟"的隐语;个体词汇变异时,选用什么样的方式对常规形式加以改造往往会跟个人的语言习惯、当时的言语双方及场合等有一定的关系;隐语的形成是多种因素综合的结果,大多数隐语都带有社会的"印记"。隐语是一种与社会因素有关的词汇变异现象。

第六节　隐语的传播途径、演变类型与原因

作为汉语词汇的组成部分,隐语的发展遵循着汉语词汇发展的基本规律,同时也有着自身独特之处。在个案溯源析流的基础上,观察隐语发展演变的类型、原因等,揭示隐语演变的规律,从而对隐语的发展演变有个初步认识。

一、隐语发展的重要途径——白话小说在隐语传播中的作用

隐语是一种社会方言的变体,随着人们的互相接触与交流,当交流达到

一定的深度之后,隐语便出现扩散现象,即进入另一个或几个言语社团,出现隐语"外溢"的现象。当隐语被某个或某几个言语社团的人获知,它的隐秘性就有可能呈现出弱化的态势;当隐语被越来越多的人接纳并使用后,它的隐秘性就有可能会消失,也就有了向方言(甚至共同语)变化的可能。一旦失去隐秘性就不再是隐语,但处于由不为人知到渐为人知、由封闭性向半封闭性之中的仍为隐语。因此,言语社团之间的不断接触,使得隐语不断"外溢","接触→接受→遵守"是隐语传播过程中的一般形式。

活跃于诸行百业人民之口的隐语,具有俚俗性,比较容易进入白话小说。这些隐语满足了作者、读者的双向需要。一方面,满足作者追求言语真实的需要。小说、戏曲等白话文献中人物形形色色,几乎遍及各个言语社团,为了更好地塑造这些人物形象,作者在创作中往往会使用"原生态"的语言。这样,活跃于诸行百业人民之口的隐语,自然而然就会进入作家的视野,出现于他们的笔端。另一方面,满足读者的阅读需求。作者创作小说的目的在于教化,要达到目的就要增加作品的吸引力,吸引更多的受众。作者采用非常规的形式来表达,如"马扁、八刀、四马"等,满足了读者"求新求异"的需求;同时,运用比喻等修辞手法构成的隐语比较形象,也能满足读者的娱乐需求。

《姑妄言》有文言、白话两种语言:文言语言或引自他人,或作者自创,所占篇幅很少;白话语言是作者原创,大多口语化程度高。《姑妄言》的隐语几乎都出现在白话中。作者故意使用隐语,客观上给阅读设置一定的障碍,但这个障碍是可以"克服"的。《姑妄言》中作者处理隐语的方式:一是仅使用隐语,这些隐语的隐秘性开始减弱。大部分读者常常可以通过联想等方式能够顺利"解密",基于此,隐语的所指一般是有迹可循的。二是使用隐语但加注解。部分隐语隐秘性较强,作者认为读者"解密"有难度,就会在上下文中加以解释。某种程度上说,作者对某个隐语的态度往往可以反映出当时该语的隐秘程度。

明清时期手工业、商业的兴起与发展,使得城市经济开始渐趋繁荣,在这样的背景下,白话文学作品无论是数量上还是质量上,都蔚为大观。明清时期是古白话的成熟期,这一时期白话已在民间市井得到广泛运用①。白话作品语言通俗,受众广,进入白话的隐语会随着作品的流传而渐为人知,其中必然会有一些进入人们的日常生活。古白话的发展为隐语的繁盛提供了一个比较宽松的环境,它使得隐语传播更广,为隐语进入方言或共同语提供方便。

由此可见,白话作品在促进隐语传播中起到积极作用,作品中的隐语随着作品的传播而渐为人知。一般来说,进入白话小说的隐语的隐秘性大多开始弱化。

二、隐语的演变类型

隐语是一种社会方言的变体,"隐秘性"是其最主要的特征(郝志伦,2001)。为了更加全面地把握隐语演变的情况,我们采用个案分析的方式,对《姑妄言》中的隐语在清代之前、清代、现代汉语三个阶段中的变化情况作了深入考察。在考察中参考了如下资料:一是隐语汇释类著作,如《汉语历代隐语汇释》《宋元明市语汇释》等;二是各类词典,《白话小说语言词典》《现代汉语词典》等近现代汉语词典、《汉语方言大词典》《中华隐语大全》等方言词典、隐语词典;三是借助 BCC、CCL 等语料库查找相关例句。

(一) 消失

第一,词汇形式、隐语义均消失,即有的隐语虽然在一定时期内得到沿用,但最终完全消失。

明清文献中有"巢窝"和"窝巢"两种形式,在表示"盗贼等藏身或聚集的地方"这个意思上,"窝巢"出现的频次远高于"巢窝",但"巢窝"可以隐指妓院,且在明清白话小说中多次出现,如明代文献《金瓶梅》(2 例)、《东度记》(1例)、《金屋梦》(成书于明末清初,24 例)、《后水浒传》(1 例)、《姑妄言》(成书于清初,1 例)等。例如《金屋梦》第 42 回:"撞巢窝、寻婊子、钻狗洞、结帮闲,拜交的狐朋狗友。"随着妓院的消失,"巢窝"的隐语义消失。于是"巢窝""窝

① 　徐时仪:《汉语白话史(第二版)》,北京:北京大学出版社,2015 年,第 249—280 页。

巢"词义、用法相同,而语言中一旦产生同义的单位,"很快就会出现语义、语体或风格上的分化。或者其中一种表现形式就会被认为是冗余形式而被废弃"①。现代汉语中"窝巢"成为常规形式,例如蒋光慈《我应当归去》:"诅咒那凶狠的刽子手,我的祖国不是他们的窝巢。""巢窝"则被淘汰。

第二,词汇形式不变,隐语义泛化,即词汇形式不变,隐语义的隐秘性消失,不再是隐语。

例如"跳槽",崔山佳(2008)②、杨琳(2016)③等都曾考察该词的用法,在前人研究的基础上,此处我们主要对"跳槽"的历时变化作简要梳理。"跳槽"本来指牲口离开原来的食槽到其他的食槽吃食,这与嫖客换妓女存在相似之处,"跳槽"产生了嫖客离开熟悉的妓女去找新相好的意思。《姑妄言》中"跳槽"显非此义。第20回:"你还想回去? 只恐怕你到了他家,又想要跳槽。"书中权氏嫌弃丈夫平儒,闹着要休夫改嫁,被宦萼带到家中磨性子。几年后,权氏想回平儒家,宦萼担心她还想要改嫁,即"跳槽"。又如清初墨憨斋主人《十二笑》第2回:"他怎肯舍着黄金抱绿砖,干讨个跳槽吃醋?"文中巫晨新的妻子邢氏想改嫁给墨震金,巫晨新认为墨震金与妻子空氏感情好,不可能"舍着黄金抱绿砖"(舍优取劣)而选择邢氏。"跳槽"的本义与引申义之间,动作主体、客体、目的都发生了变化,但方式上存在相似。这样"跳槽"词义的变化:牲口到另一个槽头吃食→隐语,嫖客另寻相好的,或女子另嫁丈夫。相似性是新比喻义产生的基础。今天,"跳槽"的意义又再次发生变化,指另换工作。《人民日报》1993年1月:"'跳槽',这个昔日形容不安心工作的贬义词,如今成了时髦的高频率用语。"例子表明"跳槽"产生"换工作"义之初还是带有贬义色彩的,这与上述引申义有关。现今"跳槽"已经成为高频词,比喻人离开原来的职业或单位到别的单位或改变职业(《现代汉语词典(第7版)》第1301

---

① 徐大明、陶红印、谢天蔚:《当代社会语言学》,北京:中国社会科学出版社,1997年,第116页。

② 崔山佳:《再说"跳槽"》,《汉字文化》2008年第5期,第85—88页。

③ 杨琳:《"跳槽"考源》,《中国语言文字研究》2016年第2期,第39—43页。

页），是个中性词。

"跳槽"语义演变轨迹：

"跳槽"本指牲口另换食槽，是常规形式。当"跳槽"所指具备一定的隐秘性后就成为隐语，用作隐语的"跳槽"先是在行院内部使用，后来渐传渐广，成为市语，此时仍具有一定的隐秘性。当"跳槽"失去隐秘性后就不再是隐语，成为汉语词汇中常规形式，可见，隐语和方言（共同语）之间存在双向动态发展的情况。

此外，还有一种情况就是原有形式成为构成成分，原有隐语义泛化后成为语素义。例如"八刀"，明罗贯中、冯梦龙《平妖传》第 17 回："我且抬到庙中，与道士共同商议，大家八刀。""八刀"的对象往往是钱财，又如《姑妄言》第15 回："充好古写了文书，得了银子，同媒人八刀了。"据《汉语方言大词典》卷一，浙江、安徽芜湖、辽宁锦州等地还有"八刀"这个词，"分"的对象包括财物，例如清平步青《霞外攟屑·释谚》："《越谚》以分为八刀。"民国《芜湖县志》："分财谓之八刀。"方言中还有用"打八刀"表示离婚的说法，例如周立波《暴风骤雨》第二部："刘桂兰相中了郭全海，捎信给区长，跟小老杜家那尿炕掌柜的打八刀了。"

可见，就单个隐语而言，它最初源自日常用语，是人们人为地改变常规形成的。语言总处在不断变化之中，词汇是语言中变化最快的，作为汉语词汇的一般词汇，隐语有可能会随着频繁接触而逐渐被扩散，被某个言语社团之外的人获知，且渐传渐广，一旦失去隐秘性，其形式就有可能成为常规形式。从这个方面来看，隐语系统与方言（或通语）之间存在双向动态发展的可能，也就是说人们利用常规有意变异，这种变异为汉语词汇注入新的活力。

（二）沿用

主要指沿用原来的词汇形式，隐语义不变或发生变化，但仍具有隐秘性的特点。

第一,词汇形式、隐语义都没有发生变化,但使用范围变窄,仅用于某个或某些方言中。例如"翻梢",赌博圈内把赌资称为"梢"或"稍"。早在《水浒传》《石点头》《二刻拍案惊奇》《喻世明言》等明代白话文献中就有该用法,如明天然痴叟《石点头·乞丐妇重配鸳侣》:"尊哥自恃稍粗胆壮,与公佐对博,千钱一注。"《姑妄言》中"翻梢"指称赢回已经输掉的钱财。又如清刘省三《跻春台》卷四:"时运不济输滥了,无有银钱去翻梢。"沙汀《替身》:"烂狗赞同道:'借点钱翻梢好吧?'"自注:"翻梢,意即把输去的钱再赢回来。"据《汉语方言大词典》卷五,今天西南官话、吴语等中仍有"翻梢"。今天"梢/稍"隐指赌资的用法在一些方言中还有使用。《汉语方言大词典》卷三还有"亮梢儿",表示"出示赌本""出示全部所有"。"翻梢"产生比喻义,即挽回不利的局面,翻身。如清文康《儿女英雄传》第 30 回:"你只看公公,正在精神强健的时候,忽然的急流勇退,安知不是一心指望你来翻稍?"

又如"马泊六",《姑妄言》第 5 回:"这些妇人女子坏事,多由于丫鬟仆妇,这种人可知甚么羞耻节义,只图得主母的欢心,做牵头,做马泊六。"亦作"马伯六",如清褚人获《坚瓠广集》卷六:"俗呼撮合者曰马伯六,不解其义。"从词义来看,"马伯六"与牵头有区别。牵头是男女关系的牵线者,"马伯六"则是撮合男女不正当关系的人。关于"马伯六"的由来,目今主要有两种观点:①《金瓶梅大辞典》认为"马"即女阴,"伯"即泊,停留;"六"即鸟。② 傅憎享认为:马泊六,马伯乐之讹变。伯乐本不姓马,然善选马,冠以马姓,含双关之义。马:隐指女人[①]。其实,"伯乐"是常规形式,指发现或推荐人才的人。有选择地撮合男女关系,与伯乐相马、选马类似,而近代汉语中又有用"马"来隐指女人的用法,基于相似的原则,这样"马伯乐"就产生新义,但人们没有使用常规形式,而是采用非常规形式"马泊六"来表示这个新义,因此,"马泊六"当是借用"马伯乐"之形而形成的隐语。如明冯梦龙《醒世恒言·陆五汉硬留

---

① 傅憎享:《金瓶梅隐语揭秘》,天津:百花文艺出版社,1993 年,第 105 页。

合色鞋》："那婆子以卖花粉为名，专一做媒作保，做马泊六，正是他的专门，故此家中甚是活动。"此外，"马泊六"还有"马百六""马八六（儿）"等形式，它们基于"马伯乐"的形式，用音同或音近的语素替换而成。今天，四川成都等地还有"马泊六"的说法。

第二，词汇形式不变，隐语义发生变化。

例如"活切头"，科举考试中的一种舞弊行为，考生买通外帘官（收卷、弥封等），采用"移花接木"的方式，在考试结束后将甲卷之面移作乙卷。后来官场中官吏考选时也采用这种"移花接木"的舞弊行为。据 BCC 语料库，《型世言》2 例、《花当阁丛谈》1 例都与科举考试有关，《醉醒石》1 例、《二刻醒世恒言》1 例、《姑妄言》1 例，则与官吏考选有关。如清初东鲁古狂生《醉醒石》第 9 回："如在前程，则有活切头、飞过海、假印、援纳、加纳、买缺、挖选、坐缺、养缺各项等弊。"该书的成书年代虽暂未见确证，但"清初说"是目前学界较为认可的观点，李淑兰、付金高（2008）认为该书作者笔下的江浙方言特点是"不可掩盖的"①。又如清心远主人《二刻醒世恒言》第 8 回："要做黑虎跳，须得五百两银子，就选得主簿，乃是现缺；如要做活切头，须要上千哩，我都有脚力可做。"据该例，"黑虎跳""活切头"都是指官吏考选中的舞弊行为，但操作方式是不同的。后来"活切头"专指丈夫还在就改嫁。民国时期苏州人程瞻庐的《唐祝文周四杰传》中有 6 例都是这个意思，如："你横竖是个养媳，又没有姘亲，只须给些银钱和那乡下男子，和他活切头。"文宾道："你打什么切口？我不明白。"金菊道："活切头便是叫你和他活离。""切口"即隐语。据《汉语方言大词典》卷三，吴语中有这个用法。周作人在《苦茶》中记载："幸而羊肉店倌是独身的，没有父母兄弟，而且夫妻感情很好，但是'活切头'的境遇到底不是很好受的。民间称妇人再醮者为'二婚头'，其有夫尚存在者则为'活切头'……"

"活切头"的语义变化轨迹：

---

① 李淑兰、付金高：《〈醉醒石〉研究综述》，《宁夏大学学报》2008 年第 6 期，第 74 页。

"活切头"是指甲乙都在的情况下，甲的被"移花接木"到乙。上述三个隐语义有相似性的认知基础，源域映射到目标域，可以根据源域去理解目标域。

以上，借助相关文献，采用个案分析的方法考察了《姑妄言》隐语在清代之前、清代、现代汉语三个阶段中的变化情况，发现隐语演变的类型主要有消失、保留两种情况：

或在现代汉语词汇中消失。主要有两种情况：或词形、词义都消失，成为历史词，这类情况较多；或词形不变，但因失去隐秘性，成为方言词，有的最终进入共同语。可见，隐语和方言（共同语）之间存在双向动态发展的情况。

或在现代汉语词汇中继续沿用。主要有两种情况：或词形、隐语义原样保留，这种情况极其少见；或部分保留，即词形不变，但隐语所指发生变化。主要指隐语的语言特征或社会特征的变化。

此外，隐语内部成员的发展演变具有不平衡性。虽然大多数隐语在一定时间内是经常使用的较为稳定的语言形式，但相对而言隐蔽性强的隐语多数情况下发展变化较慢，这是因为这类隐语具有很强的隐蔽性，不容易被外人获知。

三、隐语演变的原因

社会因素是隐语演变的主要原因。社会的发展变化、人们对事物认识的变化、语言接触等对隐语的演变产生重要影响。

隐语会随着某个行业、某种社会现象或某类客观事物的变化而变化。如"活切头"隐指科场、官场中出现的"移花接木"的舞弊行为。这种舞弊行为一旦被发现，必遭严惩，如"拿问被枷三个月，发配极边烟瘴地方充军"[①]。因此这个隐语具有很强的隐蔽性。"活切头"产生于科场，用于官场，科场、官场密切相

---

① 张连银：《明代科场舞弊处罚及其启示》，《佳木斯教育学院学报》2003年第3期，第51页。

关。随着社会的发展，"活切头"隐语义随之消失。后因丈夫还在就另嫁，与"移花接木"相似，"活切头"产生新的隐语义，此时该隐语成为市井隐语，隐秘程度降低。

又如"飞过海"是融合式隐语，最初用于官场。明清时期地方官任满考绩后，再次任职需要按次等候，但通过行贿有的可以提前获任，这一行为被称为"飞过海"，这是舞弊行为。前文《醉醒石》例句中列举的与"前程"有关的名目就有"飞过海"一项。《姑妄言》第18回："富新无颜在家，拿了数百金到北京，做了个黑豆跳，又名飞过海，又叫活切头，冒名顶替，叫做傅谊，得了陕西西安府富平县典史。""飞过海"的这个隐语义随着清代结束而消失。民国时期"飞过海"产生新的隐语义，即指商人进货和收入不入账，通过做假账贪污或偷税漏税等。吴汉痴《切口大词典·杂业类·商人共众》："飞过海：在帐外作弊也。"此时"飞过海"还是隐语，但用于商业中。今天"飞过海"比喻不按正常程序，直接办妥事情。《光明日报》1982年8月27日："烟厂领导为把他拉入党内，在入党时，所在支部通不过，他们就用'飞过海'的办法，拿到办公室支部讨论。"《汉语大词典》卷十二第698页收录该词，列有上述3条义项，这三者都表示采用某种手段顺利地达到目的。

"飞过海"语义演变轨迹：

又如"孤老"，本来指孤苦伶仃之人，宋代"孤老"用来戏称戏曲中的官员[①]，后来近代汉语中多用它来称呼非正式夫妻关系中的男方，如妓女称呼固定嫖客。《姑妄言》中"孤老"有些不同，例如第6回："虽有几个孤老，总没有先生当日这一番相爱。"第7回："（他）也另相与了个孤老，叫做充好古。"这两例中"孤老"被娈童或男妓用来称呼所私男子。

---

① 王锳：《宋元明市语汇释（修订增补本）》，北京：中华书局，2008年，第41页。

　　关于"孤老"，《汉语大词典》卷四第 215 页有"② 旧指女子所私之人，如嫖客、姘夫或做外宅所事的男子等""③ 商贩称主顾"，义项③下仅仅引用《水浒传》第 21 回的例子："众人道：'你的孤老是谁？'唐牛儿道：'便是县里宋押司。'"陆澹安（1981），许政扬（1984），王学奇、王静竹（2002），王锳（2008）等也有讨论。汪维辉（2013）采用许政扬先生的观点，认为"'官'为'孤（姑）'的遗迹"，"凡妓女、帮闲人等都喜用江湖上切语，所以他们常叫他们的靠山为'孤老'"①，《姑妄言》《水浒传》中的两例与这个说法相符。

　　"孤老"的形成与发展与称谓词"官人"的发展有一定的关系。

　　在宋代隐语专辑中"孤老"与"官人"互训，例如宋陈元靓《绮谈市语》："官人，孤老。"《圆社锦语》："孤老，官人。"可见，"官人"是当时的常规形式。"孤老"是通过派生法构成的隐语，是人们为了戏谑的目的而采用非常规形式，指戏曲中扮演的官员，这是戏曲行业中的隐语。明朱权《太和正音谱》："孤，当场妆官者。"②"老"是隐语中特有的后缀。"孤老""官人"互训，一直沿用至明代。

　　宋元明时期，"官人"的词义发生泛化。它原本指有官位的人，唐韩愈《试大理评事王君墓志铭》："必嫁官人，不以与凡子。"后来"官人"的词义发生泛化现象，用来表示对一般男子的敬称，成为一般社会称谓词。妻子也可以称呼丈夫为"官人"。清人赵翼在《陔余丛考》卷三七"官人"条下有记载，唐以前必有官者方称官人，至宋则已为时俗通称。"明制：郡王府自镇国将国而下称呼止曰官人。然官人之称已遍于士庶，固不仅王府支属矣"，"奴仆称主及尊长呼卑幼皆曰某官人"③，可见明清时期"官人"用作称谓词不再带有尊敬色彩。受"官人"称谓词泛化的影响，人们用"孤老"称呼顾客是有可能的。

　　"孤老"本指女子所私之人，明末清初又指男子所私之人。这与清初男风盛行有关，也与戏曲的发展有一定的关系。随着戏曲的发展，为了演出的需

---

① 汪维辉：《近代汉语中的"～老"系列词》，《古汉语研究》2013 年第 3 期，第 47 页。

② 中国戏曲研究院：《中国古典戏曲论著集成》，北京：中国戏剧出版社，1959 年，第 53 页。

③ ［清］赵翼：《陔余丛考》，北京：中华书局，2006 年，第 241 页。

要,出现男扮女装的情况,清代戏剧表演中旦角基本由青年男子充当,这就为男风盛行创造条件。明末清初出现男人养小官现象,于是"孤老"所指范围扩大,指男人、女人的所私之人。后来男风消失,"孤老"的外延缩小,指女子所私之人。例如赵树理《李家庄的变迁》第16章:"从前东家丢了东西了,西家捉住孤老了,如今啦?"据《汉语方言大词典》卷三,湖北浠水,江苏盐城、丹阳,上海崇明等方言中还有此用法。

"孤老"语义演变轨迹:

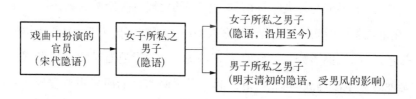

人们对事物认识的变化也会对隐语产生影响,如"鼎器""崩鼎""炉子/炉"等的最终消失与修道者炼丹养生观念的变化有关。又如"走邪路"隐指男女不正当的关系,《姑妄言》第14回:"卜通无所事事,靠着老婆吃饭,耳中也风闻得水氏有些走邪路,又不敢查问他的来去。"该用法今天还有使用,如冯德英《迎春花》:"全村多少军属,大家都过得下去,就你们这些娘养的不跟好人学,走邪路!"但用得更多的是泛指搞不正之风。

汉字的繁简变化也会对隐语的演变产生一定的影响,此处主要指代码类隐语。例如"虎扑儿_孤、百姓眼_眠、川中犬_独",最早出现在元代文献中,原本是文人有意而为的文字游戏。元戴善夫《陶学士醉写风光好》第一折:"驿吏取笔砚来,我待学春秋隐语。因而感怀,成十二字,书于此处,料无有解者。(做写科)(念云)川中狗,百姓眼,虎扑儿,公厨饭。"《姑妄言》第2回:"到了此处,屠四夜间又去帮叔叔,竟川中犬百姓眼起来,多年未惯,甚是难过。"第5回:"在家中同那些妇人终日混惯了,如今竟虎扑儿百姓眼起来,那里还过得。"其中"川中犬、百姓眼、虎扑儿"令人费解。其实"川中"即"蜀","犬"即"犭","川中犬"为"独(獨)"字。"百姓眼"即民之目,为"眠"字;"虎扑儿"即虎爪子,为

"孤"字。"虎扑"取其同义的单音节词"爪"。"瓜",《汉语大字典》第 2840 页中有字形"**爪**_{魏上尊号奏}"。"爪""爪"等是"瓜"隶变后的常用字体。从字形演变来看,"瓜"与"爪"字形相似,极易混用。"百姓眼_眠""虎扑儿_孤"的形成不仅利用汉字字形的可拆分性,也利用字义。"百姓"取其同义的单音节词"民"。"眼""儿"则是换用为"目""子"。清周清原《西湖二集》、清梁章钜《浪迹丛谈》等笔记中对这几个隐语有相关记载。后来随着汉字的简化,这些利用汉字特点构成的隐语逐渐消失。

《姑妄言》是近代汉语隐语研究的重要语料,该书的隐语能比较全面地反映当时隐语的状态。

隐语是词汇系统的组成部分,它的构成材料、规则都源自汉语,在形式、结构、内容等方面必然与其他汉语词汇存在相通之处,但又有自身的语言特征。它以双音节为主,三音节次之;内部结构类型较为齐全,附加式较少,复合式以偏正式为主,代码式、隐缺式隐语是隐语范畴中的单纯词。名词占绝对优势。语义不够明晰是隐语最主要的特点,单个隐语的语义明晰程度与其偏离常规的"距离"的远近有关。

隐语的使用与说话人的社会身份、性别、年龄有关,还与使用的场合等有关。《姑妄言》隐语的使用者的社会阶层不高;男性使用隐语的数量、涉及面要远远大于女性,年轻人、中年人使用隐语的优势比较明显,这些都与他们社会化程度有关;几乎都使用于私密的场合,这与隐语的隐秘性要求一致。与其他一般词汇相比,隐语具有显著的社会特征,它是使用者社会身份和社会关系的标记。

作为一种语言变异(主要词汇变异)现象,隐语的形成、发展必然遵循着汉语词汇发展的基本规律,也会有自身独特之处。

隐语的来源比较复杂,具有多层面性。隐语的造词方式包括常规造词类(派生法、复合法)、改变形式类(代码式、隐缺式、融合式)、改变语义类。其中代码式隐语是对汉字进行"拆""合""改"等而成;隐缺式隐语是隐去常规形式的某个部分而成；融合式隐语是由短语或语法结构融合而成。其中前两种隐语是新形新义，是隐语中的单纯词。改变语义类，指采用常规词汇形式，但所指发生变化，即产生新的隐语义。新的隐语义主要是通过比喻、比拟等方式形成的。隐语主要由人们人为地改变常规而形成，具有临时突变性的特点。单个"成熟"的隐语的形成经历了"个体词汇变异——模仿变异——言语社团变异"的过程，短期的临时变异逐步扩散，成为较长时间内或者经常使用的稳定的语言形式。群体的认同态度是变体得以扩散的内在条件，交际的频繁则是外在条件。社会因素是隐语产生最主要的因素，作者创作的主观需要是文献中隐语出现的主要因素之一。

隐语演变的语言事实主要有消失、保留两种情况。有的隐语词形不变，但因失去隐秘性，成为方言词，有的最终进入共同语。就单个隐语而言，它源自常规形式，可能会随着频繁接触而逐渐扩散，被社会群体之外的人获知，且渐传渐广，一旦失去隐秘性可能成为普通词语。就整个隐语系统而言，隐语与方言（或通语）具有互动性。隐语继续在汉语词汇中沿用。主要有两种情况：或词形、隐语义原样保留，这种情况极其少见；或部分保留，即词形不变，但隐语所指发生变化。社会因素是隐语发展演变的主要原因之一。

白话小说对隐语演变为常规形式起到促进作用。具有隐秘性特点的隐语满足了作家曲折表意、读者求新求异的双向需求，易进入白话小说。白话小说语言通俗，受众广。隐语会随着小说的流传而渐为人知，当其失去主观隐秘性，极有可能成为新的常规形式。

第五章　《姑妄言》詈词研究

詈词自古有之,是人们在詈骂时使用的一种词语。明清时期是詈词发展的重要时期,这一时期詈词已经达到泛滥的程度,詈词的使用频率与粗鄙程度都是空前的①。《姑妄言》有丰富的詈词、骂詈现象。本章以《姑妄言》为一个封闭的语言系统,穷尽性收集整理该书的詈词,在此基础上,从形式、结构、类型、功能等方面考察詈词的语言特征,从使用者的身份、性别,以及使用的场合等方面考察詈词的社会特征,力求在共时层面上展现詈词的面貌与特点;然后通过比较,从历时层面上探讨詈词的发展问题。

第一节　汉语詈词研究现状

一、汉语詈词研究概述

（一）汉语詈词研究方面

自明清开始就有一些詈词的考释资料,如清赵翼《陔余丛考》中收录"王八""杂种""畜生"等,但因詈词内容粗俗,有关研究起步比较晚。

20 世纪 90 年代,较早关注汉语詈词的是傅憎享(1990)、王希杰(1990)、孙维张(1991)等。此后,关注詈词的学者渐多,一些社会语言学著作,如陈原(1983)、郭熙(2013)等通论性著作中部分章节介绍了汉语詈词的情况。以汉语詈词为研究对象的论文中,陈伟武(1992)分析了骂詈行为的产生机制,认

---

① 刘福根:《汉语詈词研究——汉语骂詈小史》,杭州:浙江人民出版社,2008 年,第 112 页。

为愤怒、憎恨、恐惧、戏谑是詈词产生的主要机制①;张廷兴(1994)认为詈词的表现形式有谩骂、背骂、骂架、口头语四种②;刘福根(1997)则分詈词为"与相貌、生理缺陷有关的""斥人低能的""斥人品德恶劣、行为无耻的""与年龄、性别有关的"等11类③;张爱民(1993)、乔全生(1996)等关注方言中的詈词,前者分析了徐州方言中詈词"丈人"的词义词性变化和语法特点④,后者则对山西方言中"货、鬼、贼"等詈词的后缀作了详细分析⑤;尹群(1996)、李朵(1999)等剖析了部分詈词的文化现象。此外,黄德烈(1994)对《红楼梦》中詈词运用的作用作了探讨。文孟君《骂詈语》(1998)是专门性著作,主要分析了骂詈语类型、功能等⑥。这一时期人们主要讨论了詈词的界定、分类、结构、产生机制,以及詈词中的文化现象等。

　　新世纪以来,詈词的研究成果逐渐丰富、涉及面渐广。关于詈词、詈语的界定问题,曹炜(2010)对詈词作了界定,将詈词研究从"詈语"中独立出来,指出詈词是"人们在詈骂他人时所使用的一种词语,是构成骂詈话语最常见、最重要的单位"⑦。胡剑波(2009)则认为"詈语"在涵盖范围、感情色彩上更胜于"詈词"⑧。关于詈词的语言特征方面,江结宝(2000)、赵子阳(2007)等比较全面地探讨了詈词的分类问题;曹炜(2010)从语音、语法等方面较为全面地分析现代汉语詈词,并归纳出相应的特点。关于詈词的社会特征方面,牛鹏桦(2021)以社会语言学的视角剖析了一些詈词的语义内涵,提出社会因素对詈词的影响。关于詈词的历时研究方面,刘福根的《汉语詈词研究——汉语骂

　　① 陈伟武:《骂詈行为与汉语詈词探论》,《中山大学学报(社会科学版)》1992年第4期,第114—123页。

　　② 张廷兴:《民间詈词詈语初探》,《民俗研究》1994年第3期,第35页。

　　③ 刘福根:《汉语詈词浅议》,《汉语学习》1997年第3期,第45页。

　　④ 张爱民:《徐州方言詈词"丈人"的词义词性变化和句法特点》,《徐州师范学院学报》1993年第4期,第61—65页。

　　⑤ 乔全生:《山西方言的几个詈词后缀》,《方言》1996年第2期,第130—136页。

　　⑥ 文孟君:《骂詈语》,北京:新华出版社,1998年。

　　⑦ 曹炜:《现代汉语词汇研究(修订本)》,广州:暨南大学出版社,2010年,第189页。

　　⑧ 胡剑波:《我国詈语研究综述》,《西南农业大学学报(社会科学版)》2009年第2期,第140页。

詈小史》(2008)则对汉语詈词作了"纵向的历史全貌研究"。此外,童芳华(2019)等较为深入地讨论詈词中所反映的文化现象,诸如人本观念、伦理观念等。这一时期汉语詈词研究的范围扩大、内容不断深化。学者们已经比较全面地考察了现代汉语中詈词的语言特征,一些学者已经开始从社会语言学视角来观察汉语詈词的社会特征,有的学者则从历时的角度关注詈词的发展问题。

(二)近代汉语詈词研究方面

20世纪90年代以来,近代汉语詈词研究方面的成果不少。如刘福根(2008)概述了隋唐、宋元、明清三个时期的詈词,并以《金瓶梅》《红楼梦》观照明清时期詈词的面貌。下面仅对近代汉语詈词研究的成果作简要梳理:

一是语料范围扩大。目前已经涉及小说、元杂剧、俚曲、禅宗语录等多种文献,例如《三国演义》《金瓶梅》《红楼梦》等著名小说,元曲、《聊斋俚曲集》等戏曲,《祖堂集》等禅宗灯录。

二是内容较为集中,部分研究不断深入。训释资料方面,很多词典、专著等都不同程度上涉及近代汉语詈词训释成果,如《近代汉语词典》(白维国、江蓝生、汪维辉,2015)、《金瓶梅词典》《红楼梦词典》等;贺卫国(2011)、李平(2015)等揭示了"兔子""忘八""蹄子"的源流。理据研究方面,如董志翘、赵家栋(2012),张文冠、黄沚青(2012)都对詈词"竖"的语源作了深入的探讨;陈明富(2013)考察了"泼"作为詈词的演变轨迹。分类、结构等方面,刘艳玲(2011、2012)、梁洁(2017)、桑哲(2017)等从语义、语用的角度梳理《醒世姻缘传》《型世言》等中詈词的类型。社会特征方面,刘福根(2007)、刘艳玲(2011)分别考察《红楼梦》《醒世姻缘传》中詈词或詈语的使用情况。

从现有研究成果来看,近代汉语詈词的研究还不够充分。一是现有研究大多关注《金瓶梅》《红楼梦》《醒世姻缘传》等的詈词,其他戏曲、白话小说中多数詈词丰富,也应被纳入观察的范围。二是个案研究仍需加强,在继续做好詈词语言特征研究的基础上,还要结合社会语言学理论等,继续做好近代汉语詈词的社会特征研究，以便更好地对汉语詈词展开全面而系统地研究。

二、《姑妄言》詈词研究的意义

《姑妄言》中塑造了众多的小人物，据统计有 400 余人。《姑妄言》批注者林钝翁在第 1 回言及："此一部书内，忠臣孝子，友兄恭弟，义夫节妇，烈女贞姑，义士仁人，英雄豪杰，清官廉吏，文人墨士，商贾匠役，富翁显宦，剑狭（侠）术士，黄冠缁流，仙狐厉鬼，苗蛮獠猡，回回巫人，寡妇孤儿，诟父恶兄，逆子凶弟，良朋损友，帮闲梨园，赌贼闲汉，至于淫僧异道，比丘尼，马泊六，坏媒人，滥淫妇，娈童妓女，污吏赃官，凶徒暴客，淫婢恶奴，佣人乞丐，逆珰巨寇，不可屈指。"这些人物大多是市井小民、闲汉赌棍之流，作者曹去晶惯用讽刺的笔法来描写此类人物。为了更加形象地塑造人物，他往往用一些具有市井气息的詈词来否定这些要批判的人物形象，这就使得书中的詈词增多，类型丰富，客观上也使得小说白话色彩增强。

作为构成骂詈话语最常见、最重要的单位，詈词的语言特征、社会特征显著，且能够反映使用者的社会心理等方面的内容。从共时与历时相结合的角度，全面考察《姑妄言》中的詈词，其研究意义在于：可以丰富汉语詈词研究的资料，为汉语詈词研究提供新的思路，也可以为近代汉语词汇的研究提供第一手材料，丰富汉语词汇史研究的内容，还可以为语文辞书的编写提供重要参考，为明清时期的社会文化史的研究提供语言证据。

第二节　詈词的结构特征

此处主要考察《姑妄言》中詈词的构词语素、内部结构等。

一、构词语素特点

《姑妄言》的詈词有"牢、囚、草包、娼妇、娼根、畜类、畜生、蠢材、蠢货、村牛、呆子、恶贼、废物、匪类、狗命、狗屁、龟子、黄汤、黄子、混帐、祸根、奸僧、狂奴、蜡花、吝鬼、逆贼、孽障、奴才、泼妇、禽兽、穷酸、骚货、啬鬼、杀才/材、鼠辈、竖儒、竖子、死相、酸丁、秃驴、忘八、瘟鬼、乌龟、无赖、瞎贼、现世、小人、邪道、阉狗、厌物、妖道、妖货、淫妇、庸奴、杂种、滞货、肿嘴、放屁、胡说、嚼蛆、刻薄鬼、牛鼻子、兔羔子、撞尸游魂、酒囊饭袋"等。可以看出,《姑妄言》有"牢""囚""撞尸游魂"等单音节、四音节詈词,但更多的是双音节、三音节等詈词,构成这些詈词的语素主要有"奴、畜、蠢、材、货、呆、贼、奸、秃、骚、瘟、鬼、瞎、物、货、淫、屁、蛆"等,以形容词性语素为主。

由此可见,该书詈词的构词语素的数量不够丰富,少数语素使用比较灵活:一是一些语素有较强的构词能力,例如由"秃"构成的詈词有"秃贼、秃驴、秃奴,恶秃、贼秃"等。二是大多数詈词语素所处位置是固定的,如"蠢/庸/贱~"。也有一些语素在詈词中的位置不固定,如"贼"有"~贼""贼~"两种形式。例如第1回中的"带那秃贼姚广孝上来""你这贼秃,既皈依释教,就当守你清规"。据上下文,姚广孝是僧人,大王用"秃贼""贼秃"称呼他,表达了强烈的厌恶之情。"贼"在魏晋南北朝时已经发展为詈词,隋唐时期变体增多[1]。《姑妄言》中由"贼"构成的詈词有"矬贼、恶贼、逆贼、瞎贼、泼贼、贼奴、贼胚、贼众"等,"~贼"中"贼"是名词性语素,而"贼~"中"贼"以形容词性语素为主。

二、结 构 特 点

《姑妄言》中的詈词大多是偏正结构。双音节詈词中绝大部分是偏正式,有"蠢材/才""杀才/材""草包"等名词性偏正结构,也有"胡说"等动词性偏正结构,其中名词占绝对优势。三音节詈词也以偏正式为主。如"兔羔子"属于"1+2"式,即 A+BC,BC 为附加式。"刻薄鬼"则属于"2+1"式,即 AB+C。三音节詈词以名词为主,这些偏正式具有双层结构。曹炜

---

① 刘福根:《汉语詈词研究——汉语骂詈小史》,杭州:浙江人民出版社,2008年,第62页。

(2010)认为现代汉语詈词中偏正型"独领风骚"①,《姑妄言》中詈词亦是如此,这些偏正型的詈词绝大多数是名词。

《姑妄言》的詈词还有少数并列式、述宾式、附加式。双音节的并列式很少,如"老呆""穷酸"是由形容词语素构成的并列式。四音节詈词中也有少数并列式,如"狗心狗肝""酒囊饭袋"是由两个偏正成分构成的并列式,"鼠窃狗偷"则是由两个主谓成分构成的并列式,"撞尸游魂"是由两个述宾成分构成的并列式。上述并列式以动词、形容词为主,数量不多。双音节、三音节詈词中有少数述宾式,如"放屁""嚼蛆""嚼舌根"等。这些由并列、述宾构成的詈词中有名词、动词、形容词。附加式,如"龟子",本指在妓院里担任杂务的男子,例如清吴趼人《二十年目睹之怪现状》十四:"他本来是镇江的一个龟子,有两个妹子在镇江当娼。"《姑妄言》第 1 回中昌氏骂少年是"恁个嚼舌根的囚,烂了嘴的龟子",这是说对方妻室有外遇,"龟子"相当于"忘八"。

《姑妄言》中有的詈词有特殊的否定标记法。詈词往往是通过对事物的强烈否定来达到效果的。有时,为了表达强烈的不满,可以直接通过加否定词"不"等来达到骂人的效果,例如《姑妄言》第 4 回:"人不知孝,真禽兽不如了。""不如",《汉语大词典》卷一第 410 页释为"比不上""不象;不符",《现代汉语词典》释义为"前面提到的人或事物比不上后面所说的"②。在"～不如"中,"不如"应是"比不上",即"A 不如 B"。A 在某种性质或者状态上比不上B,这种比较句中,往往具有某种主观倾向性的。一般情况下,已知信息要先于新信息,对于"A 不如 B"结构,A 可以是隐含的,如在对话等语境中 A 已有提及,受语言具有经济性原则的影响,人们在比较时往往可以省略前一比较对象,即 A;但传递新信息是对话的目的,B 作为新的信息必须存在,因此在对话语境中的"不如 B"也是符合常用习惯的。《姑妄言》中用于骂詈的"不如"大多均处于对话语境中,且 A 都指人,可以省略;B 则为"禽兽""畜生"等,

　　① 曹炜:《现代汉语词汇研究(修订本)》,广州:暨南大学出版社,2010 年,第 193—194 页。

　　② 中国社会科学院语言研究所词典编辑室:《现代汉语词典(第 7 版)》,北京:商务印书馆,2018 年,第 111 页。

其形式却是"B不如",这与语言中"语义中心后置"的信息组织顺序不一致。其实"B不如"的原式应是"连B都不如",如第4回"这奴才,连畜生都不如",但这样语言表达显得拖沓,不足以表达因极其愤怒而爆发的骂意,就出现了"B不如"这一特殊的省略形式。从形式来看,"～不如"中"～"可以是"禽兽""畜生"等;从语义来看,"禽兽""畜生"是动物,它们虽不知人伦,但尚有亲情,人连动物都不如,言其品行极其恶劣;从语序来看,一般情况应为"A不如B",但上举两例却是"B不如",且均用在骂人的对话语境中。

此外,部分詈词内部结构不够紧密,在具体骂詈过程中,这类词往往会产生变式。例如第14回中的"放屁",第7回中的"放你的屁",第5回中的"放狗屁",第9回中的"放他的狗屁"。放屁是不雅的行为,故人们一般不愿提及这一身体自然现象。"屁"成为詈词的构词语素,如"放屁",指说话没有根据或不合情理。又如"放狗屁",作为詈词,它的感情色彩比"放屁"重。这是因为"放屁"只是不雅的行为,而"放狗屁"则是把人比作狗。《姑妄言》中还有"放屁辣骚",即胡说,它在其他文献中还有"放屁拉臊、放屁拉骚、放屁辣臊"等异形词。

《姑妄言》中詈词的构词语素数量不多,部分语素的构词能力较强且所处位置灵活;结构类型不够丰富,以复合式为主,偏正式是复合式中最为主要的构成方式,并列式、述宾式较少;以名词性的詈词为主,动词性、形容词性的詈词很少。

第三节　詈词的语义、语用特征

清代满族入主中原,皇太极鼓励满人学习汉语,由初入关的满汉双语制到嘉庆时逐步通用汉语,其所学所用汉语主要是白话,这也在一定程度上促进了文白的演变,白话得到广泛的应用。[①]《姑妄言》成书于雍正年间,正是白

话得到广泛应用之际。作者以"现实主义手法表现社会生活"①，塑造了大量的被否定、被鞭挞的反面人物，这些人物大多数为市井小民，他们使用的詈词市井气息十足。下面对全书詈词的语义类型与特点、运用方式与功能等展开分析。

一、语 义 类 型

关于詈词的分类，刘福根（2008）指出《金瓶梅》的詈词类型有四大类，即"骂人之地位低贱或品行恶劣""斥人以物或动物""咒死骂鬼""以身体的某组织、器官，排泄、分泌物，或动作骂人"②；刘艳玲（2011、2012）认为《醒世姻缘传》有七大类，即"与低贱的身份、职业有关的詈词""与牲畜、妖魔鬼怪或无生命物有关的詈词""诅咒类詈词""身体组织器官、生理排泄物或不雅动作的詈词""与品行、智力、病症及生理缺陷有关的詈词""与亲属称谓有关的詈词""与说话有关的詈词"③；桑哲（2017）认为《三国演义》有九种基本类型④。《姑妄言》的詈词种类繁多。结合具体用例，我们不仅对该书的詈词进行基本归类，还对部分詈词展开溯源或者"析流"工作，即分析部分詈词的来源、用作詈词的理据，以及在现代汉语中沿用的情况。下面所列条目有的是构词成分，有的是词。

（一）诅咒：不避凶恶

健康长寿历来是人们的愿望。遇到疾病、死亡等时人们往往采用委婉或避讳的方式来表达，但当人们需要表达对对方的愤慨、厌恶等消极情绪时，他

---

① 王长友：《〈姑妄言〉的创作手法》，《明清小说研究》2001 年第 1 期，第 228 页。

② 刘福根：《汉语詈词研究——汉语骂詈小史》，杭州：浙江人民出版社，2008 年，第 112—122 页。

③ 刘艳玲：《〈醒世姻缘传〉詈词的分类考察》，《蒲松龄研究》2011 年第 4 期，第 123—153 页；《〈醒世姻缘传〉詈词的分类考察（续）》，《蒲松龄研究》2012 年第 1 期，第 141—149 页；《〈醒世姻缘传〉詈词的分类考察（续）》，《蒲松龄研究》2012 年第 2 期，第 126—131 页。

④ 桑哲：《〈三国演义〉骂詈语的类型、特色和接受》，《明清小说研究》2017 年第 4 期，第 82—96 页。

们往往会"反其道而行之",选用具有"杀伤力"的词语来宣泄自己愤怒情感。诅咒是最令对方恐惧的,诅咒类词语是詈骂者首选的詈词。

1. 疾病之灾

古人对疾病心存忌惮,"讳疾忌医"反映了人们避凶就吉的心理。詈词表达的是否定的一面,即把别人担心的、恐惧的,与疾病相关的事情用语言表露出来,增加对方的心理压力。例如:

① 那两边来往的人都拦住了走不得,骂道:"你瞎了眼,这个窄巷可是走得过去的么?"(第 2 回)

② 哥哥听见了,只当兄弟偷肉吃,骂道:"你害了馋痨了,还没有敬神,你就想受用。"(第 10 回)

③ (宦萼等)正才出门,被卜氏拿了一瓢水赶到门口,泼了一身,骂道:"退送这些瘟鬼。"(第 12 回)

例句中"馋痨"的"痨",本指药物中毒,如《说文解字·疒部》:"痨,朝鲜谓药毒曰痨。"汉扬雄《方言》卷三:"凡饮药、傅药而毒,南楚之外谓之瘌,北燕、朝鲜之间谓之痨。"后来中医上以"痨"指虚损之病症。清朱骏声《说文通训定声》:"痨,今俗谓血弱病曰痨,实当作劳。凡劳于力气,劳于酒色,皆是也。"例①中哥哥骂弟弟害"馋痨",是骂他贪食。书中还有类似用例,如第 3 回中李氏看到丈夫魏如虎只是寻肉吃,骂其"害了馋痨了"。"痨"还是结核病的俗称,即痨瘵。古代医疗条件很差,结核病是慢性传染病,一旦染上多数会死亡。但《姑妄言》中没有该义的相关用例。

"瘟"指瘟疫,具有传染性,往往"或阖门而殪,或覆族而丧",古人谈"瘟"色变,也想尽办法来防止其产生。文献中有记载,如南朝梁宗懔《荆楚岁时记》有"以五彩丝系臂,名曰辟兵,令人不病瘟",南宋吴自牧《梦粱录·五月》中有"此日采百草或修制药品,以为辟瘟疾等用"。"瘟鬼"本指散播瘟疫的凶神,作为詈词,指给人带来厄运者。以人们极度恐惧的"瘟"作为詈词的构词语素，卜氏用此骂人表达出非常不满的情绪。此外，《姑妄言》中还有"遭瘟的"这一说法。

2. 牢狱之灾

身陷图圄，不仅会失去人身自由，还要"受木索""加榜棰"，故人们不愿提及。以此作为詈词，可让对方产生心理压力。《姑妄言》中用"囚""牢"等为詈词或詈词构成成分。例如：

① 他听了进来了，白他娘道："恁两个砍千刀的忘八在门口过，夹着走他娘的村路，走罢了，说我金童玉、青天白，又甚么七大八的，恁个嚼舌根的囚，烂了嘴的龟子。"（第1回）

② 童自大道："我也因一时这两只牢耳朵软，听了人的话……"（第9回）

《说文解字·囗部》："囚，系也。从人在囗中。""囚"本来是一个动词，引申为被逮捕或被捕入狱的人。宋代高承《事物纪原·律令刑罚部》："有罪而系狱者曰囚。"牢狱之灾，是人们所不愿的。例①中"囚"受"嚼舌根"修饰，骂意十足。《姑妄言》第8回还有"到了劳门，仍旧孤帏独守"，"劳门"与"牢门"谐音，一语双关，既指宝儿嫁到姓劳之家，也表明宝儿对劳家的厌恶。此外，第一个例子有"烂了嘴的龟子"的说法，其中"烂了嘴"是短语，用于骂詈，是一种诅咒，属于"疾病之灾"类。

3. 死亡之灾

面对死亡，人类总是充满恐惧，不愿提及。上至君主，下及平民百姓，无人不希望长命百岁。以对方恐惧的事情来骂对方，是对其心理施压的表现之一。《姑妄言》中与死亡相关的有：

① 这负心的短命，我一朵鲜花付了你，况且母亲还是我总成你的，原图堵了他的嘴，我两个好作乐。（第8回）

这句虽然出自叙述性语言,但是某个人物的心里话,是非典型的语言交际现象,暗含交际双方。"短命"是元曲中常见的。如元无名氏《渔樵记》第二折:"穷短命,穷弟子孩儿,你去了一日光景,打的柴在那里?"

②薄氏骂道:"倒运鬼,背时鬼,你今日晚上没有肉与我吃,我明日早起卷卷拍拍屁股,各人寻好汉子去,你不要见怪。"(第8回)

③富氏丧着脸问道:"你往那里撞尸游魂去了一会,回来望着我叹气,做甚么事?"(第15回)

④(走堂的):"姓钟的这拉牢的囚,刻薄了一生,落了这样个下场头,也就是现世现报了。"(第16回)

"鬼""尸""魂"都可以充当詈词的构词语素。古人认为人死后有"灵魂",用"鬼"作为詈词成分,是咒人死亡。据刘福根研究,"鬼"作詈词较早的例子见于《世说新语·方正》①。"尸"与死亡有关,"撞尸游魂"指像到处游荡的鬼魂一样瞎跑、乱闯。又如清曹雪芹《红楼梦》第80回:"死娼妇!你这会子做什么来撞尸游魂?"据《汉语方言大词典》卷三、四,"背时鬼""倒运鬼"今天仍在方言中使用,如山西武乡等地用"倒运鬼",广西桂林、四川成都、湖南长沙等地用"背时鬼"。用"死亡之灾"来斥人的还有"死相""拉牢"等詈词,如第3回:"你怎这样死相,既没有丝瓜,韭菜炒肉还不好么?"以"死相"骂人呆板、不知变通。"拉牢"下文有具体介绍。

此外,《姑妄言》中还有"天杀的""万剐的""杀剐的""斫刀的""斫/砍千刀的""砍/斫头的"等形式,虽是短语,但用于骂詈时表达一个概念,我们姑且将其考虑在内。例如第20回:"这个坏良心天杀的,不知几时看见了我。"其中"天杀的",指其所作所为罪过极大,为天理不容,要遭到报应,该用法元曲中就已经出现,例如元尚仲贤《柳毅传书》第二折:"不知那一个天

① 刘福根:《汉语詈词研究——汉语骂詈小史》,杭州:浙江人民出版社,2008年,第46页。

杀的与他寄信回去,今有钱塘火龙到来,要和我斗胜。"今天在一些方言中还有使用。

(二)以粗俗物或行为骂人:不避粗俗

1. 与生殖相关

程朱理学以"三纲五常"来约束人们的行为,强调"存天理、灭人欲",要摈弃"超出维持人之生命的欲求和违背礼仪规范的行为"。而人的欲望嗜好和物质需求本是天然的,其中生殖与人的欲望有关联,能够产生或加深人对欲望的感受与理解,这样,在"存天理、灭人欲"之下,人们会认为能引起人的欲望的东西违背了"天理","天理"是引导人向上的,而欲望则会导致人低下、卑贱,人们自然就会将引起欲望的生殖方面的东西视为低下或低贱。虽然明清之际一些思想家要求个性自由发展,但将与生殖相关的内容视为不洁的观念深入人心。正是因为人们对其有一定程度的回避①,在骂詈行为中才会达到一定的效果。

　　他大怒道:"这是我家人才带来的,怎么说不是? 忘八肏的,老子肏你的奶奶。"(第9回)

书中以"肏""攮"骂人,这是以不雅行为骂人。其中"攮"用作詈词,源于形似。

2. 与排泄物相关

人们在日常交际中往往要避免使用与排泄物相关的内容,但在愤怒的状态之下,却容易"口不择言"。

　　①(褚盈)大怒:"问你句话儿,你就千难万难的,你哑黄胀了心了么?"(第10回)

---

① 曹炜:《现代汉语词汇研究(修订本)》,广州:暨南大学出版社,2010年,第197页。

②（铁氏）把牙咬得格支支的响，恨道："这天杀的，遭瘟的，不知又往那里俞攘黄汤去了！"（第13回）

③卜通红了脸，喝道："放屁！不许胡说。"（第14回）

"黄汤"本来指黄酒，因黄酒与尿的颜色近似，故用作詈词。又如《红楼梦》第65回："糊涂浑呛了的忘八，你撞丧那黄汤罢。"今天云南昭通等地方言中有用"黄汤"代指小便的用法。姜亮夫《昭通方言疏证·释人》："黄汤，昭人言小便也，取其色。"

《姑妄言》中还有用"粪""屎""黄"骂人的。例如第9回中李太对着干生一顿臭骂，干生很是生气，大怒道："我还爱在你家么？因却不过广老师的面皮，才在这里忍受。君子绝交，不出恶声。你满嘴喷的是甚么粪？""粪"是人体排泄物，污秽之物，干生以"满嘴喷的是甚么粪"来回击李太，极言其恶心。

④富氏道："啐！你嚼蛆。"（第9回）

蛆，《玉篇·虫部》："蝇蛆也。""嚼蛆"比喻废话或坏话，《汉语大词典》卷五第415页列词条"放蛆"，释为"犹胡扯"。蛆乃秽处产物，却要"嚼"，用此来骂人胡说，极言厌恶之情。清洪亮吉《晓读书斋初录》卷上："今人所谈不经者，谓之嚼蛆。"据《汉语方言大词典》卷五，今天东北、江淮、吴地等方言中还有此用法。姜亮夫《昭通方言疏证·释人》："嚼，昭人谓乱吃曰嚼。又嚼蛆，昭人谓语多而无理智也，言其如嚼粪蛆之臭不可闻也。"

（三）以低、劣骂人

这类詈词早就有之，如"竖子""竖儒"。《姑妄言》中主要有两类情况：一是人们对生理缺陷非常忌讳，不愿提及，詈词使用者用生理缺陷来骂对方，这是揭人的短处；二是使用一些降低对方身份或属性的词语来骂对方。这两种情况都是通过压制对方来提高自身。

1. 生理缺陷

    ① 李六道:"闭着骚嘴罢,蒋赛猫。"(第 14 回)

    ② 他看见大怒,骂道:"这些小秃驴,见我被戳,不来扶我,你们笑的是甚么?"(第 15 回)

    ③ 弟还骂他道:"死蠢材,必定有个名色,甚么那个那个的?"(第 4 回)

    ④ 童自大胀红了脸,道:"哥,你骂我是呆子罢了。"(第 10 回)

    ⑤ 缪氏笑道:"这痴淫妇,水如何收得起来?"(第 20 回)

    ⑥ 小娥道:"……偏有这些瞎东家,只图省束修,也不管好歹,就送子弟去读书,白花费了多少钱。"(第 20 回)

"骚"通"臊"。《说文解字·肉部》:"臊,豕膏臭也。"后来泛指腥臭、骚气。《广韵·豪韵》:"臊,腥臊。""骚"有"骚臭""骚气"(腥臭的气味)等用法,从这个意思上来讲,"骚"也是人的某种缺陷。例句中的"骚嘴",詈词,即臭嘴。《姑妄言》中以"秃"为语素构成的詈词都与和尚、尼姑等削发修行者有关。"对着和尚不要骂秃子"是指不要当面揭短。"秃"作为詈词构成成分,是以对方的忌讳来骂对方,揭人短处。另有"矬",明顾起元《客座赘语·诠俗》:"矬,貌寝而不扬曰矬。"矮子面前莫说矬,《姑妄言》第 22 回中"这没良心的矬贼",骂人"矬贼",既揭短,又斥其行为不端。"蠢""呆""痴"都表示智力低下而反应迟钝,常作为詈词的构词语素,所构成的詈词大多骂意不强。今天现代汉语普通话及方言中还有类似的用法,如"蠢蛋""蠢虫""痴虫"等。"瞎"是人生理上的缺陷,身体有缺陷者往往忌讳别人揭短,一般情况下,人们会有意去回避,但在盛怒之下,往往会口不择言,以揭对方的短来发泄自身的不满情绪。而对方本就自卑,被揭短会深受打击。《姑妄言》中以"瞎"骂人,骂意足,今天"瞎"还是常见的詈词。

2. 品行不端

古人最重礼法,日常生活中会用一系列的行为准则来规范自身的行为,这些准则对维护社会伦理道德、人与人之间的关系及政治制度等起着重要的作用,一旦违反这些行为准则就会被人们视为"不端"。

① 铁化骂道:"没廉耻的臭娼根,如何把屎都撒在裤子上?"(第2回)

② (魏忠贤)大怒骂道:"这狗弟子孩儿,你是个什么黄黄子,咱抬举你这个宰相,也就算咱的大恩了。"(第17回)

③ (缪氏)道:"拣汉精的娼妇,嫌丈夫穷,就该嫁个官儿做夫人奶奶去,还嫁了个木匠。"(第20回)

《姑妄言》中以女性品行不端为相关内容的詈词较多。在封建社会里女性地位低下,古人以一套行为准则来束缚女性,在此影响下,出现了许多贬低女性的文化现象。詈词中以妓女来骂女性是骂意很强的。"娼妇"即妓女,"娼根"指生来淫贱的女子,两者用作詈词,所骂对象为一般女子时表达出很强的骂意,且"娼根"的骂意强于"娼妇"。"娼妇"作为詈词,一直沿用至今。

关于"弟子孩儿",宋元文献中有称呼妓女为"弟子"的用法,例如宋朱彧《萍洲可谈》卷三:"近世择姿容,习歌舞,迎送使客侍宴女子,谓之弟子,其魁谓之行首。""弟子孩儿"就是妓女的孩子。元曲中"弟子孩儿"多用于骂詈语境中,如元无名氏《渔樵记》第二折:"穷短命,穷弟子孩儿,你去了一日光景,打的柴在那里?"骂他人是"弟子孩儿",是骂他人为娼妓所生,既侮辱对方,又侮辱对方母亲,具有双重"攻击力"。例②中"狗"是骂人为动物,与"弟子孩儿"连用,骂意十足。

④ (铁氏)道:"这个妖货,我看了这个样子,还疼爱得了不得,何况男子汉见了,可有个不爱的?"(第2回)

⑤（富氏）："我来了，你还浪着寻了来。没廉耻的臭娟根，养汉精的淫妇。"（第 8 回）

⑥ 桂氏道："只怕这和尚被这些骚货要弄死了呢。"（第 15 回）

⑦ 李自成大怒，骂道："好泼妇，敢来打我。"（第 21 回）

"妖、精、浪、骚、臭、泼"都是明清小说中常见的詈词构词语素。"骚"，又有"放荡、轻佻"义。清梁同书《直语补正》："本言行不正也，今俗以媚容取悦曰骚。""骚奴""骚货"与该义有关。以"骚货"骂淫荡的女人，现代汉语普通话及上海、云南建水等地方言中有沿用。《汉语大词典》卷十二第 863 页引《上海的早晨》等现代作品为例，书证滞后。"浪"指轻佻、轻薄。例⑤中富氏骂家里的女仆含香，骂其勾引贾文物。《姑妄言》中"浪"又有"无用"义，如吴赖道："你恃着有几个浪钱，你伤我的祖父。"用"妖、浪、骚、臭、泼"等作为构词语素的詈词骂女性时，骂意不一，其中"骚"构成的詈词往往骂意要强，但跟"娟妇""娟根"表达的骂意相比，"骚货""妖货"等要低得多。陈明富（2013）考察詈词"泼"的演变轨迹，认为詈词的"泼"主要形成于宋元时期，是语义引申演变的结果①。《姑妄言》中没有詈词"泼"，有由"泼"构成的詈词"泼贼""泼妇"，例如第 21 回："那妇人道：'泼贼，我一个清白姓字，怎肯对你贼说？你是何等贼奴，敢向我说个有缘？'"今天用"泼妇"来骂人，大多用来骂无理取闹或得理不饶人的女子。

⑧ 千小人，万匪类，骂不绝口。（第 4 回）

书中钱贵大怒，痛骂竹思宽，骂完后还不解恨，继续骂。"匪类"本指行为不端正的人，作詈词，是骂对方如匪类。如清吴敬梓《儒林外史》第 44 回："汤镇台大怒道：'你这匪类！更该死了！'"

---

① 陈明富：《"泼"作为詈词演变轨迹考察》，《天中学刊》2013 年第 5 期，第 73—75 页。

此外,《姑妄言》中还有一些以品行差来骂人的詈词,如"奸僧、逆种、恶贼、恶棍"等。此处不再赘述。

⑨ 那嬷儿笑着骂道:"砍千刀嚼舌根的,人说只有烂了的枣儿,没有烂了的嫂儿。"(第 14 回)

"嚼舌根"今天在一些方言中还用作詈词。据《汉语方言大词典》卷五,东北、北京、江苏徐州、安徽安庆、江西赣州、云南楚雄、云南昭通等地仍用该詈词。姜亮夫《昭通方言疏证·释人》:"昭人言群相戏言或诬讪人之言曰嚼舌根。"

3. 社会地位低

封建社会中奴仆社会地位低,人们常以此斥人,表达谴责或愤慨之情。例如"贱""奴才""秃奴"等,其中"奴才"是《姑妄言》中的高频词。

① 娘惊醒了,见是儿子,骂道:"要死的奴才,你做甚么?"(第 10 回)
② 妇人骂道:"万剐的贼奴,我一个清白良妇,岂肯从贼?"(第 21 回)

"奴才"本指奴仆,作为詈词,是骂对方鄙贱不堪,这是清代常用的詈词。《姑妄言》中"奴才"大多要受到其他成分修饰,如"瞎奴才、没廉耻的奴才、要死的奴才、杀剐的奴才、怪奴才"等,多数骂意足。

此外,"小人"也是《姑妄言》的常见詈词,刘福根(2008)认为该词在魏晋南北朝时期已经有了明显指斥人品行恶劣的用法,其用作詈词的演变路径是"无能→无行→詈词"[1]。

4. 以动物骂人

《荀子·非相》:"人之所以为人者,非特以二足而无毛也,以其有辨也。"

---

[1] 刘福根:《汉语詈词研究——汉语骂詈小史》,杭州:浙江人民出版社,2008 年,第 33 页。

人是知道礼义廉耻的，以动物斥人，这是将人视为动物，指人如动物一样不知礼义廉耻等。

①（真佳训）大怒道："你这畜生，书也不会念，单会做这些坏事。"（第 2 回）

②（滑氏）："若无缘无故杀了这几个浪肉，不明明寻顶绿帽子戴么？"（第 9 回）

③ 知县［道］："……你待手足无情，也就是个畜类了。"（第 16 回）

④ 多谊、后氏不胜恨怒，道："有这样没良心的人，真是人质兽行。那禽兽听得你回来，清早就在外边坐着，不要放了他去。"（第 17 回）

禽兽不知人伦，人如禽兽，言其行为极其卑劣可恶。例句中的"畜生""禽兽""畜类"是说话人在盛怒之下所言，骂意强，被骂对方均为男性。

滑氏以"浪肉"骂丈夫的妾，用"浪"言妾品行低劣，但将人骂成"肉"，是指人如供食用的动物。《姑妄言》中还有"杀才/材"，指杀了充当人类食物的牲畜，作为詈词，指该杀的。用作詈词的"杀才/材"早见于《水浒传》，如第 38 回："你这黑矮杀才，倚仗谁的势要，不送常例钱来与我？"

《姑妄言》中还有以具体的动物作为詈词或詈词成分的，如"狗命、蠢牛、兔羔子、秃驴"等。

⑤（熊氏）牙一咬，道："仔细着你的狗命。"（第 12 回）

⑥ 卜氏大骂道："走迟了，我拿马刷来，把你们兔羔子打个晦气，叫你这臭忘八没处死。"（第 12 回）

⑦ 熊氏看着甘寿，道："你竖起驴耳朵来听听。"（第 12 回）

⑧ 那素馨见他男人来家，咬牙切齿，恨道："多少人跟了去，偏是这乌龟先回来。"（第 15 回）

明清时期在妓院执役的男子被称为"乌龟、忘八、龟子",滕华英(2014)认为"龟成为忌讳的最主要最直接的原因是因为蒙巾示辱的服饰规定"①。关于詈词"忘八",杨琳(2006)认为詈词"忘八"始于元代,后来被写作"王八"始于讹传、讹写,"王八"的理据与龟没有直接关系,"忘八"即"忘耻","耻"是"孝、悌、忠、信、礼、义、廉、耻"中第八字②。陈卫恒(2010)认为"王八""忘八"是同一名词的不同写法③。骂男人为"乌龟""忘八""龟子",是说其妻子品行不端,而妻子品行不端是因为男子没有能力,这类詈词对男人而言具有侮辱性,攻击力最强。

"狗"既可以单独用作詈词,也可以充当构词语素,如"狗命"。人们认为狗品格卑下、没有气节,因此骂人为狗,这与汉民族文化心理特点有关④。牛的体型大,行动缓慢笨重,人们多用"蠢""村"修饰构成"蠢牛""村牛"等詈词。"驴"用作詈词,早在隋唐时期就已经出现⑤。《姑妄言》中还有"鼠、虫、狼"用于詈词的情况,这些动物都有各自特定的形象内涵,此处不再赘述。

5. 以事物骂人

① 小婿之病不能起矣,别无他嘱,大外孙已成废物……(第 4 回)

②(莫氏)怒极了,便道:"我早知你是这样不贤良的东西,我儿子就一世没老婆,我瞎了眼也不娶你这样媳妇。"(第 8 回)

③ 迎儿叫道:"像那样脓包,空与他个男人做。"(第 14 回)

④(于氏)咬牙切齿道:"孽障,你的欺道灭僧,后来定有恶报,天打雷劈。"(第 18 回)

---

① 滕华英:《"龟"类詈词的文化阐释》,《湖北科技学院学报》2014 年第 10 期,第 81—82 页。

② 杨琳:《龟、鸭、王八语源考》,《中国文化研究》2006 年第 2 期,第 85—87 页。

③ 陈卫恒:《从文献资料看"王八"的形成过程——兼与杨琳先生商榷》,《中国文化研究》2010 年第 4 期,第 106 页。

④ 江结宝:《骂语词"狗"的文化内涵阐释》,《安庆师范学院学报(社会科学版)》2004 年第 4 期,第 105 页。

⑤ 刘福根:《汉语詈词研究——汉语骂詈小史》,杭州:浙江人民出版社,2008 年,第 52 页。

把人骂作物的有"祸根、孽障、废物、脓包、东西"等。其中"孽障",佛教称过去所做恶事造成的不良后果为"业障",后讹作"孽障",指坏东西。杨同军(2004)认为明清之际"业"向"孽"的嬗变基本完成①,《姑妄言》中没有"业障"等用法,可为佐证。

"脓包"本指人体隆起的脓液积聚物,这是无用之物,用作詈词斥无用之人。"废物"本指无用之物,用来骂人无用。"妖货"作詈词,骂以姿色迷人的女子。"浪货"用来骂行为不端的女子。《姑妄言》中用作詈词的还有"草包""滞货"。例如第5回:"(侯太常)心中常想道:'这女儿如此形状,恁般性情,等大了,人若知道,那个富贵人家肯要这等媳妇,定成滞货难嫁,不如小小的,趁我做着官,许下了一个女婿,后来就如他这般丑恶,谅也反悔不得。'"此外,《姑妄言》中还以质疑血统不纯为詈词的,如"杂种"。

以上按照语义对《姑妄言》中的詈词(构词语素)作了梳理,共得出三大类十小类。部分詈词(构词语素)兼及他类,我们在分类时,综合考虑。例如"骚"作为詈词的构成成分,有两义:一是轻佻、放荡,如"骚货";一是腥臊,如"骚嘴",我们倾向于将"骚货"归入"品行不端","骚嘴"归入"生理缺陷"。"浪肉"中"浪"是骂女性对象品行差,但"肉"则是将人当作食材,在归类时我们倾向于将其归入"以低劣骂人"类中的"以动物骂人"类。

可以看出,詈词主要用于对话语境中,用于叙述性语境中的詈词多数处于非典型的语言交际之中,或自言自语,或是心里话,都有交际双方的。詈词中名词占优势,这些名词用于骂詈对方时,多数带有称代作用。

二、语 义 特 点

一般情况下,詈词表达的感情色彩较强,且不同的詈词所表达的感情色彩的程度不同。多数情况下詈词是单义词,即形式与语义具有一对一的关系。有时,有些骂詈行为是借用常规形式来表达的,经常借用后,常规形式就

---

① 杨同军:《谈佛教词语"业"向"孽"的嬗变》,《宗教学研究》2004年第4期,第160页。

逐渐产生了詈词义。

（一）形式与语义的对应关系较为复杂

从形式与语义的对应关系来看，《姑妄言》中的詈词存在一对一、一对多、多对一的关系。

一对一，主要指詈词的形式与语义之间的对应关系是单一的。如"泼妇""孽障"等，它们是单义词，仅用于骂詈。这是专门的詈词，这类情况不少。

有时候，詈词义不是某个形式的唯一。例如"娼妇"本来指妓女，但称呼不是妓女的女子为"娼妇"，是把她看成妓女，此时"娼妇"成为具有侮辱性的詈词，例如第14回中易勤骂弟弟易寿是"娼妇养的"，易勤与易寿是同父异母的关系，二人的母亲都是易于仁的妾，并非妓女。又如第20回中缪氏暗讽薄氏是个"拣汉精的娼妇"，实际上薄氏是咸平的妻子，并非娼妓，用"娼妇"来称呼薄氏带有侮辱意味，是詈词。又如"忘八"，《姑妄言》中有二义：一是指妓院中的仆人。例如第10回中叙述性语境中有"忘八就往外撺，赶到评事街大街上，方才撺上"。二是用于詈词。例如第15回中富氏骂宦萼："你这无用的忘八拿去杀了也不亏你。"《姑妄言》中"忘八"用于詈词的频次远远高于"妓院中的仆人"，可见"忘八"这个形式常用作詈词。又如"放屁"，本指一种生理现象，当"放屁"用来骂他人说的话没有根据或不符合情理时，表示一个概念，是詈词。

一形多义中两个或两个以上的语义之间有一定的联系。类似的情况不少，又如"奴才""畜生""东西"等，这些都是借用常规形式来表达"骂意"的。

多对一的现象，指两个或两个以上的詈词形式表示同一个意思。例如"忘八-乌龟"。

（二）语义感情色彩不一

相对于其他一般词汇，詈词表达的感情色彩强，主要用于否定对方。陈伟武（1992）认为骂詈行为的心理机制包括愤怒、憎恨、恐惧、戏谑。江结宝（2000）提出"骂意"的说法，认为"骂意"体现骂者消极的情绪和情感，包括"谴责、指斥、批评、嘲讽、厌恶、憎恨、仇视、威胁、损毁、中伤、侮辱等"①。

《姑妄言》中大多数情况下，詈词表达强烈的情感。如"忘八"，用于詈词是指对方妻子有外遇，暗讽对方不行。男权社会中妻子出轨是男人难以忍受的，用"忘八"骂男人侮辱程度高。又如"兔羔子"，《姑妄言》第12回中卜氏拍着窗台子，大骂："我拿马刷来，把你们兔羔子打个晦气，叫你这臭忘八没处死。"男子以色事人令人不齿，《姑妄言》中用"兔子"隐指"娈童"，此处卜氏却用"兔羔子"骂丈夫游夏流及其朋友，"骂意"十足。有的詈词表达的"詈意"一般。如"呆""痴""蠢"等构成的詈词大多"骂意"不强。例如第3回："那竹思宽得了五十两银子，心中暗喜道：'这个阿呆，我睡了他的老婆，又还得他的厚赠，世上那里有这样便宜的事？'"竹思宽与铁化老婆有私情，铁化并不知情，还把他当作朋友，竹思宽嘲讽铁化是"阿呆"。因此，《姑妄言》的詈词大多数具有"骂意"，且"骂意"存在不同程度上的差异。

曹炜（2010）曾把现代汉语詈词分为三个等级②。《姑妄言》中的詈词比较复杂：咒死类詈词大多"骂意"很强，但由"鬼"构成的詈词"骂意"不强；以粗俗物或行为骂人的詈词中，与生殖相关的詈词"骂意"强，余者"骂意"次之；以低、劣骂人的詈词中"娼妇""娼根""王八"等"骂意"十足，余者次之。

总之，《姑妄言》语义类型比较丰富。形式与语义的对应关系比较复杂，部分是专用詈词，即詈词是单义的，但也有一部分詈词是借用常规形式来表达"骂意"的。詈词多数感情色彩强烈，不同詈词所表达的"骂意"不同。

三、语 用 特 点

（一）詈词的使用方式

我们对《姑妄言》中詈词运用的方式作了统计，发现詈词单用的情况达

---

① 江结宝：《骂詈的构成与分类》，《安庆师范学院学报（社会科学版）》2000年第1期，第101页。

② 曹炜：《现代汉语词汇研究（修订本）》，广州：暨南大学出版社，2010年，第196页。

77%，即大多数情况下詈词是单独使用的，但《姑妄言》中也有单个詈词叠用或多个詈词连用的情况。

一是单个詈词叠用，增强骂詈色彩。例如第9回中李太请干生教孙子，但认为干生跟他儿子是一辈的，不需要以礼相待，干生听后，说："蠢牛蠢牛，幸喜我教的是他孙子，若是教他的曾孙，竟把我当他的孙子相待了。"干生连用两个"蠢牛"，表达了对李太的不认可，嘲讽他的无知。后来李太的儿子不希望干生继续教孩子，就在李太面前诋毁、诬陷干生，李太信以为真，气冲冲地去大骂干生，使用的语言极其粗俗，连用多个詈词。干生遭此羞辱，极其愤怒，说"畜生畜生，杀才杀才"，这是叠用"畜生""杀才"来宣泄愤怒之情。如第23回中俞春姐被抓入贼营，受尽凌辱，与邻居闲谈，不避讳自己受辱之事，父亲俞一鸣连用"放屁"来骂她，一是制止她继续胡说，二是否定她此前说的话。

二是多个詈词连续使用，增强"骂意"。这些詈词之间的关系，或是并用关系，或有主从关系。例如第1回中的"恁两个砍千刀的忘八""恁个嚼舌根的囚"，第13回中的"天杀的遭瘟的"，第23回中的"老杀才，臭忘八"。多个詈词连用中主从关系较为常见，即有的充当修饰语，有的充当中心语。从关系来看，两个或两个以上的詈词组成詈语，如"狗弟子孩儿""狗攮的弟子孩儿""囔死饭无用的杀材""砍千刀嚼舌根的""臭娼根""穷忘八"等。修饰语和中心语的组合具有灵活性。例如"杀剐的奴才""要死的奴才"。从层次来看，修饰语多数是一层的，如"弟子孩儿"指妓女所生孩儿，骂人血统不纯。有时修饰语是多层的，如"狗攮的弟子孩儿""狗弟子孩儿"所指相同，都添加了修饰成分，"狗攮的"犹"狗养的"。又如"囔死饭无用的杀材"，"囔"即"攮"。"攮"表示吃，多用作詈词，如"攮糠""攮噪"。"囔死饭"指只吃饭，没有收入，与"无用"连用，起着强调作用。"杀材"指待杀的牲畜，《姑妄言》中铁氏用"囔死饭无用的杀材"来骂丈夫童自大，攻击性十足。

单个詈词叠用或多个詈词连续使用会把说话者的愤慨、谴责的感情表达得淋漓尽致，如上文提到的"嚼舌根的囚""天杀的遭瘟的"。从语义中心来看,多个詈词连续使用,如果是偏正关系,那么语义重心在中心语上;如果是并列关系,那么多个詈词合力表示骂詈。不论是哪种形式,叠用或连用时,詈词攻击的方向一致,具有很强的攻击力。

（二）詈词的使用功能

詈词的基本功能是交际功能。就整个詈词系统而言,《姑妄言》的詈词在具体运用中出现"致詈""失詈"两种情况。多数情况下,詈词主要作用是"致詈"（前文语义类型中多有提及）,但有的詈词有时会出现"失詈"的情况,如"强盗",《姑妄言》中有"活强盗""恶强盗"等形式,例如第17回中水氏称呼情夫杨大为"活强盗",没有詈意,反有亲昵的意味。

就詈词内部成员而言,《姑妄言》的不同詈词的"致詈"程度会有所不同。例如"砍/斫头的""砍/斫千刀的",因为人们对死亡是恐惧的,就会有人用这些来骂人。用"砍/斫千刀的"等来骂人,是咒人遭受千刀万剐的凌迟,这样的方式引起人们的极度不适,比"砍头的"更令人痛苦,"攻击力"更强,更能表达说话者强烈的愤慨之情。例如第2回"那砍千刀的胡说",文中铁化当众提及妇人屁股上有黑圈,这令妇人羞愧难当,用"砍千刀的"来骂铁化,表达愤慨之情。

同一个詈词在不同语境中也会出现"致詈"程度不同的情况。例如"短命"是诅咒对方寿命短促,本是个骂意十足的詈词,元曲中常见,如元无名氏《渔樵记》第二折:"穷短命,穷弟子孩儿,你去了一日光景,打的柴在那里?"但《姑妄言》的第8回中阮最起初与妹妹关系亲密,自从与庶母关系好了之后,就疏远了妹妹,妹妹很是生气,说阮最是"这负心的短命",此时"短命"是詈词,有骂意,但不强。第13回中郏氏与小叔阮优有私情,见到阮优:"我就疑惑是你这贼短命,你多昝进来的,门关着,怎么得开了进来?"此时"短命"带有亲昵的意味。又如"天杀的",第20回中琼州知县之女屈绅姐向宦荽哭诉,刁桓引诱她的丈夫牧德厚赌博,欠下赌债,现今又要逼着牧德厚把妻子典给他,屈氏跳河被宦荽救起,向宦荽说明情况,说刁桓"这个坏良心天杀的",此时"天杀的"骂意十足,表达极度愤慨之情。侯氏一向在家中颇具话语权,时常骂丈夫宦萼,但第12回中她笑着说"你这天杀的",此时"天杀的"是当面骂宦萼,骂意不强,略带有谴责的意味。

以上,我们在对《姑妄言》中的詈词进行分类与考释的过程中发现:一是詈词相当丰富。《姑妄言》以钟情、宦萼、贾文物、童自大为主线展开故事情节,除钟情是读书人外,余下三人多粗鄙不堪。至于书中其他人物多为市井小民,或帮闲、赌贼、闲汉、淫僧、恶奴,或无知妇人,他们不仅熟悉詈词,且能入于耳,出乎口。二是詈词以名词为主,且多数具有一定的称代作用,这与詈词用来骂对方有关。三是詈词的运用比较自由。多数情况下是单用,但也有重叠使用,或多个詈词连续使用的情况,其中多个詈词连续使用有并用、修饰两种情况。一般情况下,叠用、连用时的感情色彩要强很多。四是《姑妄言》的詈词主要出现于对话中,出现于叙述性语言中的詈词不多。从"致詈"程度而言,对话中詈词的詈意比叙述性语言中的要强,这是因为对话往往能够充分地表达说话者的感情,容易出现具有很强感情色彩的詈词,而叙述性语言中出现的詈词大多詈意不足。五是就整个詈词系统而言,主要以"致詈"为主,且不同詈词的"致詈"程度会有所不同,有少数詈词出现"失詈"的情况。就詈词内部成员而言,不同语境中,部分詈词"致詈"的程度不同。

第四节　詈词的社会特征

目前已有不少学者关注近代汉语詈词的社会特征问题。刘福根(2007)、刘艳玲(2011)分别考察《红楼梦》《醒世姻缘传》中詈词或詈语的使用情况。《姑妄言》中的人物形形色色,这些人物的日常口语中必然有很多詈词。在统计与考察的基础上,我们参照前人的研究方法,从身份、性别、场合等方面分析《姑妄言》中詈词的社会特征。

一、使用者的性别

《姑妄言》中詈词的使用情况如下:

詈词	呆	痴	怪	贼	穷	囚	浪	瞎	狗	尿	肏/攮	娼妇	娼根	馋痨	扯淡	畜类	畜生	蠢牛	蠢物	蠢虫	蠢奴	促恰	村路	村牛	呆奴	呆瘟	老呆	阿呆	短命
男	5	1	0	0	0	1	0	5	3	4	23	2	3	1	1	3	13	2	1	1	0	1	1	0	1	1	2	1	0
女	5	3	4	2	1	1	4	4	0	1	0	1	2	1	1	2	4	0	1	0	1	1	1	1	0	0	0	0	5

詈词	瘟鬼	吝鬼	馋鬼	啬鬼	急鬼	恶妇	恶棍	恶奴	放屁	馋狗	狗命	狗腿	狗头	阉狗	夯狗	现世	东西	草包	孽障	蜡花	泼妇	强盗	禽兽	穷酸	骚货	骚奴
男	0	1	0	1	0	3	1	12	7	0	2	1	1	1	1	2	1	1	6	1	2	0	7	1	1	1
女	1	0	1	0	1	1	0	1	0	1	1	1	0	0	0	0	4	5	0	5	0	0	5	0	3	1

詈词	骚嘴	肿嘴	光棍	狂奴	胡说	黄汤	祸根	嚼蛆	拉牢	浪钱	浪货	浪肉	死相	秃驴	老贼	矮贼	毛贼	逆贼	泼贼	贼奴	叛贼	贼众	矬贼	瞎奴	秃奴	瞎贼	瞎毬
男	1	1	3	0	7	1	2	2	2	2	0	0	0	4	1	2	2	6	0	1	2	1	2	1	2	2	1
女	0	0	1	1	2	1	2	2	6	0	0	1	2	3	1	0	0	3	2	6	0	1	0	0	0	0	0

詈词	浪货	浪肉	小人	小子	妖道	妖精	淫妇	蠢货	奴才	忘八	乌龟	龟子	废物	贼肉	妒妇	恶人	恶贼	流贼	黑贼	瞎贼	贼嘴	贼胚	贼样	贼秃	奸僧	杀肉	虔婆
男	1	0	4	0	2	2	29	0	65	2	1	0	1	0	0	0	1	0	1	1	1	0	2	1	2	1	1
女	0	1	5	2	0	0	26	1	30	20	1	1	0	1	0	1	0	0	0	0	1	0	3	0	0	0	0

詈词	匪类	鼠辈	竖儒	竖子	酸丁	逆种	脓包	黄子	瘟鬼	下贱	下流	下作	小寇	邪道	凶徒	滞货	淫婢	庸奴	杂种	作死	妖精	妖货	野牛	弄物	厌物	喷粪	驴毬
男	1	1	1	1	1	1	0	1	0	1	5	1	1	1	1	0	1	1	1	1	0	1	1	1	0	1	1
女	1	0	1	0	1	0	1	0	1	0	0	0	1	0	0	1	0	0	0	0	1	1	0	1	1	0	0

詈词	蠢才/材	杀才/材	黄/黄汤	放屁虫	野贼奴	放狗屁	兔羔子	馋痨鬼	促恰鬼	促恰痨	书呆子	嚼舌根	牛鼻精	拣汉精	冒失鬼	倒运鬼	背时鬼	刻薄鬼	挣命奴	负心奴	养汉精	嚷死饭	短命鬼	老命才	狗畜生	牢	驴
男	3	3	1	1	1	2	0	0	3	0	1	0	0	0	1	0	0	0	0	0	0	0	0	0	1	1	0
女	1	2	1	0	0	0	2	1	1	1	0	7	2	1	1	1	1	1	1	1	1	1	3	9	0	0	1

詈词	弟子孩儿	忘八羔子	撞尸游魂	放屁辣骚	狼心狗肺	狗拖猪啃	狗心狗肝	狗仗人势	猪狗不如	酒囊饭袋	驴心狗肺	人面兽心	人质兽行	万剐的	杀剐的	天杀的	遭瘟的	尻养的	短命的	他/你娘/奶的	砍/斫千刀的	砍/斫头/刀的	忘八禽的	该/要死的	狗娘养的
男	2	2	0	2	1	1	1	0	0	1	1	1	1	0	0	3	1	1	0	3	0	1	1	1	1
女	0	0	1	0	0	0	0	1	3	0	0	0	0	1	6	1	0	4	1	3	3	0	0	0	0

说明：1．"匪类"出现于叙述语言，但据文意可知其出自钱贵之口；"短命""促恰鬼"各有1例是夫妻二人背后骂铁化的，另有"促恰"2例用于叙述语言中；"骚货"出自万缘的心里话，这些都计算在内。
2．"天杀的""遭瘟的""万/杀剐的""斫/砍千刀的""砍/斫头/刀的"等短语用于骂詈时表达一个意思，关于这类我们暂列入表格。至于"没良心的""没/无用的""无廉耻""烂了嘴的"等短语性质明显的，我们没有在表格中列出来。

从上表可以看出：一是男性使用的高频詈词有"奴才、淫妇、贪/攘、畜生、恶奴、孽障"等，女性使用的高频詈词有"奴才、淫妇、忘八、嚼舌根、嚼蛆"等。二是男女使用詈词的频次比较高的有：奴才65∶30，禽兽7∶0，忘八2∶20，畜生13∶4，东西1∶5，蠢才/材3∶1，嚼蛆2∶6，下流5∶1，贼奴1∶6等。例如"忘八"是女性使用的高频詈词，该词用于骂詈时詈意很强，且大多与其他詈词或詈语连用，例如"无用的忘八、没用的忘八、臭王八、没良心的忘八、懒忘八"等。例如第9回中龙阳对别人说"众位老爷如果要不信，问那忘八可敢出来说话"，这句话中的"忘八"指赢阳。《姑妄言》中赢阳自己曾做过娈童，妻子阴氏又与别人厮混不清。第10回中游夏流对众人说"我们堂堂丈夫，可是那种怕老婆的忘八"，在"怕老婆的忘八"中"忘八"骂意不强。因此，《姑妄言》中虽然"忘八"出现22次，但女性使用的就有20次，一般用来骂自己的丈夫或者情人。另外，《姑妄言》第14回中还有"忘八羔子"2例，易勤、易寿两弟兄互骂对方为"忘八羔子"，他们是同父异母的关系，母亲都是易于仁的妾，但都不检点，和仆人有私情。

刘福根在考察《红楼梦》詈词时对"中性詈词""男性詈词""女性詈词"作

了界定，认为男女使用次数比 1.5∶1 为参考值①。以此观照，我们发现《姑妄言》中詈词的情况如下：

中性詈词数量不多，有"淫妇、小人、秃驴、杀才/材、孽障、祸根、娼根、娼妇、畜类、扯淡、蠢物"等，其中"杀才/材、畜类、秃驴、孽障、蠢物、祸根"属于以事物或动物骂人类，用于詈骂男性；"娼妇、娼根、淫妇"用于詈骂女性；"小人"属于品行不端类，用于詈骂男性。"嚼蛆"，《姑妄言》中有 3 例出自女性之口，有 3 例比较特殊：第 9 回中仆人童录说童自大的妻子铁氏骂他"嚼蛆嚼舌根"，第 14 回中王彦章跟奇姐说莺儿骂他"嚼蛆"，这两例也应算作女性詈词；第 2 回中哈回子和铁化"最相熟"，笑着骂铁化，"你这砍头的促恰鬼，单管嚼蛆胡说"，其中"嚼蛆""胡说"连用，这是男性使用的詈词。

男性詈词有"肏/攮、放（狗）屁、放屁辣骚、禽兽、弟子孩儿、拉牢、泼妇、浪钱、妖道"等，其中"肏/攮"出现的频次高达 21 次，具有很强的攻击性。《姑妄言》中前者出现 18 次，后者出现 4 次，这两个詈词的使用者都是男性，被骂对象也是男性，使用的场合也是仅有男性的场合。例如易勤→易寿，易寿→卜通，易寿→易勤，竹思宽→竹清，睡觉者→敲门者，傅金→吴赖，李太→书办，李太→干生等。《姑妄言》中"肏/攮"的对象多数是对方的女性长辈。部分用于表示出生低劣或者不纯，例如第 3 回中竹思宽说"驴子肏出来的"，第 9 回中李太骂书办是"忘八肏的"，魏忠贤骂魏广微是"狗攮的弟子孩儿"。余下的都是个位数，"奴才、禽兽、畜生"等是以社会地位低、动物骂人，这是把自己立于他人之上。

刘福根（2008）认为"肏/攮"是"一个带有很强攻击色彩的性行为动词的詈词"，《红楼梦》中"肏/攮"不是女性使用频率前十的詈词，但女性使用的次数很高，且男女使用频次比为 11∶9。《姑妄言》中没有女性使用詈词"肏/攮"

---

① 刘福根：《汉语詈词研究刘福根——汉语骂詈小史》，杭州：浙江人民出版社，2008 年，第 125 页："我们将男女使用频率最高的 10 个詈词中均出现的并且男女使用频率接近（男女使用次数比不超过 1.5∶1，下同）的詈词称为中性詈词，将只有男性使用以及男性频繁使用而女性不频繁使用（男女适用次数比超过 1.5∶1，下同）的詈词称为男性詈词，将只有女性使用以及男性频繁使用而男性不频繁使用的詈词称为女性詈词。"

的用例,但有 2 例"夤攮"连用的用例。例如第 13 回中铁氏骂丈夫"不知又往那里夤攮黄汤去",第 23 回中袁氏骂丈夫"夤攮了黄汤酒",此时"夤攮"表示吃,其对象是黄汤(酒),这一用法《红楼梦》也有,例如第 40 回:"这里的鸡儿也俊,下的蛋也小巧,怪俊的。我且夤攮一个。"《姑妄言》中"夤"是男性专用詈词,其对象是对方的娘、祖奶奶等,这些都是对方的女性长辈,其中娘是人感情中最亲密的长辈,侮辱对方的娘最具有杀伤力,因为"与对方母亲发生关系,意味着做对方的父辈,这在讲究孝道的传统社会中,无疑大大贬低了对方,抬高了自己"①。《姑妄言》中"夤""娘/妈"之间夹入成分,骂意十足。例如第 14 回"夤你的亲妈""夤你的祖奶奶",第 10 回"夤你娘的"。刘福根认为"'你/他娘/妈(的)'这一骂詈形式成熟定型于《儿女英雄传》时期"②,且在《红楼梦》之前的作品用"你/他娘(的)",不用"你/他妈(的)",上述众例印证了该说法。

此外,《红楼梦》的詈词中生殖器官在男女之间有严格的界限,互不通用③,《姑妄言》中男性的仅男性使用,如"毬",第 9 回中李太骂舅子"这个瞎~攮",骂干生"你这驴~~攮的",但女性的则男女皆用,如"屄",第 13 回童自大骂仆人"~养的",第 19 回卜校骂母亲阙氏"夹着你的老~",第 20 回易于仁骂妻子袁氏"~脸弹子";第 5 回姚泽民家女仆秋月骂春花"骚~",第 15 回富氏骂贾文物"~脸弹子"。此处使用的詈词都是愤怒或憎恨的,感情色彩强烈。

女性詈词有"短命、嚼舌根、强盗"等,多数是个位数。"嚼舌根"表示乱讲,随便议论别人,它与"嚼蛆""胡说"同义。《姑妄言》中"嚼舌根"是女性专用詈词;"强盗"用品行不端来骂对方,这些詈词大多失去詈意。"短命"是高频詈词,仅有 1 例仍带有詈意,余下 13 例出现于对话之中,是女性用来称呼

① 陈克:《中国语言民俗》,天津:天津人民出版社,1993 年,第 27 页。
② 刘福根:《汉语詈词研究——汉语骂詈小史》,杭州:浙江人民出版社,2008 年,第 143 页。
③ 刘福根:《汉语詈词研究刘福根——汉语骂詈小史》,杭州:浙江人民出版社,2008 年,第 125 页。

情人的，表达亲昵之情，此时"短命"失去詈意。

二、使用者的身份

《姑妄言》中人物使用詈词的次数统计如下：使用 21 次的有铁氏 1 人，使用 20 次的有宦萼、李太 2 人，使用 19 次的有富氏 1 人，使用 17 次的有娇娇 1 人，使用 15 次的有郏氏、熊氏、易于仁 3 人，使用 14 次的有卜氏 1 人，使用 13 次的有钱贵、阮大铖 2 人，使用 12 次的有童自大、臧知县 2 人，使用 11 次的有昌氏 1 人，使用 10 次的有妇人（被抓女子）、水氏 2 人，使用 9 次的有袁氏、干生、秋月 3 人，使用 8 次的有侯氏、素馨 2 人，使用 7 次的有毛氏、缪氏、聂变豹、杨大、阴氏、迎儿、知县 7 人，使用 6 次的有捕快、曾好义、创氏、东氏、桂氏、郝氏、金矿、屈氏、魏忠贤、郗友、乐公 11 人，使用 5 次的有钟情、爱奴、高杰、哈回子、客店主人、李之富、裴氏、阮最、阮优、尚智、铁化、易勤、火氏 13 人，使用 4 次的有薄氏、宝儿、卜校、刁桓、傅金、葛子恩、滑氏、火大夫妻、李自成、赵酒鬼父亲、真佳训、甄氏、竹清、竹清舅子、竹思宽 16 人，使用 3 次的有暴利、鲍信之、长舌妇、多谊、国氏、花氏、李二财、李过、龙阳、梅生、闵氏、莫氏、邬合、香儿、媒人、夭桃、姚泽民、易寿、嬴氏、嬴阳、众人、万缘 22 人，使用 2 次或单次的有卜通、曾嘉才、朝天宫道士、陈仁美夫妻、褚盈、春花、鄂氏、哥哥、国守、韩寡妇、侯太常、画匠、宦计、鸡冠/莲姨、老鸨、老娘、莲姨、卖酒的妻子、篾片、牧福、慕义等、牛氏、牛质、奇姐、钱癖、三四位秀才、史公、寿察院、铁化丈母、卫嫣儿、魏如豹、吴赖、吴知、嬴阳夫妻、外人、俞一鸣、贼、赵酒鬼、钟情侄子、钟吾仁、铁镇恶、艾金、本阳、褚氏、崔命儿、多必达姐姐、苟氏、贵姐、黑姑子、花蕊、花蕊/花须、花知县、花子、滑稽、火大、鸡冠、计氏、金三儿、菊姐/桂姨、客氏、赖盈、老铁回子、李六、李三、李氏、马氏、祁辛、师氏、睡觉者、铁化丈人、大王、王老儿、莺儿、县里老爷、刑厅、巡夜的头目、杨为英、姚华胄、夜叉、夜合、游夏流、于氏、再来姐、贼帅、贼秃、钟趋、钟越、围观者、行人等，共计 185 人。

詈词是一种社会方言，不同阶层的人使用的詈词不同。《姑妄言》中詈词的使用者遍及社会各阶层，有大王，有国师、都督、察院、按院、府尹、将军、知县、刑厅等各级官员，有太监、幕宾、篾片、捕快、书办等官场杂役，也有秀才、地主、财主、商人、农人、店家、僧道、教书匠、画匠、盗贼、妻妾、仆婢、娼妓等，涉及社会上形形色色的人。刘福根（2008）认为不同身份的人使用詈词的频率、对詈词的选择有明显差别。《姑妄言》中也出现此类情况，我们对使用詈词超过 10 次的使用者展开分析：

宧莩是工部尚书宧实之子，妻子是少卿、太仆寺丞之妹。因此，他家在"富贵二个字"上是南京数一数二的。宧莩起初是个痴顽公子，"惟知骄矜使气，那一种呆气勃勃，自然日盛一日，那呆就无所不至，与禽兽几希"（第 5 回）。被他骂的人以男性居多。例如第 21 回中刁桓是千户之子，日夜嫖赌，引诱牧福赌博，逼得牧福以妻抵押。宧莩在与屈氏（牧福之妻）交流中，连骂刁桓为"奴才"，但他向府尹反映刁桓的恶行时，则骂刁桓为"光棍""恶棍"。第 19 回中卜校不孝，对母亲阙氏又打又骂，宧莩骂卜校是"禽兽"，并对阙氏说"这样不孝的奴才，你稀罕他做甚么"。第 20 回中曾好义的大侄子曾嘉才忤逆叔父，欺负弟弟，宧莩好心解劝，曾嘉才出言不逊，宧莩大怒，骂他是"不孝不友的下流奴才"，对曾好义说曾嘉才是"凶徒"。宧莩使用的詈词有"恶棍、恶奴、放狗屁、胡说、酒囊饭袋、驴心狗肺、奴才、禽兽、酸丁、下流、畜生、淫妇、杂种"，这些詈词虽然骂意足，但所骂之人大多是该骂之人。

李太，当兵出身，虽然官居都督，但他不仅一字不识，而且"粗卤至极"，对"待人接物礼貌上的仪文"丝毫不知。他骂下属："忘八肏的，老子肏你的奶。"骂孙子的老师："你这驴毬毬攮的，我管下多少兵丁，一年只关十二两银子，还当多少差事，稍误了还要打狗腿。""走你奶的村路，我的孙子就不念书也不怕没有饭吃，他们跷起腿来比你穷秀才的头还高些。"骂妻子："你那姐姐也不是个人娘养的。"骂父亲："我想来别人也不敢，不要就是俺那爷老没廉耻做的事罢？"骂小妾："明日我把这几个淫妇全杀掉了，才出得这口恶气。"骂妻弟："这个瞎毬攮，在家坐坐罢了，偏偏今日他又去耍甚么台台的。"李太使用的詈词骂意十足，被骂者大多没有过错。李太使用詈词有"狗腿、毬、肏/攮、穷秀才、书呆、村路、淫妇、鸟、忘八、瞎”等，多数粗鄙不堪。

易于仁、童自大是有名的财主，都大字不识，但易于仁向来品行不端，童自大有改邪归正的情况，二人使用詈词的类型、骂詈对象、"骂意"程度等不同。易于仁的妾马蚕儿、水良儿与他人厮混，易于仁知道后痛揍两人，并大骂妻子袁氏，使用"淫妇""屄"等攻击性强的詈词。童自大"虽算不得奇蠢，也有三分呆气"（第 3 回），他是《姑妄言》中四大主要人物之一，且交际范围比易于仁要广得多，骂詈的对象要比易于仁多。当着铁氏的面骂自己"狗心狗肝"，骂家人童禄"蠢才""屄养的"，恨自己喝酒做错事，自骂贪"黄汤"等。

阮大铖使用的詈词有 13 次，但类型不多，有"奴才、淫妇、呆奴、胡说"等，例如第 13 回中骂长子阮优是"奴才"，骂自己的妾娇娇是"淫妇"。

臧知县使用詈词种类少，仅有"畜类、奴才、下流"等詈词，其中"奴才"是其使用的高频词，用于公共场合。

附带一提的是，《姑妄言》中官员使用的詈词种类很少。例如作为小说四大主要人物之一的钟情，仅仅使用詈词 5 次，有"小人、奴才、下流、禽兽"。小说中史可法（兵部尚书）、乐为善（府尹）、寿察院、钟情（浙江司员外）、铁镇恶（按院）、臧知县、花知县、刑厅，以及尚智、高杰、国守等武将使用的詈词均不多，主要有"奴才、庸奴、禽兽、小人、竖子"等，这些詈词主要用于公务场合中。另外，富户部骂女儿为"孽障"，侯太常骂女儿为"滞货"，骂女婿为"蠢物"，这三个詈词虽出自官员之口，但使用场合属于私密场合。可见，官员之类社会地位较高的人在选择詈词时会使用攻击性不强的詈词。

封建社会中男权意识强，对传统女性而言，要"三从四德"，依附于男性。但《姑妄言》中童家、贾家的女主人铁氏、侯氏却以"悍妇"的形象出现，他们经常打骂丈夫。童自大虽是南京城里有名的财主，妻子铁氏"性子凶暴无双，且娇容更长得奇异无两"（第 3 回），童自大见她"如鼠见猫，如獐见虎相似"，早已"心悦诚服"。铁氏在童家是"权势方"，也是女性中使用詈词最多的，共 21 次，有"祸根、妖货、淫妇、黄汤、奴才、矐死饭、杀材"等，其中 13 次是用于骂詈丈夫童自大的，有"奴才、杀材、黄汤"等。

贾文物是翰林之子,其妻富氏是家私巨万的富户部的独女,且富氏比贾文物大十来岁,在家庭生活中富氏完全占据"权势"地位,不仅顶撞父亲,更是经常"凌虐丈夫,不孝公婆"。富氏使用詈词达 20 次,有詈词"娼根、畜生、骚奴、养汉精、淫妇、东西、狗仗人势、嚼蛆、忘八、现世、贼样、撞尸游魂"等。其中骂丈夫贾文物的詈词有"东西、狗仗人势、忘八、现世、撞尸游魂"等,共 11 次;骂女仆的有"骚奴、娼根、淫妇"等。铁氏、富氏对丈夫使用的詈词大多"骂意"十足,或者骂人为物,或用极其不雅的詈词。总之,她们使用的詈词大多攻击性强。宦蓉的妻子侯氏,"自幼娇养,恶性成习,有河东狮之风,具鸠盘荼之貌",在家里也是"权势方",所使用的詈词多用于宦蓉身上。

至于游夏流、甘寿两家,游夏流的父亲是"捐纳的秀才",游夏流、甘寿是表兄弟关系,他们的妻子卜氏、熊氏在各自家庭中打骂丈夫,属于"权势方"。熊氏使用的詈词都用于骂甘寿,有"狗命、奴才、驴(耳朵)、贼",其中 6 处直接骂詈丈夫,有 9 处是当着女儿或游夏流的面骂自己的丈夫,丈夫不在现场;卜氏共使用詈词 14 次,有"蠢货、忘八、瘟鬼、现世、物件、兔子、兔羔子"等,其中有 5 次是当面骂丈夫游夏流,7 次是骂游夏流及其朋友。

钱贵使用的詈词共 13 次,有"小人、畜生、放屁、匪类、奴才、下流、畜类、狂奴"等。她虽然是瞽妓,但遇到钟情后就"矢心从良",竹思宽想打其主意,被钱贵痛骂一场。第 4 回:"这奴才,连畜生都不如了,他与母亲相处了多年,怎么又想起我来? 这猪狗不如的下流,该拿驴粪塞他的嘴。我自幼见他是个舔痈舐痔不端的小人,屡屡要辱骂他,因他是母亲相知,我看母亲面上,容忍多次。他今日反这等无知妄想,放这屁起来,我当与他性命相搏。我虽眼睛看不见,我若听得他声音,遇着这大胆的猪狗,与他誓不俱生。"这一场骂淋漓尽致地表达了钱贵对竹思宽的憎恶。

娇娇是阮大铖的妾,郏氏是阮大铖长子的妻子,两个女人品行不端,尽管使用詈词的次数较多,但所用詈词大多没有"詈意",反表示亲昵之情,使用的对象是有私情的男子。其中娇娇使用的詈词有"短命、馋狗、促恰、短命鬼、强盗、促恰瘯"等,郏氏使用的詈词有"老贼、奴才、淫妇、嚼舌根"等。

小贼头献勤抓住美妇,献给李自成,美妇痛骂两人,共使用詈词10次,其中"恶贼、贼奴、泼贼、贼"都是骂意十足。昌氏是妓女,在书中使用的詈词有"小人、嚼舌根、囚、忘八、龟子、村路、牛鼻子"等,她使用詈词时大多连用,且骂意很强。水氏是个行为不端的接生婆,使用的詈词有"忘八、刻薄鬼、强盗、瞎"等。她骂丈夫为"忘八",表达很强的骂意;骂情人为"强盗",表达的却是亲昵。

三、使用的场合

詈词是人们在交际中使用的,面对不同的交际对象、不同的场合,表达时往往会采用不同的形式。刘艳玲(2011)提出詈词使用的场合有公务场合、公众场合、公开场合、私密场合。根据《姑妄言》詈词使用的具体状况,我们从公务场合、公开场合、私密场合三个方面加以考察。

公务场合,主要指工作场合,尤其是官员工作场合。例如第7回知县吩咐众衙役把"和尚枷号一月示众",他骂和尚为"奴才";第22回国守等人商量如何对付李自成时,骂李自成为"瞎贼"。

公开场合,第2回竹思宽赌博输钱,没有银子还债,被一众赌徒围住,众人道:"爷们原想赢你这肿嘴,今日不幸输了,是你的造化。"第23回中吴赖与傅金公开对骂,傅金破口大骂道:"肏娘眼的奴才,你敢在我跟前放肆,把你祖奶奶送给叫驴肏。"吴赖道:"你恃着有几个浪钱,你伤我的祖父。"

吴恩锋、全晓云(2007)认为詈语的交际功能主要是在非正式场合实现的。《姑妄言》中用于私密场合的詈词较多。如夫妻或情人之间的私密场合,例如侯氏骂丈夫"你这狠心的忘八",此时"忘八"的骂意不强。第12回水氏与情人的对话中,水氏笑骂道"都是你这斫刀的引的头","斫刀的"本是以死亡骂人,但在此场合下它的詈意弱。牛氏与和尚通奸,家仆悄悄商量捉奸,有的仆人胆小,吴知骂胆小的人是"放屁虫"。又如第24回中阮大铖任大司马,他"无钱不受,无恶不作,无丑不备"。当他到江北时,慕义、林忠、尚智、国守、鲍信同众千把总循例"呈履历参见",却被阮大司马大骂,众人虽然满腔忿忿,却不敢出言,聚集商议时骂阮大铖是"贼胚"。

不同场合中骂詈双方的关系不同。《姑妄言》中骂詈行为主要有三种情况,一是对话中使用詈词,但被骂对象不在现场;二是对话中使用詈词,对骂;三是自骂或心里所骂。前两种情况双方关系明显,且是主要情况。第三种情况,可以根据话语语境得知双方关系。

《姑妄言》中的骂詈行为主要发生在上对下、平级之间。上对下的关系,主要表现为"官→民""长辈→晚辈""地位高的→地位低的"三种情况。"官→民"体现了官尊民卑的社会观念。如第9回中捕快骂和尚:"贼秃,细细的说如何拐出来的?"第17回中应天府府尹乐为善骂刘弘道:"你这没良心,人面兽心的恶奴""你这恶奴心肠""你良心丧尽,禽兽不若了""小人无知"。"长辈→晚辈"体现了长尊幼卑的社会观念。如第7回中父亲骂儿子是"孽障","大清早睁开眼就吃得怎个贼样"。又如第4回中舅舅骂外甥是"孽障""现世",第6回中叔叔骂侄子是"没廉耻的奴才",第10回中母亲骂儿子是"要死的奴才",第2回中老师骂学生"你这畜生",第8回中莫氏骂儿媳妇富氏"不贤良的东西"。"地位高的→地位低的"体现了主尊仆卑的社会观念。例如第10回中富氏骂婢女"你这小骚奴""没廉耻的臭娼根,养汉精的淫妇"。

平辈或平级之间,关系较多:夫妻之间,第3回中铁氏骂丈夫童自大是"杀剐的奴才",第14回中易于仁骂妻子袁氏是"无廉耻的淫妇",袁氏骂易于仁是"没良心的忘八"。亲戚之间,第18回中郗友骂妹夫充好古是"没良心的奴才""现世现报"。情人之间,第13回中郏氏与小叔子有私情,骂小叔"嚼舌根"。兄弟之间,第10回中哥哥骂弟弟"害了馋痨";第14回中易寿骂哥哥易勤"肏你的亲妈"。朋友之间,第12回中哈回子和铁化最相熟,笑着骂铁化"你这砍头的促恰鬼,单管嚼蛆胡说"。同行之间,第10回中花子之间相骂"肏你娘的"。仆人之间,第14回中女仆卫嫣儿骂男仆金三儿是"砍千刀嚼舌根的"。《姑妄言》中朋友之间、夫妻之间、情人之间相骂的情况较多,但大多情况下这些詈词表达的"骂意"不强,攻击性不强,有的甚至已经失去詈意,仅仅表示亲昵，如第 13 回中侯氏笑骂丈夫"天杀的"，仅表示谴责。

《姑妄言》中"下→上"这种以下犯上的情况很少。第 7 回中仆人爱奴骂主妇郑氏是"没廉耻的淫妇"，这是爱奴背后骂的。第 10 回中富氏对着女仆骂自己的婆婆："你那奶奶也算得人么？白披着张人皮，连畜生还不如呢。"书中富氏是"悍妇"的形象，她骂自己的婆婆，婆婆不在现场。第 23 回中夭桃骂主人毛羽健的妻子："这妒妇我是没奈何他的了，我把他女儿撩动春心，弄成个破罐子，等嫁人家时，送了回来，羞辱这恶妇一场。"夭桃对女主人极其憎恨，此处是背后骂。可见，"下→上"情况很少见，主要是背后悄悄地骂。

此外，自骂或心里所骂也可以看出交际双方的关系，例如第 20 回宦萼听到曾嘉才胡说，心中大怒，骂曾嘉才是"不孝不友的下流奴才"。

《姑妄言》中詈词使用者双方的关系中以上对下为主，使用的詈词多数具有"骂意"；平级或平辈之间使用的詈词中权势方使用的詈词多数具有"骂意"，如铁氏、富氏对丈夫的詈骂。"在人际关系处理上，人们首先要服从权威或长辈，在交际中'权势'或'主从'关系起主导作用，一方对另一方的服从和保持一致是至关重要的"①，《姑妄言》的詈词体现了这一观点。

上述，作为一种社会语言现象，詈词的使用与使用者的身份、性别，使用的场合等这些社会变体有关。不同身份、性别的人使用詈词的数量、类型等不尽相同。社会身份较高的男性，尤其是官员，一般使用的詈词数量少、类型比较单一，骂詈对象往往是男性；社会身份较高的女性，尤其是家庭中比较强势的主妇，一般使用的詈词数量多，且类型较为丰富，多数詈词的攻击性比较强；社会地位比较低的男性，个人使用詈词的数量不多，但詈词的类型较为丰富，詈词内容比较粗俗；社会比较低的女性，使用詈词的类型较为丰富，詈词的攻击性更强。《姑妄言》中用于私密场合的詈词较多。詈词使用者双方的关系中以上对下为主，使用的詈词多数具有"骂意"；平级或平辈之间使用的詈词中权势方使用的詈词多数具有"骂意"。

---

　①　吴为善、严慧仙：《跨文化交际概论》，北京：商务印书馆，2009 年，第 77 页。

第五节 詈词的来源、发展

《姑妄言》中"奴才"是高频词,共出现 95 次。刘福根(2008)认为《红楼梦》的詈词有 84 组,使用频次 483 次,其中"东西"共出现 71 次①。曹炜(2010)以《现代汉语词典》为参考,详细考察了詈词的语音形式、内部结构及功能、用途等②。在前贤研究的基础上,将《姑妄言》《红楼梦》、现代汉语中的詈词做一些比较,以此揭示詈词发展的一些情况。

一、詈词的来源

从历时的角度来看,詈词中有不少承古词,也有一些新词。如《姑妄言》中的"竖子""竖儒"之类早在秦汉已有使用,"小人"在魏晋南北朝时期已经明显有指斥人品行恶劣的用法,"贼"在魏晋南北朝时已经发展为詈词,隋唐时期变体增多③,"忘八/王八""弟子孩儿"等则较早地出现于元代戏曲中。

至于新詈词,多数情况是借已有形式用作詈词。例如"婊子""废物"等。《姑妄言》中"婊子"共出现 25 次,都指妓女,现代汉语中该形式已经产生了骂人为娼的用法。也有的是改造原有形式形成的,这些詈词多数是单义词。例如"杀肉""浪肉""贱肉"等是通过改变构词语素形成的。"杀才/材"早在元曲就有用例,如元关汉卿《金线池》第二折:"爱你个杀才没去就,明知道雨歇云收,还指望待天长地久。"《姑妄言》中既有"杀才/材"这个近代汉语文献中常见的詈词,也有"杀肉"这个其他文献很少见的用法。"肉"是《姑妄言》中詈词的构成语素,如第 19 回:"我拿着饭白给你这老杀肉的吃,做甚么事,把个孩子跌得恁个样子,遂了你的狼心狗肺了。"小说中卖菜为生的卜校时常打骂母亲。此处用"老杀肉""狼心狗肺"骂母亲阙氏,其中"杀肉"是骂人像猪羊之类

---

① 刘福根:《汉语詈词研究——汉语骂詈小史》,杭州:浙江人民出版社,2008 年。
② 曹炜:《现代汉语词汇研究(修订本)》,广州:暨南大学出版社,2010 年,第 191 页。
③ 刘福根:《汉语詈词研究——汉语骂詈小史》,杭州:浙江人民出版社,2008 年,第 33、62 页。

杀了供人食用，即骂人为肉类食材。国人历来重孝，但卜校不仅打骂母亲，还把母亲逐出家门，如此忤逆不孝，有违天理，因此最终被天雷劈死，身上还被批上"不孝逆子"四字。曹去晶给他取名为"卜校"，就是谐音"不孝"，这样的人是他要批判的。《说文解字·肉部》："肉，胾肉。"段玉裁注："胾，大脔也，谓鸟兽之肉。……生民之初，食鸟兽之肉，故肉字最古。而制人体之字，用肉为偏旁，是亦假借也。人曰肌，鸟兽曰肉，此其分别也。"《姑妄言》还有"贱肉""浪肉"的说法，例如第 24 回："火氏道：'不识抬举的贱肉，竹相公赏你们，敢不吃么？'"火氏因丫头不肯喝酒，骂她们是"贱肉"。"贱肉""杀肉"等詈词是近代汉语文献中少见的詈词形式。《姑妄言》中类似的还有"妖货""骚货""浪货"等。

从共时角度来看，詈词中有的源自地域方言，有的源自社会方言。地域方言一直是詈词的主要源头，《姑妄言》《红楼梦》、现代汉语中的詈词都有类似情况：

有的詈词完全直接源自地域方言。如《红楼梦》第 10 回："这秦钟崽子是贾门的亲戚，难道荣儿不是贾门的亲戚！""崽子"是源自北方方言的詈词。清福格《听雨丛谈》卷六："北人谓狐兔之雏，皆曰崽子、羔子，是羔子为兽类之雏，不必专属于羊，如今之狐崽裘也。"

有的詈词源自地域方言，但词形发生变化。例如"促恰-促狭-促掐"。《姑妄言》有詈词"促恰"，如第 2 回"连老婆子同媳妇想起他这促恰来"，《红楼梦》中写作"促狭"，如第 20 回"死促狭小淫妇"。又有"促掐"，姜亮夫《昭通方言疏证·释词》："促掐，掐一作恰，昭人谓以阴险刻薄曰缺德，或曰促狭……昭人言促狭一音之变，惟促狭则已变为通语。""促恰-促狭-促掐"词形不同，用于骂詈时指刁钻刻薄。《姑妄言》还有"促恰鬼""促恰痨"等，例如第 2 回："你这砍头的促恰鬼，单管嚼蛆胡说。"据《上海话大词典》，"促掐鬼"指"詈调皮、刁钻、挖空心思使人吃亏上当的人"，"促恰痨"则指刁钻古怪的人，江淮官话。

有的詈词源自地域方言，但音节数不同。例如"歪辣骨→歪辣""黄黄子-

黄子"。

"歪辣骨→歪辣"。"歪辣骨"是明清时期北方斥责妇人的詈词。明浙江人沈德符《万历野获编·诗曲》:"北人詈妇之劣者曰歪辣骨。"清光绪十二年《顺天府志》:"北人詈妇之下劣者曰歪剌骨。"《金瓶梅》中有"贼歪辣骨""小歪辣骨儿"等,都用作詈词。《红楼梦》第7回中"你师父那秃歪剌那里去了","歪剌"即"歪辣骨","秃歪剌"是骂女僧人或女道士。

"黄黄子-黄子"。《红楼梦》有詈词"黄子",如第40回:"(刘姥姥)骂道:'下作黄子! 没干没净的乱闹。'"《汉语大词典》卷十二第969页义项⑥"行子,行货子。犹东西。用作詈词";卷三第888页解释"行子"为"① 东西;家伙。对人或物的蔑称"。用作詈词的"行子"在方言中沿用至今。《现代汉语词典(第7版)》第516页解释为"〈方〉称不喜爱的人或东西"。《姑妄言》有用"黄黄子"骂人的情况,如第17回:"(魏忠贤)骂道:'这狗弟子孩儿,你是个什么黄黄子,咱抬举你这个宰相,也就算咱的大恩了。'""黄黄子""黄子"在明清白话文献中很少见到。明陆云龙《魏忠贤小说斥奸书》第2回:"嫂子收了罢,要这没鸡巴的黄黄子也没账了。"明冯梦龙《精忠旗》第十五折:"你每这些黄黄子少打! 平不达儿的有这些饶道!"清李汝珍《镜花缘》第68回:"俺把你这没良心的混帐黄子!"从语料来看,"黄黄子"早见于明末清初,"黄子"则出现于清代中晚期。程志兵、赵红梅(2012)认为"黄子"是"行行子"或"杭杭子"的音变,指物件、东西,"常用于蔑称人或物"①。王焕彪(2012)认为"行货"在宋代表示一般的商品货物,用于指人时具有贬义色彩,后来贬义的"行货"增加了词缀"子",清代"行子"逐渐代替了"行货子",至今在北方方言中沿用。"黄子"使用于南方,"行子"使用于北方,两者意义相近,可能是偶合,也可能是语音方面的原因②。《红楼梦》中有"黄子""行子"的用法,《姑妄言》中只有"黄黄子"。就"黄黄子-黄子"而言,两者所指相同,都带有方言色彩。

---

① 程志兵、赵红梅:《〈近代汉语大词典〉部分词语释义、立目商榷》,《西南交通大学学报(社会科学版)》2012年第5期,第32页。

② 王焕彪:《北方官话方言词"行子"考释》,《大庆师范学院学报》2012年第5期,第96—99页。

　　现代汉语詈词中有一些源自地域方言,例如"瘪三"是源自上海方言的詈词,指无正当职业而以乞讨或偷窃为生的城市游民。

　　有的詈词源自社会方言。例如"兔子_隐语→兔子_詈词"。"兔子"大约在明末清初开始隐指"被当作女性玩弄的男子"①。如《姑妄言》中的"兔子"是作为隐语使用的,第 10 回中宦畎告诉主人,杨为英是个"兔子",此时"兔子"还是有"回避人知"的功能,即带有一定隐秘性。在男权社会里,被当作女性玩弄有违伦理,对一个男人来说侮辱性强。《红楼梦》中"兔子"已用作詈词,如第 75 回:"也就是你们这起兔子,就是这样专洑上水。"又有"兔崽子"的说法,例如清吴趼人《二十年目睹之怪现状》第 83 回:"我女儿虽是生得十分丑陋,也不至于给兔崽子做老婆!""兔崽子""兔子"在清代文献中用作詈词,且沿用至今天,《汉语大词典》卷二第 274 页释"兔子"为"① 兔的通称""② 詈词"。有的方言也有类似用法,如 1935 年《新城县志》:"兔之子谓之兔崽子。兔崽子北俗詈人之语。"现代汉语中以"兔"为构词成分的詈词不多见。

二、詈词的发展

(一)詈词发展的表现

　　以现代汉语为观照,《姑妄言》中出现的一些詈词有的逐渐从汉语詈词系统中消失。例如"竖儒""弟子孩儿""庸奴""小寇""酸丁"等。《姑妄言》中有"呆奴、贼奴、瞎奴、狂奴、庸奴、秃奴、龟奴、蠢奴、恶奴、奴才"等以"奴"为构词语素的。除了"奴才"(现代汉语中詈词"奴才"所指不同),上述"～奴"在现代汉语中已经消失。仆人本是旧社会的产物,随着社会的发展,奴仆消失,较为灵活的构词语素"奴"失去了灵活性。又如"竖子""竖儒","竖"有"童子,未成年的仆人"义,秦汉时期成为詈词"竖子""竖儒"的构词语素,这是"斥幼弱无

---

　　① 贺卫国:《詈词"兔子"考》,《广西民族师范学院学报》2011 年第 4 期,第 86 页。

知多于斥地位低贱"①。现代汉语中"童子，未成年的仆人"义在口语中消失，而詈词更多的是出现于口语环境之中，现代汉语中已经极少出现"竖子""竖儒"之类的詈词。

《姑妄言》中沿用到现代汉语的詈词不少，主要有"操/肏、黄汤、粪、蠢材、蠢货、废物、王八、杂种、混帐、娼妇、泼妇、穷酸、乌龟、畜生、小子、呆子、赌棍、假道学、酒囊饭袋、孽障、奴才、脓包、强盗、禽兽、鬼子、无赖、小人、妖精、下作、现世、狗仗人势、狗屁、下贱、下流、胡说、狼心狗肺、东西"等。有的詈词在现代汉语某些方言中沿用，如"嚼蛆"，用作詈词，仍活跃于江淮官话、吴语等多个方言区。这些詈词在语言形式、语义内容、语用功能方面多数没有发生变化，但也有少数詈词发生变化，主要有两种情况：一是语义内容有所不同。如"奴才"，《金瓶梅》《醒世姻缘传》《姑妄言》《红楼梦》等明清文献中常见的詈词，本来主要用来称呼家奴仆人，因其社会地位低，被用作詈词骂人，属于"以低、劣骂人"类。例如《姑妄言》第20回："我死了，靠这奴才，还有本事挣口棺材与我么？"葛子恩骂儿子葛器是"奴才"，是因儿子不成器而骂。现代汉语中"奴才"也用作詈词，但常用来骂那些甘心供人驱使的人。二是形式、内容变化。如"狗腿-狗腿子"，如《姑妄言》第23回："按院道：'还不实招，夹折你的狗腿，也不饶你。'"句中骂人腿为"狗腿"，是骂人为动物。现代汉语中有用"狗腿/狗腿子"骂充当帮凶者的情况。例如李季《五月端阳·羊羔》诗："洋大人怀恨下毒手，派狗腿，打黑枪，父母双亡。"杜鹏程《保卫延安》第四章："游击队咋着，还不是一样逮住你们这些美国狗腿子了！"

（二）詈词发展的特点

《醒世姻缘传》《姑妄言》《现代汉语词典》共现詈词有"奴才、小人、王/忘八、乌龟、肏（操）/攮、娼妇、杂种、混帐、蠢材/才、蠢货、禽兽、孽障、小子、强盗、畜生、东西"等，具体如下表：

① 刘福根：《汉语詈词研究——汉语骂詈小史》，杭州：浙江人民出版社，2008年，第11页。

《姑妄言》《醒世姻缘传》① 共现詈词	《姑妄言》《红楼梦》 共现詈词	《姑妄言》《现代汉语词典》 共现詈词
贼、忘八、乌龟、狗/狗～、臭臭～、奴才、光棍、尿、混帐、肏/攮（肏攮）、砍头的、浪/浪～、妖～、娼妇、强盗、杂种、天杀的、畜生、畜类、村～、东西、放（狗）屁、禽兽、脓包、泼妇、没良心、短命、牛鼻子、小人、虫、毒、没天理、蠢材、蠢货、蠢物、促恰、胡说、秃驴、废物、祸根、虔婆、逆子、狼心狗肺、弟子孩儿、你娘的、小子……	东西、混帐、该死、肏/攮、王/忘八、孽障、娼妇、屁、毬/㞗子、尿、淫妇、小人、囚、短命、畜生、（你）娘的、杂种、妖精、羔子、蠢才、小子、奴才、杀才、瞎猪、促狭/恰、撞尸游魂、作死、杂种……	屄/鸟、屎/球、操、肏、黄汤、粪、蠢材、蠢货、废物、王八、杂种、混帐、娼妇、泼妇、穷酸、乌龟、畜生、小子、呆子、赌棍、假道学、酒囊饭袋、逆子、孽障、奴才、脓包、强盗、禽兽、鬼子、无赖、小人、妖精、下作、现世、狗仗人势、狗屁、下贱、下流、胡说、狼心狗肺、狐狸精、鬼、死鬼、东西……

　　就詈词系统而言，虽然部分内部成员发生变化，但詈词系统变化的速度较慢。主要表现在几个方面：

　　一是语义类型比较稳定。从语义内容来看，这些詈词或是以粗俗之物、行为骂人，如"肏（操）/攮"；或诅咒骂人，如"鬼"；或以低、劣骂人，如"禽兽、畜生"，属于詈词的三大语义类型。其中与生殖相关的詈词仍是詈词中骂詈程度较强的，这反映了人们观念习俗中一直对"性"有一定程度的回避②。与之相关的"王八、娼妇、混帐"也一直是詈词。

　　二是构词语素较为稳定。有的语素一直是詈词中较灵活的构词语素。如"鬼""贼"等，《姑妄言》的相关詈词见前文；《醒世姻缘传》中"贼/贼～"是高频詈词，达 141 次③；现代汉语有"死鬼、胆小鬼、吸血鬼、酒鬼、鬼子、贼子、贼心、贼眼、国贼、民贼"等，可以看出它们在词中所处的位置较为灵活。詈词的内部结构仍以偏正式为主，且大多是名词性的，具有一定的指代作用。如"小人""小子""强盗"等。

---

　　①　刘艳玲：《〈醒世姻缘传〉詈词使用状况的考察》，《常熟理工学院学报》2011 年第 3 期，第 83—88 页。《醒世姻缘传》有詈词 367 组，使用詈词 2 342 次，其中"贼/贼～"是高频詈词，141 次。

　　②　曹炜：《现代汉语词汇研究（修订本）》，广州：暨南大学出版社，2010 年，第 197 页。

　　③　刘艳玲：《〈醒世姻缘传〉詈词使用状况的考察》，《常熟理工学院学报》2011 年第 3 期，第 83—88 页。

此外，文学作品中运用詈词的情况往往能反映作者的相关信息。曹去晶的《姑妄言》、曹雪芹的《红楼梦》都是清代白话小说，前者完成于雍正年间(1730)，后者完成于乾隆年间①。王永健(2005)认为"曹去晶在南京生活和创作《姑妄言》的时代，正是曹寅父子任职江宁织造、由显赫一时走向抄家没落的时期"，且曹去晶、曹寅父子籍贯相同，"曹雪芹与曹去晶相识，并在南京或北京读过《姑妄言》的手稿或抄本，这也是极有可能的事"②，他认为《姑妄言》对《红楼梦》的创作有着多方面的启迪和影响。在与《红楼梦》中詈词的比较中，我们发现《姑妄言》詈词的数量、频次远高于《红楼梦》。这与作者的创作及其自身的词汇素养有一定的关系。据前文研究，詈词绝大多数出现于人物对话之中，且不同阶层的人使用詈词的数量、类型是不同的。《姑妄言》中除了钟情外，宦萼("性质粗顽")、童自大(目不识丁)、贾文物(伪文人)都是"恶性成习"，至于《姑妄言》中众多市井小人物，如邬合、卜通、竹思宽、游混公之流，他们的语言充满浓郁的市井气息，有的粗鄙不堪。《红楼梦》的主要人物出自诗礼之家，从主要人物到一众小人物，虽也使用詈词，但相对而言要"雅"多了。小说中詈词的使用情况与作者有关。曹去晶娴熟地使用大量的詈词去塑造不同人物，可见他相当熟悉书中人物的生活状态，熟悉其日常用语，知道他们日常使用的詈词。我们从该书詈词的使用情况，推知作者曹去晶应是个处于社会底层的文人，即"是一个并不熟悉上流社会的生活，而且文化素养不算太高的下层文人"③。而曹雪芹虽然经历了由上层流落下层的生活，但毕竟出生于世家大族，是官家子弟，对极其粗俗的詈词熟悉程度不如曹去晶，且曹雪芹饱读诗书，文化修养高，尽管其作品中有不少詈词，但主观上他对这些詈词是不认同的。

同时，地域色彩显著的詈词的使用情况也能在一定程度上反映作者的相

---

① 龚迪：《曹雪芹〈红楼梦〉创作时间探讨》，《红楼梦学刊》2018 年第 4 期，第 78—109 页。

② 王永健：《〈红楼梦〉与〈姑妄言〉》，《东南大学学报(哲学社会科学版)》2005 年第 3 期，第111—128 页。

③ 何天杰：《〈姑妄言〉的启示》，《华南师范大学学报(社会科学版)》1997 年第 6 期，第 85 页。

关情况。《红楼梦》中的"崽子""混呲""蹄子"等詈词不见于《姑妄言》,《姑妄言》中的"拉牢""蜡花"等则不见于《红楼梦》。"拉牢"是诅咒人死在牢里,因为囚犯死在牢内,尸首只能从牢洞中拉出去,是吴语词,例如《姑妄言》第16回店家告诉钟情"姓钟的这拉牢的囚"。第10回中扬州人骂自己的弟弟是"蜡花","蜡花"是带有江淮方言色彩的詈词。据《汉语方言大词典》卷四,"混呲"指用下流言语斥责人,北京官话;"崽子",北方方言词。可以看出,《姑妄言》《红楼梦》的作者在詈词选用中都吸收了方言词汇,但前者多采用一些南方方言詈词,后者则采用了一些北方方言詈词。而清初到清代中叶,"北方方言在南北白话口语的交融中渐占优势"①,方言上的变化必然会对汉语词汇产生一定的影响,这一点似乎可以从上述两书使用方言詈词的情况中得到印证。

综上,《姑妄言》中的詈词是相当丰富的。曹去晶在《姑妄言》中塑造了众多小人物,即市井小民、闲汉赌棍之流。为了更加形象地塑造人物,他往往用一些具有市井气息的詈词来否定那些要批判的人物形象,这就使得书中的詈词增多,类型丰富,客观上也使得小说白话色彩增强。以社会语言学等理论为指导,全面考察《姑妄言》中的詈词,可以有如下发现:

语言特征方面,一是虽然构成詈词的语素不够丰富,但某些构词语素非常灵活,既可以单独充当詈词,也可以构成更多的詈词,且在詈词中所处的位置比较灵活。二是詈词的语法结构类型不够丰富,以偏正式为主,且名词性的詈词居多,动词性、形容词性的詈词很少。三是语义类型共有三大类十小类,即诅咒;以粗俗物或行为骂人;以低、劣骂人。四是詈词主要出现在对话文字中,叙述性语言中不多,这些詈词在骂詈语境中具有一定的指称作用。五是詈词的运用灵活,多数情况下是单用,但也有重叠使用,或多个詈词连续

---

① 徐时仪:《古白话的形成与发展考探》,《陕西师范大学学报(哲学社会科学版)》2017年第1期,第90页。

使用的情况,其中多个詈词连续使用有并用、修饰的两种情况。一般情况下,叠用、连用时的感情色彩要强很多。六是就整个詈词系统而言,主要以"致詈"为主,但也存在"失詈"的情况。就某个詈词而言,不同语境中,部分詈词"致詈"的程度不同。

社会特征方面,詈词的使用与使用者的身份、性别,使用的场合等方面有关。詈词的使用者遍及社会各阶层,不同身份、性别的人使用詈词的数量、类型不同。社会身份较高的男性,一般使用的詈词数量少、类型比较单一,骂詈对象往往是男性;社会身份较高的女性,尤其是家庭中比较强势的主妇,一般使用的詈词数量多,且类型较为丰富,其中以骂詈丈夫的詈词为主,另外还有骂詈婢女、男仆等,多数詈词的攻击性比较强。社会地位比较低的男性,个人使用詈词的数量不多,但詈词的类型较为丰富,詈词比较粗俗;社会比较低的女性,使用詈词的类型较为丰富,詈词的攻击性更强。女性使用詈词的对象以丈夫、家仆等为主,男性使用詈词的对象,除此之外,还涉及社会的其他相关方面。《姑妄言》詈词较多用于私密场合,权势方使用的詈词多数具有"骂意"。

来源与发展方面,詈词或源自前代,或是新詈词(主要通过改变原有形式或语义形成);或源自地域方言(直接吸收,或改变形式),或源自隐语。这些詈词发展至今,或消失,或保留;保留下来的詈词大多用法没有发生变化。就整个系统而言,詈词发展中语义类型基本比较稳定,一直都有以诅咒、粗俗、低劣骂人等情况;内部结构一直以偏正为主,大多是名词,且带有一定的称代作用。

此外,作者曹去晶在《姑妄言》中娴熟地使用了大量的詈词,这些不登大雅之堂的粗俗口语词,是平民百姓市井生活的再现,对其展开研究不仅可为汉语历史词汇研究提供一些鲜活的语言资料,亦能在一定程度上反映作者的身份地位,从而为该书作者的相关研究提供佐证。

第六章 《姑妄言》词汇的应用研究

本章主要探讨《姑妄言》词汇在辞书编写、古籍整理、民俗文化研究等方面的应用情况。一是运用训诂学相关知识，考释一些词语，从词条、义项、例证等方面为《汉语大词典》的修订提供第一手资料；二是对台刊全本《姑妄言》中出现的与词语相关的失校、误校问题进行订补；三是讨论该书词语在民俗文化研究中的意义。

第一节 《姑妄言》词汇与辞书编写

《姑妄言》内容极其丰富，蕴含着历史文化、社会风俗等方面的信息，本应成为辞书编写的重要语料来源。但因该书至 20 世纪 90 年代才面世，众多辞书很少涉及该书的语料，目力所及，仅《中国古代小说俗语大辞典》《白话小说语言词典》等中收录了《姑妄言》的一些俗语词。其实该书中口语词、方言词等均十分丰富，前文多有提及，值得辞书编纂者重视。《汉语大词典》广泛收录古今文献中的普通词语，并"充分吸收语言文字的研究成果，恰当引用书证，准确地解释词义，比较全面地反映了汉语词汇演变和发展的历史面貌"①，是语文工作者案头必备的工具书。《姑妄言》面世在该辞书全部出版之后，其语料未能被采用，此处以《汉语大词典》为例，讨论《姑妄言》词语在辞书编写中的应用价值。

---

① 李申、王本灵：《〈汉语大词典〉研究》，北京：商务印书馆，2015 年，第 1 页。

一、增　补　条　目

立目是编纂词典的一个重要环节。《汉语大词典》以"古今兼收,源流并重"为原则,收词 37 万余条,相对以往辞书而言,其条目极其丰富。但新的材料总在不断被发现,《姑妄言》近百万字,其中有不少词语未见于《汉语大词典》。下面,对《姑妄言》中部分词语进行考释,并就此讨论《汉语大词典》条目上存在的一些问题。

1. 搬不倒

那寺门外两边俱是铺面,卖泥人物并搬不倒,精细甲于天下。(第 1 回)

按:搬不倒,上轻下重,因其被按倒后能自起而得名。清赵慎畛《榆巢杂识》下卷:"弗跋翁,即俗呼'不倒翁'。"清赵翼《陔余丛考·不倒翁》:"儿童嬉戏有不倒翁,糊纸作醉汉状,虚其中而实其底,虽按捺旋转不倒也。吴伟业集中有诗。考之《摭言》,则唐人已有此物,名酒胡子,乃劝酒具也。……按此则其形制与今所谓不倒翁者正相似,特其名不同耳。"

2. 挡戗

酒馆中肴馔又贵,不如买两样挡戗的物件。(第 1 回)

按:抢,有"逆、顶"义。明杨慎《俗言·掉抢》:"吴楚谓帆上风曰抢,谓借左右使向前也……今舟人曰掉抢是也。"而"戗"本"创"字,《玉篇·戈部》:"戗,古创字。"因音近,"戗"有"逆、顶、挡"之义。如明施耐庵《水浒传》第 56 回:"侧首却是一根戗柱。"明徐光启《农政全书》卷十五:"盖大围如城垣,小戗如院落,二者不可缺一。万一水溃周边,才及一戗,可以力庤。"清郁永河《海上纪略》:"故遇红毛追袭,即当转舵,随风顺行,可以脱祸,若仍行戗风,鲜不败者。""戗"有

"撑、支持"义,与"挡"构成并列式双音节词语,指顶事、管用、应急。

3. 加纳

① 再者,这些效用的先生,加纳阔老,自然都是有钱人做的,他弄了一顶臭乌纱,不自己回想,我一资郎耳。(首回)

② 贤弟虽然是个加纳的老爷,算不得现任,还得弄一个现任的才妙。(第10回)

按:阔老,即阔佬,指有钱人。资郎,指出钱捐官的人。"加纳"即捐纳。捐纳有"现行事例"和"暂行事例"之分①,河工捐例、海防捐例等为暂行事例,有一定的期限;贡监、衔封、加级等则为现行事例。捐纳得来的官职有虚衔、实职之分。此处"到黄河里去效用"指管理黄河治河工程,是实职。

4. 连枷棍

① 今岁五月间,有千余流贼想来掳掠敝寺,被我合寺僧行一阵连枷棍,尽行打死,只剩得数十人逃去。(第17回)

② 二百连枷棍,亦以二百钩镰枪随之,连人带马一齐力打。(第21回)

按:连枷,指一种农家脱粒农具,先秦时称"枷",后称"连枷/枷"。明徐光启《农政全书》卷二二:"(连枷)击禾器……其制:用木条四茎,以生革编之。长可三尺,阔可四寸。又有以独梃为之者,皆于长木柄头,造为掉轴,举而转之,以扑禾也。"明代王圻、王思义的《三才图会》第1304页:"击禾器。"《汉语大词典》卷十第859页"连枷"条:"亦作'连耞'。由一个长柄和一组平排的竹条或木条构成的农具,用来拍打谷物使脱粒。"但该农具不仅仅用于谷

---

① 吕宗力、田人隆、刘驰、李世愉等:《中国历代官制大辞典》,北京:北京出版社,1994年。

物的脱粒,也用于菜籽等的脱粒。其他文献中还有"连盖、连枷、连枷、连架、罗枷"等,或因异体所致,或因方音所选记音字有异所致。如清张慎仪《蜀方言》:"击殳器曰连枷曰连盖……《方言》郭注:今连枷所以打谷者俗呼连盖。"连枷棍,因其形状与农家脱粒用的连枷相似,故名。唐杜佑《通典·兵五》:"连梃,如打禾连枷状,打女墙外上城敌人。"宋时,连枷既能用于守城御敌,也是一种非常重要的马上兵器。据北宋官修的《武经总要》记载"若登者渐多,则御以狼牙铁拍;手渐攀城,则以连枷棒击之","铁链夹棒,本出西戎,马上用之,以敌汉之步兵,其状如农家打麦之连枷,以铁饰之,利用自上击下,故汉兵善用者巧于戎人"。

5. 令翠

　　某名妓是公子的令翠,某美姬是财主的相知,他倒也不图甚么风流实事,只要传一个识货的虚名而已。(首回)

　　按:令,《尔雅·释诂》:"善也。"用于对他人亲属的敬称。《姑妄言》中"令翠"当是对他人的某一关系的称呼。该名之由有二:① 翠,《说文解字》"青羽雀也",全身青黄,毛色艳丽,羽有蓝、绿、赤、棕等色,可为饰品。《楚辞·招魂》:"翡翠珠被,烂齐光些。"王逸注:"雄曰翡,雌曰翠。"洪兴祖补注:"翡,赤羽雀;翠,青羽雀。《异物志》云:翠鸟形如燕,赤而雄曰翡,青而雌曰翠。"唐代玄应《一切经音义》卷十六:"翡翠,雄赤曰翡,雌青曰翠。"故翠当为雌。② 翠,绿色。元、明两朝对乐妓的服饰有严格的规定。如《明史·舆服志》:"教坊司伶人常服绿色巾,以别士庶之服。"青、绿颜色相近。以"翠"代指妓女。《姑妄言》中"令翠"带有讽刺意味,是对他人所爱妓女的称呼。《金瓶梅词话》中也有类似的用法,如第 11 回:"这操筝的是花二哥令翠,勾栏后巷吴银儿。"

6. 蚂蝗绊

　　(多银)脸上的疙瘩麻子有指顶大,还不足为异。都是连环圈儿,一

个套着一个,活像蚂蝗绊。(第 10 回)

按:绊,"维系器物两端的环圈"。黄侃《黄侃论学杂著·蕲春语》:"今吾乡凡以一物系两端,皆谓之绊;如罐有罐绊,篮有篮绊。"①"蚂蝗绊"跟"锢"有关。《玉篇·金部》:"锢,以铁缚物。"孙锦标《南通方言疏证》卷三:"凡碗破者,必以铜钮锢之。"用铜或铁打成的扁平的两脚钉,用来连合破裂的器物,因锢钉形状像大蚂蝗,人们称之为"蚂蝗绊"。文中以"蚂蝗绊"来形容多银脸上的疙瘩麻子,极言其面貌丑陋。

7. 乃尊

① 且这种做痴顽公子的,拿着老子鱼肉兵民几个钱,仗着乃尊爵位勋赫一番势,一段骄傲之气。(第 1 回)
② 他那个贤郎游夏流也二十岁了,看惯了他父亲所作所为的事,更比他乃尊加倍。(第 10 回)

按:尊,敬辞,多用于对长辈的称呼。《颜氏家训·风操》:"凡宗亲世数,有从父,有从祖,有族祖。江南风俗,自兹以往,高秩者通呼为尊。""乃"是第二人称代词。《广雅·释言》:"乃,汝也。"后来又可以作为第三人称代词,相当于"他的",清王引之《经传释词》卷六:"乃,犹其也。"《姑妄言》中"乃尊"出现 7 次,都用于背称,如上所举例子中"乃尊"与"老子"或"父亲"相呼应,称他人之父,带有戏谑之意。

8. 辣子/屎皮/屎皮辣子

① 正走到街上,见二三个屎皮辣子揪住竹思宽在那里闹。(第 2 回)
② 弄得那游夏流满鼻子脸上口中全是鲜血,活像那屎皮无赖的光

---

① 黄侃:《黄侃论学杂著》,上海:上海古籍出版社,1980 年,第 438 页。

棍,自己打出鼻血抹上一脸骗诈人的样子。(第10回)

③ 如今穷了,那略像样些的人都不同他赌了,就同那些光棍屎皮辣子不堪的下流人赌。(第20回)

按:辣子,即癞子。"癞"指皮肤病痊愈后留下瘢痕,因毛孔受到损害故不生毛发。如《颜氏家训·归心》:"稍醒而觉体痒,爬搔隐疹,因尔成癞,十许年死。""癞子"即身患癞疾或头上长黄癣的人,因癞致皮厚,进而引申为脸皮厚,代指无耻之徒。又写作"赖子""辣子""喇子"等。孙华先[1]、刘敬林[2]等认为"喇子""辣子"都是"赖子"的同词异写,多见于南京等地,如《红楼梦》贾母之言"南省俗谓作'辣子'",又如清吴敬梓《儒林外史》第41回:"地方上几个喇子想来拿囮头,却无实迹,倒被他骂了一场。""癞子、赖子(辣子、喇子)"表示无赖之徒,是由"皮厚"联系起来的。后来又有"癞皮(赖皮)"的说法,喻指耍无赖之人。《姑妄言》第8回:"这小厮是个鸡屎秃,满头疮盖,遍顶黄脓,两只毛腿,脚上皴泥大厚,仰面睡得正浓。""鸡屎秃"是皮肤病所致,书中又有"屎皮",即如上举数例。"屎皮"与"癞皮(赖皮)"是同一事物的不同说法。从文意来看,"屎皮"与"辣子""光棍""无赖"等属于训诂学中的同义连文现象,当为同义词,指无赖之徒。

9. 爷上

① 钟生听了,不觉掉下泪来。店主惊问道:"这人莫非与爷上有亲么?"(第16回)

② 店主人听得是他哥哥,惶愧不安,忙赔罪道:"我不知是爷的令兄,言语中多有得罪,爷上宽恩,莫要计较。"(第16回)

③ 那店主陪着笑,道:"怎么敢说爷上少饭钱?但小店本钱短少,供

---

① 孙华先:《〈红楼梦〉中"辣子"词义分析》,《古汉语研究》2003年第1期,第92—93页。

② 刘敬林:《"泼皮破落户""辣子"释义辨正》,《红楼梦学刊》2014年第5期,第328—339页。

应不来,求爷多少给些,以便预备爷的酒饭。"(第 19 回)

按:爷上,对他人的敬称,多用于面称。又如清佚名《施公案》第 131 回:"小西说:'不错不错,真有先见之明,请问爷上贵姓高名。'"清砥昆《三侠五义》第 28 回:"茶博士道:'爷上知道底细。他们是翁婿,只因周家的姑娘没了,如今又续娶了。'"《姑妄言》中还有"恩上",下属或门客对上级或主人的敬称。如第 20 回:"夏瞎子见他慨允,向暴指挥说:'门下有两个同伴,说得古词甚好而多,特特举荐来孝敬恩上。'"

10. 寅翁

寅翁好造化,遇这位积福的善人,省了多少心力,脱了多少干系。(第 20 回)

按:寅,清代文献中对同官的敬称,有"寅台""寅丈""寅兄"等说法。如清吴敬梓《儒林外史》第 23 回:"老寅台青目一二,足感盛情。"清李绿园《歧路灯》第 4 回:"寅兄盛情,多此一举。"《汉语大词典》收以上诸词,惜未收"寅翁"。"寅翁"是对同一衙门做事的长者的敬称。如清夏敬渠《野叟曝言》第 86 回:"寅翁所料不差,但此时事在未定,我等将何以为计?"

11. 左堂

这州左堂不知是件甚么东西,大约大得很了。(第 5 回)

按:左堂,本指清代六部的左侍郎。清福格《听雨丛谈》卷一:"大堂各部尚书称正堂,侍郎称左右堂。都察院不设都御史,首座者为左都御史,既不能称正堂,又不欲称左堂,以淆于左副都御史,故变称曰大堂。今人不解此意,误以大堂尊于正堂,往往称尚书亦曰大堂,非也。"清纪昀《历代职官表》卷五:"吏部……左、右侍郎,满洲、汉人各一人,掌佐理铨衡,以贰尚书。"因其"以贰尚书"，"左堂"又成为副手的别称。《姑妄言》中就是这一用法。

以上这些词都未被《汉语大词典》收录。《姑妄言》中类似的还有"痴呆呆、报录、回子、婶婆、歇钱、学署、卫丁"等。

12. 揸手舞脚

　　那大汉道："老叔不要偏心，都是你侄儿，不犯着抬一个灭一个。冷灶里一把，热灶里着一把，手掌看不见手背，劝你老人家将就些罢，不要太做绝了，揸手舞脚，一跳八丈的。"（第 19 回）

按：揸手舞脚，本指伸开手指，蹬着腿，即动手动脚的，这与儒家要求的站立、行走等姿容有违，故又用来形容人不稳重。亦作"扎手舞脚""札手舞脚"，如《红楼梦》第 41 回："满屋一瞧，只见刘姥姥扎手舞脚的仰卧在床上。"《汉语大词典》卷四第 721 页收录"札手舞脚"条，释为"犹言动手动脚。形容不规矩、不稳重"，但未收"揸手舞脚"。其实，"札""扎"应为"揸"。

"札""揸"因音近而借用。"揸"早在元代就用作"抓取"义，后引申为手指伸张开。"扎""札"字形近似。《汉语大字典》第 850 页中"扎"有"揸开；张开"义，如元康进之《李逵负荆》第二折："抖擞着黑精神，扎煞开黄髭髯。""札"下未见该义；《汉语大词典》卷六第 306 页"扎"下有"⑧ 张开。参见'扎手'"，而"扎手"条下第三个义项即为"张开手"，仅引上述《红楼梦》例；卷四第 721 页"札"下有"⑲ 方言。谓手指伸开、张开。参见'札手风'"，该辞书中释"札手风"为"手张开而不能自由伸缩的一种病"。从《汉语大字典》《汉语大词典》的解释来看，"札""扎"都有"手指张开"的意思，但从字形或本义来看，"揸"要恰当些。故《汉语大词典》宜应以"揸手舞脚"为主词条，"扎手舞脚"或"札手舞脚"为参见条。"揸手舞脚"沿用至今，如汪曾祺《才子赵树理》："他爱'起霸'，也是揸手舞脚，看过北京的武生起霸，再看赵树理的，觉得有点像螳螂。"

二、订 补 义 项

释义的准确与否是检验辞书质量高低的主要依据。《汉语大词典》的释义"确切详备",是"语文工作者案头必备的工具书"。但我们在研读《姑妄言》的过程中,发现该辞书在某些具体词条上还存在义项漏略、释义欠妥等问题。作为历史性的语文工具书,其释义应建立在最大化地搜集用例的基础上,只有坚持"史"的观念,理清词义演变的脉络,才能最大化、系统化地呈现出词条的所有义项。此处仅择取一二试作说明:

(一) 增补义项

1. 爸爸

　　铁化诡对道:"先生只到三山街,问开毡货店的铁爸爸,人都知道,那就是家父。"那人道:"原来是铁爸爸的令郎。令尊虽不曾会过,是久闻名的。"……(那人)只得答道:"适途间遇见令郎,他见弟鼻红肿,他说爸爸有上好药方,特来奉求(来)。"(第 2 回)

　　按:"爸爸",《汉语大词典》卷六第 1118 页释义为"父亲",首引《儿女英雄传》为例。《姑妄言》中出现 5 处,从文意来看,称谓者与被称谓者之间并无父子关系,但我们注意到,被称者都是回民。据《宁夏百科全书》,"爸爸"是叔父的称谓,银川回民称叔父为"爸爸"。据《汉语方言大词典》卷三,今天中原官话、晋语、兰银官话等一些方言还有以"爸爸"来称呼伯父、叔父的用法。但《姑妄言》中不是这种用法,如第 2 回:"他家的小厮来向铁化道:'方才奶奶打发我送粽子到火爸爸家去……'"句中小厮以"火爸爸"来称谓主人家的舅子,例句中陌生人以"爸爸"来称呼铁化之父,第 10 回中笺片邬合以"火爸爸"来称呼财主,这些与"叔父"的用法不一致。据《姑妄言》文意及上述文字来看,"爸爸"用于对男性穆斯林长辈的敬称。清代乾隆、嘉庆年间的回族人"花爸爸",因精通《古兰经》和阿拉伯文,被穆斯林尊称为"花爸爸"或"花巴巴","爸爸""巴巴"音近,这可为"爸爸"的这一用法提供佐证。

"爸爸"的词义在古代文献中是有迹可循的。《广雅·释亲》:"爸,父也。"王念孙疏证:"爸者,父声之转。"《集韵·祃韵》:"爸,吴人呼父曰爸。"《正字通·父部》:"夷语称老者为八八或巴巴,后人因加父作爸字。"《新方言·释亲属》:"今通谓父为爸。古无轻唇,鱼模转麻,故父为爸。"可见,"爸"有两义:一指父亲;二指老者。受词语双音化的影响,出现"爸爸"的形式。完成于雍正年间的《姑妄言》中出现"爸爸"5次,4次用于"姓+爸爸"中,用于背称,1次单用,用于面称,是对男性穆斯林长辈的敬称。《汉语大词典》当补上该义。

另,《姑妄言》中还有"老爸"一说,如第2回:"铁化揣知其意,向先生道:'我家老爸有上好的乌须药。'""老爸"当是由"老爸爸"省略而成,是敬称。今天"老爸"则是对父亲的昵称。

2. 扶头

梅生道:"倘再拘泥,不但杀风景,就觉太不情了。弟且告辞,明早再来扶头。"(第4回)

按:扶头,表示醉酒扶头的样子,如唐杜荀鹤《晚春寄同年张曙先辈》诗:"无金润屋浑闲事,有酒扶头是了人。"时有"扶头卯酒"的习俗,即"旧俗新婚次日清晨饮迎朝酒",如清孔尚任《桃花扇·却奁》:"请老爷同到洞房,唤他出来,好饮扶头卯酒。""扶头"在《姑妄言》中多次出现,上例中钟生夜宿妓家,次日一早他的朋友梅生去贺喜,即"扶头",应为"庆贺"义。《汉语大词典》卷六第357页漏略该义。

3. 公分

① 众人知道同官府联姻,都公分买了羊酒来补贺。(第16回)

② 他首倡助银百两,众人公分十两二十两不等,同他的凑了有二百余金。(第19回)

③ 内中有个古瞎子,一个真瞎子,留了心,次日公分请他,求他介绍,不然便要声张去禀暴指挥。(第 20 回)

按:公分,是明清小说中常见词语,如明冯梦龙《喻世明言·滕大尹鬼断家私》:"多承列位亲邻斗出公分,替小人赛神。"清李伯元《官场现形记》第 11 回:"这天晚上,正是文案上几个朋友凑了公分,备了酒席,先替戴大理贺喜,周老爷也出了一分。""出、斗、齐、备、约、派"+"公分",指众人出份子钱集体送礼或请客。"公分"本指众筹的买礼物、请客等的费用,后来指集体凑份子请客、送礼等,如上述例句。又如清曾朴《孽海花》第 3 回:"敲门砖的八股,都要详征博引起来,只怕连大家议定今晚在褚爱林家公分替雯兄接风的正事倒忘怀了。"因是众筹经费,由此又引申为公共财物。如《红楼梦》第 100 回:"哥哥天天在外头要帐,料着京里的帐已经去了几万银子,只好拿南边公分里银子并住房折变才够。"

公分,又写作"公份"。《汉语大词典》"公分"条下未收上义。另,《汉语大词典》卷二第 61 页"公份"条释为"公共的财物",仅引现代作品刘绍棠《青枝绿叶》为例。同页又有"公份儿"条,释为"也说'公议儿'。谓大家凑钱所送的礼",未列书证,上述两条处理欠妥。

4. 脑子

夏天勤洗晾着些,还不觉,冬天盖着棉被,越弄越臭,冲入脑子。(第 14 回)

按:脑子,指头。又如清曾朴《孽海花》第 28 回:"我的脑子里是全空虚的,只等着人家的好主意,就抓来发狂似的干!"《汉语大词典》卷六第 1356 页收有"脑髓""犹脑筋""龙脑香"三义,漏略上义。

5. 什件

① 桌凳壶碗锅灶器皿家伙都是旧有的,不过买些鸡鱼虾笋香肠肉

鲊什件肫肝之类，酒是抬两坛卖两坛，四五两银子就够了。（第20回）

② 上前将锁一扭，那什件是朽了的，一下就断了。（第7回）

按：什件，《汉语大词典》卷一第1102页释义为“鸡鸭等家禽的内脏做食品时的总称”，如例①。但例②中“什件”显非此义。清李斗《扬州画舫录》卷十七：“亮铁槽活：什件为大二门钹、云头裹叶拴环、搭钮榻板云头、合扇支窗云头、葵花齐头诸合扇、板门摘卸合扇、墙窗仔边合扇……五寸靶圈诸件，折价给工有差。”清代有亮铁作，《清史稿·职官志五》：“光绪三十年省亮铁作一人。”云头，指形似云的装饰物。唐玄应《一切经音义》卷四十七：“什，聚也，杂也，谓资生之物也。”“什”即“品杂，数多”。《扬州画舫录》中“什件”应是“大二门钹”“云头裹叶拴环”等诸件的总称。《钦定大清会典则例》有“抹金铜质什件”“铜质镀金什件”等说法。清郭广瑞《永庆升平前传》第79回：“……肋下佩一口宝剑，绿鲨鱼皮鞘，金什件，赤金吞口……”清闲园鞠农《燕市货声》：“各种细磁具，白漆圆笼，周身铜什件，带环。”以上诸例，可知“什件”为饰物或零件的总称。《汉语大词典》当补上该义。今天云南腾冲等地还用该词，但指“铰链”（《汉语方言大词典》卷一）。

6. 揸

一日到晚只得揸开了腿坐着，透些凉气略好些。（第7回）

按：《姑妄言》中“揸”有46处，词义丰富。“揸”本为“摣”的异体字。《释名·释姿容》：“摣，叉也。五指俱往叉取也。”因此，“揸”本为以指抓物，引申为“五指伸张开”义，泛指一般意义上的张开；分开。《姑妄言》中有36处表示“张开”，如《姑妄言》第7回：“到了监中，反疼得要死，八个指头，皮都塌了，揸着肿疼非常。”因“张开”会出现分散的情况，故又产生“散开”义，如第19回：“（卜校）骂道：‘……再要上我的门，把胯子踢揸了你的。’”因“散开”又会造成事物蓬松，故又有“揸揸鬔鬔”“揸鬔”“揸揸巴巴”之说，如

第 2 回："那刺捆得不紧，揸揸巴巴的两大捆，用铁尖担戳在中间，挑得老高的走。"第 20 回："麻子疤上不长，只在那空隙处长将出来，揸揸巴巴，长得奇形怪状。"

"五指伸张开"又引申为"宽"义，如第 5 回："他这位令爱，貌既不扬，生得尖嘴缩腮，揸耳短项，且是一双痘风红眼，喜得身肢还袅娜，手足还纤细，却性气甚泼。""揸耳短项"中"揸""短"都是形容词，分别修饰后面的"耳""项"。林钝翁夹注"是个猴面孔"，宽耳短项是猴的特征。"揸"为"宽"义，亦见于其他文献，如清佚名《争春园》第 11 回："那人亦看郝鸾生得面如重枣，两道浓眉，肩揸背阔。"《汉语大词典》卷六第 738 页"揸"下收"以指取物""把手指伸张开"等词义，未收"张开""散开""宽"等义。

（二）订补词义

1. 不当家

　　① 那姑子瞟了他一二眼，笑着道："不当家羽花的枉口拔舌，你看见来？"（第 1 回）

　　② 你一个唪经念佛的嘴，不当家花花的，怎么舔这腌臜东西？（第 15 回）

　　③ 就同我们大人有仇，拿着恁点孩子作践，也不当家，明化化的神道的眼睛看着你呢。（第 19 回）

按：不当家，近代汉语中习见。关于"不当家"，《汉语大词典》卷一第 458 页列有两义："① 不当价。犹言罪过。""② 不理家事。"

第一，从义项②来看，"不"与述宾式的双音节词语"当家"构成偏正结构，且关系比较疏离，该义项可不列。

第二，义项①中以"不当价"为训（引清代用例，书证滞后），该辞书同页释"不当价"为"犹言罪过"，并引明代刘侗、于奕正《帝京景物略·春场》："夜不以小儿女衣置星月下，曰：'女怕花星照，儿怕贼星照。'亦不置洗涤余水，为夜游神饮马也,曰'不当价'。"纪昀云:"如吴语云罪过"为证。清人纪昀以"罪过"训"不当价",但"罪过"词义更为丰富:或表示责备、责难;或表示道歉;或表示愧不敢当,受之有罪,是谦词;或表示对神佛有过。"不当价"却主要有两义:一是指责他人的言行过错,二是自检己身行为失当,表达歉意。因此不可笼统以"犹罪过"来训释"不当家(价)"。

第三,"不当家"的形成是有层次的。汉语中有的否定成分与词汇成分在句法上长期连用后往往会出现词汇化倾向①。"不当"在长期使用中已凝固成词。《汉语大词典》中将"不当"作为词语处理,列其义有:① 不合,② 抵不上,③ 不该,④ 不是,⑤ 不适当、不合宜,⑥ 不算。"不当"成词后与"价/介"产生联系。"介",《汉语大词典》卷一第 1071 页:"㉖ 这,这么;那,那么。"如"煞有介事",又如明单本《蕉帕记·采真》:"我里今夜小阿姐,好像莺莺出烧香,身边有我里介一个小红娘。"明冯梦龙《山歌》卷八:"弗要介多呵,包扎十个嘉靖,薄光半分冰王。"清钱德苍《缀白裘》第 8 集《党人碑·杀庙》:"几里月里个生意有介多哈阻隔!""介""价"时有混用。如清韩邦庆《海上花列传》第 17 回:"是价模样,倒无啥。"又第 18 回:"昨日夜头风末来得价大,半夜三更勿着衣裳起来,再要开出门去,阿冷嘎?"此两例中"价"亦作指示代词。《汉语大词典》卷一第 1207 页据此收"价",并释为"gā 方言,这,这个,这样"。以"价""介"为指示代词,是吴语的用法,清胡文英《吴下方言考》卷八第 137 页:"吴中谓称如此为'介'。"故"不当价/介"表示不当如此,不当这样,指责对方或自己的言行过错,于己为表歉意,于人则为指责,源自吴语。如上述《帝京景物略》例。"不当价/介"中"不当"应是"不该"义。

又"价""家"语音相近,据《汉语大字典》,《广韵》:"价,古讶切,去祃见。鱼部。""家,古牙切,平麻见。鱼部。"近代汉语中两者都可充当助词,相当于"地""的",加之"当家"是旧词形,就有用"不当价"为"不当家"的情况。积非

① 董秀芳:《词汇化:汉语双音词的衍生和发展(修订本)》,北京:商务印书馆,2011 年,第 243 页。

成是，"不当家"逐渐成为明清文献中习见形式，如《西洋记》2 例、《金瓶梅》1 例、《醒世姻缘传》9 例、《姑妄言》1 例、《儿女英雄传》1 例。"不当家"经常连用，渐渐凝固成词，成为市井口语词。"家（价）"的语义脱落，成为词缀。如明罗懋登《西洋记》第 54 回："国师从头彻尾看了一遍，说道：'阿弥善哉！王明，你好不当家哩！'老爷道：'怎么王明好不当家哩？'国师道：'拿了这书，好不当人子，你要它何用？你怎么干这等不公不法的事！依贫僧所言，快些儿送还他去罢！'"

据 CCL、BCC 古汉语语料库及一些相关近代汉语文献，"不当家/价"还有其他形式，如不当家化化（《金瓶梅》2 例）、不当家豁拉（《醒世姻缘传》1 例）、不当家花拉（《儿女英雄传》5 例、《孽海花》1 例）、没/不当家花花（《红楼梦》3 例、《姑妄言》1 例）、不当家羽化（《姑妄言》1 例）等。其中"花花""化化""羽化""花拉""豁拉"等是词缀，没有实际意义。故"不当家花花/化化/豁拉/花拉/羽化"的形成过程应为：

关于"不当家"，前贤多有讨论，且多与"不当人""不当人子"相关。

《汉语大词典》卷一第 458 页收"不当人子"，释为"不当价。犹言罪过"。从词义来看，"不当家""不当人（子）"所指相同。张月明认为"～人子"中"～"多为表示心理活动的动词，"不当"应是可怜、怜惜之义①；贾益珍则认为"不当家"是"明清俗语，有造孽、罪过等意思。一般是迷信佛道者认为对尊长不敬或亵渎神灵时的谴责语。北方方言作'不当家'，而江淮方言、吴方言作'不当人'。一般情况下，书中若用'不当家'则不用'不当人'，反之，亦然"。周慎钦结合江淮方言，认为"'人子'就是'人'，凡带有'人子'的都可以使动义来解

---

① 张月明：《释"不当"》，《辞书研究》2006 年第 4 期，第 187—189 页。

释"，且把"不当人子"解释为"罪过"是正确的①。以上解释不尽相同，贾益珍之说更为具体，但又不尽然。

据上述《西洋记》例，首先，国师认为王明盗书的行为非常不妥，先说王明"好不当家"，不该去偷书，后说偷书起不了作用，王明干了"不公不法的事"，有损人格。不敬尊者、亵渎神灵更是为人"不当"，要谴责或自省。"不当人（子）"即不是人，指品行恶劣，不符合做人的要求，取"不当"的"不是"义，"子"为后缀。其次，该例中"不当家""不当人子"共现于上下文中，并非贾益珍所言"书中若用'不当家'则不用'不当人'"。《西洋记》是明代南京人罗懋登所著，书中江淮方言词语颇多，"不当家"极有可能是江淮方言中的用法。另外，"不当家"是"谴责语"，多为宗教信奉者所说，如清曾朴《孽海花》第16回："斐氏道：'啊呀，天主！不当家花拉的倒费你，快别听这痴孩子的话。'"例句中斐氏为天主教的信奉者，并非"迷信佛道者"。有时，"不当人（子）"也有后缀成分，如清蒲琳《清风闸》第22回："五老爷，不当人子花花，我老妈妈子何德何能，蒙五太爷、五太太如此抬举。"《清风闸》的作者是清代扬州人浦琳，该书保留了清代扬州许多方言俗语，其中多数词语至今仍活跃在扬州方言中。

综上所述，结构上，"不当～"中"价/家""人（子）"与"不当"成词有先后层次，"家（价）""花花"等为词缀，无意；语义上，"不当家（价）""不当人（子）"中"不当"之义不同，前者为"不该"，后者为"不是"；"不当～"主要用在谴责别人过错、内省自身之失时，今天"不当～"已不多见。

2. 骨软筋酥

　　① 今他之此道，如饮醇酿美醍，令人骨软筋酥，心魂皆醉。（第5回）
　　② 阮大铖一见了，骨软筋酥，千方百计要弄他回来。（第8回）

按：骨软筋酥，指浑身酸软无力，《姑妄言》中11处都是这个词义。又如

---

① 周慎钦：《释"不当人子"》，《淮阴师范学院学报（哲学社会科学版）》1984年第3期，第72页。

明无名氏《后西游记》第 24 回："不知有甚缘故,那支竹管,几根根羊毛,到了头上,就压得骨软筋酥,莫想撑支得起。"又如清文康《儿女英雄传》第 35 回："紧接着便听得外间的门风吹的开关乱响,吓得个娄主政骨软筋酥,半晌动弹不得。"从上例来看,"骨软筋酥"当是指浑身酸软无力,或是惊吓、或是劳累、或是喜欢等均有可能产生此种情况。《汉语大词典》卷十二第 399 页释为"形容极其害怕",欠妥。

3. 锅盔

或漆黑的麦面打那一寸厚的锅盔,挺帮铁硬,嚼也嚼不动。(第 9 回)

按:锅盔,形似锅的饼。《汉语大词典》卷十一第 1329 页释义为"较小的锅饼",首引《人民日报》中句子为例,欠妥:一是释义欠准,"锅盔"不在大小,而在形状相似;二是书证滞后,且为孤证,当补《姑妄言》中例句为书证。

4. 师太

那道姑逗他一句道:"师太法腊几何,年少青春,为何就入了空门?"崔命儿叹了一口气,道:"我今年才二十五岁,因夫主仙游,故在此出家守节。"(第 18 回)

按:师太,对尼姑的尊称。《汉语大词典》卷三第 716 页释为"对年长尼姑的尊称",而《姑妄言》中崔命儿还很年轻,可见该释义欠妥。又如清吴趼人《二十年目睹之怪现状》第 96 回:"师父住在某庙里,师太不知道住在哪里。"其中"师父""师太"都是对出家人的尊称。

5. 手批

昌氏道:"我们猜拳罢,轮(输)了的打一个手批儿。"(第 1 回)

按：手批儿，即手批，《汉语大词典》卷六第 295 页释为"官员亲手批示的公文"，但《姑妄言》中"手批"却是手心的意思。《红楼梦》中有"赢手批子"，如第 46 回："我们这里猜谜儿赢手批子打呢，等猜了这个再去。"《〈红楼梦〉语言词典》释为"赢家打输家的手心"，可为证。《汉语大词典》宜应补上该词义。

6. 算盘珠

他终日小心殷勤，真是一个滚盘珠，活动至极。童自大家中的人，全是些算盘珠，拨拨动动的，从不曾见过这等活脱人，心中着实相爱。（第 17 回）

按：算盘珠，算盘档上的珠了。只有拨动珠子才能计数，引申为不灵活或不主动的人。如元代陶宗仪《南村辍耕录·井珠》："凡纳婢仆，初来时，曰播盘珠，言不拨自动。稍久，曰算盘珠，言拨之则动。既久，曰佛顶珠，言终日凝然，虽拨亦不动。"该义在山西忻州、浙江等地沿用至今。有时"算盘珠"引申为任人拨弄、听人摆布的人。如茅盾《客座杂忆》："从前我是做了算盘珠，任人拨弄，听人打算，今后我不再做算盘珠了，有人邀我如何如何者，我先要自己打一通算盘。""滚盘珠"与"算盘珠"相对，指办事灵活主动之人。《汉语大词典》卷八第 1194 页"算盘珠"条漏略上义。

7. 窝家

① 那开赌的窝家道："列位去不得，这场人命官司要打大家打。"（第 8 回）

② 那屠四是窝家，受刑既多，枷号又大，家中并无一亲人照看，也死于枷内。（第 20 回）

按：窝家，《汉语大词典》卷八第 451 页释为"即窝主"，又释"窝主"为"窝藏罪犯或赃物的人或人家"。文中屠四开赌场，称其为窝家，是因为清代赌博成风，政府要求禁赌，开赌局属于违禁行为。故应以"窝藏犯法、犯禁之人或赃物的人或人家"为是。

8. 小媳妇子

别的人因有小媳妇子在那炕上,都挤在这边一炕睡,二和尚就挨着这小伙子在一处。(第 10 回)

按:小媳妇子,指年轻的已婚妇女。又如清文康《儿女英雄传》第 38 回:"忽见旁边儿又过来了个年轻的小媳妇子。"《汉语大词典》卷二第 1633 页援引《儿女英雄传》第 12 回、第 39 回中的句子为例,释义为"旧时指年轻女仆之已婚者",所指范围过窄,欠妥。

9. 颤笃疏/战笃酥

① 只见嬴阳透过一口气来,浑身乱颤,声气也颤笃疏的哭道:"不得活了,不得活了。"(第 6 回)

② 只见那老婆子听得儿子有信,也拄着拐,满头白发,不住摇头磕脑,战笃酥的,口中喃喃念着佛,也来听。(第 19 回)

按:颤笃疏/战笃酥,元曲中亦作"战笃速""战都速""战笃索""战扑速"。《汉语大词典》卷五第 246 页释"战笃速"为"形容因惊恐或寒冷而颤抖",但《姑妄言》中"战笃酥"的意思有所不同。例①中嬴阳是因为生气而"颤笃疏",例②中老婆子是因为高兴激动而身体颤抖。因此,词典的释义为"身体颤抖貌"更好。

三、补 充 书 证

书证的选择在很大程度上与辞书的性质相关。作为大型历史性语文工具书,《汉语大词典》的书证既要有助于理解词义,具有示范作用,又要尽可能多地提供信息,反映词语的源流变化。事实上,该辞书"选用了 200 多万条经过核对的资料(绝大多数是第一手资料),作为这部词典的例证,从而保证了本词典为广大读者释疑解惑的价值"①。在查找《姑妄言》的相关词语时,我们发现该辞书部分词条的书证出现了滞后、缺失的问题。

(一)为书证滞后的词条或义项补充书证

一些词早在《姑妄言》中就已经出现,《汉语大词典》所引首条书证为现代作品中的句子,此类词共 224 条;有的义项早见用于《姑妄言》,但《汉语大词典》所援引书证或首条书证出自现代作品,此类义项共 25 条。此处仅列举数例,如下:

(1)扳扯:牵扯。《汉语大词典》卷六第 389 页仅引老舍《集外·抓药》中的例句为书证,《姑妄言》第 21 回:"你管着户部,不拿出来,倒扳扯我。"

(2)吃生米:比喻粗野、不通情理。《汉语大词典》卷三第 129 页仅以老舍《四世同堂》为例,孤证且书证滞后,《姑妄言》第 15 回:"倘撞着吃生米的,与我做起对来,只怕这家私性命就有些不稳。"

(3)后婚:犹再婚。《汉语大词典》卷三第 966 页首引柳青《创业史》中的例句为书证,《姑妄言》第 14 回:"再者,我一个老头子娶老婆,他家一个后婚嫁人,也不必扬名打鼓的。"

(4)后娘:继母。《汉语大词典》卷三第 965 页首引老舍《全家福》中的例句为书证,《姑妄言》第 5 回:"男人没良心,恋着后娘庶母弃了我,我怕的是甚么? 也落得快活。"

(5)唧唧喳喳:形容细碎杂乱的声音。《汉语大词典》卷三第 370 页首引赵树理《表明态度》中的例句为书证,《姑妄言》第 20 回:"手中乱舞,脚下混跳,口里唧唧喳喳,只叫留下买路钱。"

(6)颈子:脖子。《汉语大词典》卷十二第 312 页首引鲁迅《彷徨·幸福的家庭》中的例句为书证,《姑妄言》第 2 回:"脸脖子通红,颈子上的筋急得有指头粗叠暴着。"

---

① 徐文堪:《略论〈汉语大词典〉的特点和学术价值》,《辞书研究》1994 年第 3 期,第 40 页。

（7）伶便：灵便；敏捷。《汉语大词典》卷一第 1269 页仅引沈从文《一个农夫的故事》中的例句为书证，《姑妄言》第 10 回："幸得他口舌伶便，跑出外边，用手指着内里道：'我就打你个酒冷。'"

（8）嫩气：娇嫩的神态。《汉语大词典》卷四第 402 页首引李劼人《大波》中的例句为书证，《姑妄言》第 18 回："乖儿，你看你的老婆倒那样老练，你反这样嫩气。"

（9）小生意：小本经营。《汉语大词典》卷二第 1594 页仅引老舍《四世同堂》中的例句为例。《姑妄言》第 19 回："我看你也很穷，这十两银与你作本钱，寻个小生意做，也可养家糊口。"

以《姑妄言》为语料，《汉语大词典》中还有"倒反、断奶、仓房、候教、饱胀、松活、指印、拿捕、脑瓜子、抄斩、劳金、杯箸、背时鬼、打胎、支支离离、野老公、皱纹、健康"等存在书证滞后的情况。

（10）单传：② 唯有一子传代。《汉语大词典》卷三第 424 页仅引《呐喊》中的例句为书证，《姑妄言》第 5 回："你当日代代单传，只生我家父老先生一个，今受诰赠敕命，就够你荣耀得很了。"

（11）地界：② 田地的边界。《汉语大词典》卷二第 1025 页仅引吴梦起《兄弟俩》中的例句为书证，《姑妄言》第 13 回："众人都说是钱泰家的地，文书上地界又写得明白，你如何告他霸占？"

（12）老学究：后亦泛指塾师。《汉语大词典》卷八第 629 页仅引邹韬奋《经历》中的例句为书证，《姑妄言》第 2 回："八九岁时，他父亲送他到一个老学究馆中教他读书。"

（13）礼单：② 送礼时开列礼品名目的帖单。《汉语大词典》卷七第 963 页仅引韩子康《怯跟班》中的例句为书证，《姑妄言》第 5 回："明日是妹妹华诞，我备了几色薄礼，明午请你到我那里去祝寿。有一个礼单在这里，你请看。"

（14）糖食：② 糖制食品的统称。《汉语大词典》卷九第 235 页首引郁达夫《春风沉醉的晚上》中的例句为书证，《姑妄言》第 9 回："原来有这些缘故，方才白白的冤屈，罚你吃了那些糖食。"

（15）小乖乖：① 称所爱慕的女子。《汉语大词典》卷二第 1605 页仅引章炳麟《新方言·释言》中的例句为书证,《姑妄言》第 10 回:"小乖乖,你换睡鞋,你手拿睡鞋把相思相思害。"

(16) 淅淅索索:指轻细的擦动声。《汉语大词典》卷五第 1347 页首引洪深《赵阎王》中的例句为书证,《姑妄言》第 11 回:"隐隐像楼梯上微微有淅淅索索声响,知道是和尚来了。"

(17) 一把手:① 参加活动的一员。《汉语大词典》卷一第 35 页仅引王士美《铁旋风》中的例句为书证,《姑妄言》第 3 回:"次日,铁化带了几百金到屠家赌局来,果然有三个江西木商在那里,正少一把手,屠四见了铁化,大喜道:'爷来得好,我正要烦老竹去奉请,因他两日不曾来,这三位都是现梢,大爷顽顽。'"

(18) 椅背:② 椅子的靠背。《汉语大词典》卷四第 1091 页仅引巴金《沉默集·静夜的悲剧》中的例句为书证,《姑妄言》第 19 回:"(甄氏)将手中刀向项下一横,鲜血直喷,他便倒在椅背上靠住不动。"

(19) 走道:② 出入的通道。《汉语大词典》卷九第 1076 页首引老舍《四世同堂》中的例句为书证,《姑妄言》第 12 回:"他家的房子是一龙两间,前一间抽一条走道隔做两截。前半临街做个客位,后半截做个退步坐位,开个北窗。"

《汉语大词典》还有"矮小、痴肥、无可、补空、动移、咂嘴、再世、合拢、厚厚、胡闹、透气、浸透、怪不得、抽筋、硬朗、松散、手巾、银钱、怨恨、确乎、细点、抄斩"等,它们的某个义项存在书证滞后问题,《姑妄言》可以为其增补书证。

(二) 为书证单一的词条或义项增补书证

书证单一,这里指书证出自一本书,当同一词条或同一义项的书证均出自同一本书,就有可能存在词条或义项不成立的问题。下述词条或义项均出自《汉语大词典》,其所援引的书证均出自一书,为避免因书证单一而出现问题,此处以《姑妄言》为语料,选取数例试着对该辞书的下列词条或义项的书证进行增补:

(1) 放头:聚赌作头家。《汉语大词典》卷五第 420 页援引《红楼梦》中的两例为书证。《姑妄言》第 4 回:"屠四接了叔叔衣钵,他又有昌氏所遗之物,拣有好主儿放头接赌，比他叔叔当日更觉兴旺，来者越多。"

（2）夯汉：干力气活的壮汉。《汉语大词典》卷二第1492页援引《儒林外史》中的两例为书证。《姑妄言》第14回："（易于仁）遂将二人配了两条精壮夯汉，一个名苗秀、一个名谷实。"

（3）宪件：旧称上司的公文。《汉语大词典》卷七第727页援引清黄六鸿《福惠全书·莅任》之《看须知》《禀帖赘说》为书证。《姑妄言》第7回："此系宪件，不可稍迟。"

（4）汤点：茶点。《汉语大词典》卷五第1463页援引清潘荣陛《帝京岁时纪胜》之《元旦》《星灯》为书证。《姑妄言》第16回："不一时，点了戏，送上酒来，肴馔汤点，一道道送上，热闹到将晚撤席。"

《汉语大词典》还有"磁瓦、憨顽、好死、薔刻、伶透、呈堂、绒花、说堂"等存在上述情况。

《汉语大词典》中某些词条的某一义项也会出现所引书证均出自一书的情况，如：

（5）老叔：② 称叔父。亦用为对年纪比较小的父辈的尊称。《汉语大词典》卷八第612页该义下援引《儒林外史》中的两例为书证。《姑妄言》第19回："老叔不要偏心，都是你侄儿，不犯着抬一个灭一个。"

（6）混说：② 胡说。《汉语大词典》卷五第1378页援引《红楼梦》中的两例为书证。《姑妄言》第15回："但人恼我的多，倘一时有人混说是他的孙子，这却怎处？"

《汉语大词典》还有"墩锁、挤撮"等也出现了上述情况，《姑妄言》都可以为其增补书证。

（三）为缺失书证的词条或义项增补书证

辞书使用书证作用很多，但主要有二："一是用作释义的证明，二是用作立目的依据。"①《汉语大词典》中有不少词条或义项未列出书证，有的仅仅自

---

① 王光汉：《词典问题研究》，合肥：安徽大学出版社，2010年，第376页。

造句子为书证,这对词条或义项的成立极为不利。以《姑妄言》为语料,为《汉语大词典》的 207 条词语补充书证,其中词条缺失书证的是 167 条,义项缺书证的是 40 条。此处仅列举数例,如下:

(1) 车前子:《汉语大词典》卷九第 1190 页:车前草的成熟种子。《姑妄言》第 21 回:"次则何首乌、川芎、当归、广桂、芍药、白木、地黄、黄精、门冬、苁蓉、兔丝子、车前子。"

(2) 害喜:《汉语大词典》卷三第 1453 页:谓孕妇恶心、呕吐、食欲异常。《姑妄言》第 12 回:"今见牛氏有病,养氏也不疑他是害喜。"

(3) 炕头:《汉语大词典》卷七第 41 页:炕的顶端。多指靠灶的一头。《姑妄言》第 10 回:"这个妇人靠着墙睡,他汉子挨着他,一个白胡子老头子也在那炕头上。"

(4) 套问:《汉语大词典》卷二第 1543 页:不让对方察觉自己的目的,拐弯抹角地盘问。《姑妄言》第 10 回:"别人还不觉,褚盈是滑油一般的人,着实疑心,也就看破了几分。屡次套问那花子,他总不肯露一字。"

(5) 子宫:《汉语大词典》卷四第 170 页:人或动物雌性生殖器官的一部分。卵子受精后,在子宫内发育成胎儿。《姑妄言》第 17 回:"妇人不怀孕,或是子宫冷,或是男子的精冷。"

《汉语大词典》还有"动刑、柜子、首七"等词缺失书证。

(6) 打草:《汉语大词典》卷六第 318 页:① 收割草料。《姑妄言》第 21 回:"人许收男子十五以上女子十四以下为使从,为之打草喂马。"

(7) 大案:《汉语大词典》卷二第 1366 页:② 指重大案件。《姑妄言》第 13 回:"这还是小事,还有一件人命大案,被他任了性,将一妇人受了极刑,更是冤枉。"

(8) 翻花:《汉语大词典》卷九第 686 页:③ 中医用语。指皮肉破裂溃烂,形如花翻的症状。《姑妄言》第 8 回:"如今四十开外的人了,又被边氏淘虚,旧疮发将起来,成了翻花杨梅。"

(9) 老道:《汉语大词典》卷八第 623 页:① 指道士或道人。《姑妄言》第

15回："近日洞神宫,四川来了个老道,自称峨嵋山人,在那里卖药,不论疑难杂症,多年宿疾,一服就愈。"

（10）皮子：《汉语大词典》卷八第519页：③ 皮革或皮毛的统称。《姑妄言》第14回："及到家要取,却说不真放在何处,寻出好些皮子来都不是。"

（11）小畜生：《汉语大词典》卷二第1617页：② 对年轻晚辈的詈词。《姑妄言》第12回："宦萼听了,越发大怒起来,道:'你这小畜生是何等样人,敢称我先生,也敢在我老爷面前来讲话?'"

"一部好的历史词典,不仅应该能够作为一般读者读古书用的工具书,还应该有一个更高的目标,那就是要反映历史词汇学的研究成果"①。《姑妄言》面世在《汉语人词典》出版之后,辞书的编纂者当时无从获知其语料,自然就无法据此立条目,增补书证、义项等。以《姑妄言》为语料,可以对该辞书的条目、释义、书证等做了一定的订补,共涉及将近500条词条或义项,此处仅列举部分词语。

第二节 《姑妄言》词汇与古籍整理

台刊全本《姑妄言》以俄藏全抄本为底本,以此为工作本从事专书词汇研究是比较可靠的。该书以"。"断句,在工作之前我们采用现代标点符号对其做了一定的整理,发现该本在断句、校勘上尚存在一些问题。本节从误校、漏校两个方面仅对该书出现的与词汇相关的部分问题进行整理分析,这对《姑妄言》的整理有着一定的实际意义。

一、误 校

主要对因词语问题而出现文字、断句上问题的情况展开分析。

---

① 董秀芳:《词汇化:汉语双音词的衍生和发展(修订本)》,北京:商务印书馆,2011年,第87页。

1. 吃得那小和尚撒酒疯，撞头搕（磕）脑，吐得猥头搭脑软叮当，才肯放出。（第2回）

按：据台刊全本《姑妄言》的校勘体例，"甲（乙）"中"甲"为误字，"乙"为正字。整理者认为"搕"是误字，"磕"是正字，这个看法有些欠妥。《字汇·手部》："搕，击也。""撞"与"搕"，"脑"与"头"的语义各自相关或相近。"撞头搕脑"是由两个述宾结构构成的并列式，早在宋代就有使用。如《朱子语类》卷四九："政如义理，只理会得二三分，便道只恁地得了，却不知前面撞头搕脑。""撞头磕脑"与"撞头搕脑"是一组异形词，故"搕"不是误字。

2. 铁化哭着道："我坌（笨）些，不会念书，人见先生常打我，就捉弄害我。要是我戳先生，我还敢写名字放在这里么？"（第2回）

按：坌，不灵活，如元杨文奎《儿女团圆》第二折："则他生的短矮也那蠢坌身材。""坌""笨"为一组异体字，故"坌"不是误字，不需要作校。

3. 铁化道："前日你看见的人，既不对桩（庄），又没有大钱，倒把我输了两场，总没有个好主儿，耍得一点兴头也没有。"（第3回）

按：《说文解字·新附》："桩，橛杙也。"赌博头家为"做桩"，即坐庄，这是赌博用语。如元关汉卿《谢天香》第三折："我将这色数儿轻放在骰盆内……我可便做桩儿三个五。""对桩"也是赌博用语，故"桩"不需要作校。

4. 宦实见儿子年将三十，想已老成，又见他比当日伶范（俐）了些，况因家资渐渐重了，故此打发儿子媳妇回家照看。（第5回）

按：伶范，《姑妄言》中多次出现，如第 11 回："这时魏忠贤正立内操，因嫌大马不伶范。"又如第 17 回："要酌乎中，方才伶范。""伶范"也作"灵范""灵翻""灵泛"，指灵活机敏，方言词。整理者不熟悉"伶范"，误把"范"当作错字，而用常见的"俐"为校，不妥。

5. 那六房书吏都是他亲密极了的人，表里通连，替他在外边招揽过付（府），数年间他也弄有二三千金之物。（第 8 回）

按："过付"是明清白话小说中的常见词语。据《汉语大词典》卷十第 958 页，该词指"双方交易，由中人经手交付钱或货物"。《姑妄言》中承办文书的六房书吏充当中间人，替知县敛财，故"付"不需要作校。

6. 他虽想要走走邪路，因一个大寡（刮）骨黄菜叶脸，招牌不济，所以没有主顾。（第 14 回）

按：寡骨，形容瘦削无肉。又如《姑妄言》第 23 回："此物又寡骨精瘦，毫无可取。"清桂馥《札朴·乡里旧闻·杂言》："面无姿肉曰婚骨。""寡骨脸"指颧骨突出、两腮下陷的瘦脸。《姑妄言》中出现"寡骨""刮骨"两种形式，如第 14 回："这寡妇姓焦，有三十多岁，蜡渣潢（黄）一个刮骨脸，人都称呼他为进（焦）面鬼大娘。"整理者应保留原貌，不需要改"寡"为"刮"。

7. 家家卖酸酒，而犯（我）是高手耳。（第 16 回）

按：应是"家家卖酸酒，不犯是高手"。酸酒，米酒时间长了发酸，变质后不能饮用；高手，本指手段高明，此处指善于使手段之人。家家都卖变质的酒，没有被发现的是高手，比喻大家都做违法的事情，不被发现的是高明之人。也作"家家卖酸酒,不犯是好手"或"家家卖私酒,不犯是好手"。整理者不明"家家卖酸酒,不犯是高手"而误校。

8. 高杰探事的夜不收(休)打听明白,星夜回来报信。(第22回)

按:早在元代就有"夜不收"的说法,如元无名氏《气英布》第四折:"贫道已曾差能行快走夜不收往军打探去了,着他一见输赢,便来飞报。"后来明清文献习见,如《西洋记》中出现131次。"夜不收"主要充当情报人员,如哨探之类,因其多在夜间活动而得名。

9. 过了两日,他偶然见边氏一个大肚子,腆着问道:"你腹中有疾患么? 为何肚子这样大?"(第8回)

按:腆,本指菜饭丰盛,因其丰厚,引申为"厚颜"之义,又有"挺起、凸出"之义。文中"腆着"可有两种理解,但据文意,"腆着"当用来形容边氏大肚子的状态,又因"问道"及其后面的内容并非边氏所问,故断句应为:"他偶然见边氏一个大肚子腆着,问道"。

10. 那丫头巴不得,一声把壶放在桌上,也跑过去,倒下头睡了。(第24回)

按:巴不得,指迫切希望,其后应当还有成分,即"一声"。只是此"一声"指主母的话,在"声"之后点断,"巴不得"后省略了"主母说",表明丫头不愿在旁伺候,这样在句意、语法上也说得通了。

以上所列条目中,有的是因为整理者不明词形而出现误校,如"伶范""对桩"等,有的则是因整理者不明词义而出现误校,如"过付"等。

二、漏　校

我们在"绪论"部分提到台刊全本《姑妄言》以"〈〉"标出原书文字衍出应删去者;以"○"标出原书文字缺漏者,数量不明的情况就在校记中加以说明;以"□"标出原书文字漶漫者;以"[ ]"标出原书缺去应补入者;至于原书误字需要改正的,则在该误字后用"( )"标出正确的字。为了区别开来,我们对该书中出现的衍字、脱字、误字等情况,以"[脱某]"的形式来补其脱文;以"(当某)"的形式来指明正确的字;以"[衍某]"的形式指明衍字,部分条目中附有按语。

1. 王子犯法,庶人同罪。普六菇(当茹)坚云:"岂天子儿另有一律耶?"阳间断罪以事,我阴曹断罪以理。(第1回)

按:"菇"应为"茹"。"普六茹"是鲜卑诸姓之一,也写作"普陋茹"。普六茹坚就是隋文帝杨坚,据《魏书·官氏志》《隋书·高祖纪上》等,杨坚之父杨忠曾因功被西魏恭帝赐姓普六茹(见《汉语大词典》卷五第775页)。关于此,《中国古今姓氏辞典》《资治通鉴大辞典》等均有记载。且《新唐书·王志愔传》中记有:"隋文帝子秦王俊为并州总管,以奢纵免官。杨素曰:'王,陛下爱子,请赦之。'帝曰:'法不可违,若如公意,我乃五儿之父,非兆人之父,何不别制天子子律乎?'故天子操法有不变之义。"这与《姑妄言》中"岂天子儿另有一律耶"有关。

2. 他道:"你让我歇歇逗逗(当透透)气,怎么只是皮脸?"(第1回)

3. 人家有黄花女儿在家,你瞎了眼了,在这里来撒浓(当脓)溺血。(第1回)

4. 况且自己已四十多岁,成了老家(当佳)人,也是过时的了。(第2回)

5. 竹清听得儿子说有生意做就不赌了,父母爱子之心无所不至,巴

不得他望(当往)成人里做。(第 2 回)

按:竹清之子原本游手好闲,沉迷于赌博,现在知道做生意谋生,是"成人"。"望"应为"往",且下文有"你姐姐对我说,你竟改过不要钱了,开了铺子,这样往成人里走还不好么",可为佐证。

6. 太太的棒槌已对恼(当脑)门劈下来。(第 3 回)

7. 铁氏这样一个急如火、暴如雷的性子,别的丫头一打非数百不饶,一骂非半日不住的,三四年来,不但恼(当脑)弹不曾弹他一个,连哼也不曾哼他一声。(第 3 回)

按:脑弹,本指用食指和大拇指配合弹击脑门的动作。又如《姑妄言》第 8 回:"那贾文物自出娘胎,脑弹也没人挨他一下。"故"恼弹"当为"脑弹"。

8. 只见挪(当那)一个大胖和尚,肥头大脸,穿着一身绌缎僧衣,光着头,坐在一张大圈椅上。(第 4 回)

9. 妇人被细摺(当褶)裙,摺(当褶)如蝶版,古致可观。(第 4 回)

10. 手起(当气)就该背了,竟大不然,混挪瞎挪,满手枒里都是。(第 4 回)

11. 后虽为大禹所平治,然至今数千年来,水焕(当患)常逞志恃凶,妄作威福。(第 4 回)

12. 素馨拽上裤子,腰里塞了一块布,锁了门,来到佛堂门外,四顾没人,两三步扠(当岔)进去,就把门拴上,走进来。(第 5 回)

按:扠,本指一端有两个或三四个长齿,一端有长柄的器具,引申为刺取、夹取等义。岔,本指山脉分歧的地方,后泛指道路分歧的地方。文中素馨悄悄地走进佛堂,未按原来的方向行走,偏到一边,此时"扠"应为"岔"。

13. 他生了二字(当子),长子姚予民,是个蠢然一物,食粟而已。(第 5 回)

14. 路上遇着英大叔，听得说大老爷呼唤，小人恨不得连手放在地下，如狗一般撅着撅（当蹶）子跑来。（第 5 回）

按：尥蹶子，本指驴马等牲口用后脚踢物或急行迅跑时后足扬起。尥，又写成"撂""撩"，也用来形容人飞跑的样子。蹶，本字"趹"，骡马用后脚踢。趹，即踢。"吴中谓马踢曰'尥音料趹子'"①。

15. （他）叫了两声，不见答应，走进来伸头住（当往）客坐内一张。（第 6 回）

按：客坐，即客座，指招待客人的地方。

16. 且说嬴阳自娶了阴氏来家，舍不得撤（当撇）他出门，又常有病，连戏班中都不去了，在家无事，见阴氏识字，更加欢喜，教他念角本，他念三五遍就会，又教他腔口，也只教几遍便熟。（第 6 回）

17. 栏杆○（当卐）字斜连，窗槅衢花掩映。（第 7 回）
按：○当为"卐"，即"万"，义为"吉祥万德之所集"，佛经中又写作"卍"。

18. 况那丫头只筋[衍筋]脐下有件妇人之物，他那面上虽不十分丑陋，却不识风趣，毫无可爱之姿。（第 8 回）

19. 不想揭去盖头，坐下含（当合）卺，定睛一看，吓得几乎跌下床来。（第 8 回）

按：合卺，古代婚礼中的一种仪式。《礼记·昏义》："妇至，婿揖妇以入，共牢而食，合卺而酳。"孔颖达疏："卺，谓半瓢，以一瓠分为两瓢，谓之卺。婿之与妇，各执一片以酳，故云'合卺而酳'。"后来人们用"合卺"代指成婚。

20. 宦萼道："我行个令，先说的笑话都不甚好笑，如今拿一个骰子，从我滴（当趹），一家掷一掷，点到谁谁就说。滴（当趹）着幺说一个，滴（当趹）着二说两个。"童自大道："譬如滴（当趹）个六，把我肚子翻过来也

---

① ［清］胡文英著，徐复校议：《吴下方言考校议》，南京：凤凰出版社，2012 年，第 247 页。

没有这六个笑话,这就活杀人了。"(第10回)

按:古人常以掷钱来赌输赢或者卜吉凶。宦萼宣布游戏规则,通过掷骰子来决定讲笑话的人和数量。据潘洪钢研究,雍正年间,"跌钱一项,其风日炽,将钱掷地以决胜负,所赌输赢盈千累百,竟不减牌骰"①。"跌"的这个用法在明清文献中常见,例如明康海《香罗带·离思》:"谁想灯花不准鹊声空,再来不把金钱跌。"清邗上蒙人《风月梦》第1回:"三朋四友,吃吃闹茶,在跌博篮子上面跌些磁器果品顽意物件。"清浦琳《清风闸》第14回:"众人说:'老五好一会跌钱,不差事将来你要发财了!'"故《姑妄言》的相关例句中的"滴"应为"跌",整理者未出校记。

21. 那人也下床赶来,和尚抵死与他相并(当拼)。(第11回)

22. 他见儿子尚年幼,恐人偷他的银子,将历来所挣的宦囊,齐出五十万来。着他的一个大管家其(吴)义,叫银匠□(当倾)做五百两一个的大锭,共倾一千锭,以为传家之物。(第11回)

23. 那一晚说到有四更方歇,牛氏睡在那大人(当八)步床上。(第11回)

按:人步床,应是"八步床",又称为"拔步床",明清时期开始流行,其结构高大,床的正前面设有浅廊,余下三面有雕花围栏。浅廊中两侧分别放置马桶、梳妆台,浅廊之前设有地板,古人称之为"地平"。"地平"又称为踏步,因此,"拔步床"亦称为"踏步床"。如姚灵犀《瓶外卮言·金瓶小札》第129页:"……《越谚》作'踏步床',谓床前接有碧纱厨者,踏踏脚,步步幛也。"《越谚》中写作"踏步眠床"。拔步床主要出现在江南地区,北方少见,《汉语方言大词典》卷三:"一种高腿大架、又宽又长的床('拔'谐音'八')。江淮官话。江苏南京、扬州。""拔步床"又称为"八步床""白步床",如《金瓶梅词话》第91回:"原旧西门庆在日,把他一张八步彩漆床陪了大姐。"

---

① 潘洪钢:《清代的赌博与禁赌》,《江汉论坛》2008年第9期,第62页。

24. 那寿御史叫了班头来,吩咐道:"你到衙门里,那牛氏叫他回去,马公子也不必□候,只将马台五个家人收铺(当捕)。"(第11回)

按:收捕,指拘捕。元关汉卿《刘夫人庆赏五侯宴》楔子:"今奉阿妈将令,差俺五百义儿家将,统领雄兵,收捕草寇。"《关汉卿戏曲词典》解释为"捉",这与《姑妄言》中词义一致,如果写成"收铺",则指店铺停止营业,关门打烊,显然文义不通。

25. 杨大昨夜又抬人去吃戏酒,在那家吃了些抢(当炝)盘,回来夜深,也不曾吃便睡了。(第12回)

按:抢,应为"炝",指急速用水或火加热的烹调方法,或把菜肴迅速投入沸水略煮,取出调味搅拌;或把菜肴投入热油锅中略炒,加调料后水煮,这两种方法大多用来制作冷菜。"炝盘"本指放炝制冷菜的盘子,又代指盘中的冷菜。文献中又有"簇盘"的说法。如《西游记》第44回:"先吃了大馒头,后吃簇盘、衬饭……"

26. 你哥那老奴才,但胆子正气多着呢,我提起来就牙痒,恨不得嘴(当嚼)他的肉。(第12回)

27. 劝你安心睡罢,你便咳楂(当岔)了喉咙也没用了。(第12回)

28. 花知县差四衙带忤(当仵)作〈作〉去验尸,又差人同一个认得汪氏娘家的去拿汪氏。(第13回)

29. 他今日知道我不在家中,未必就来探听。遂放了胆,刚才要叫,恰好这小厮斟了一杯茶送[脱来]。(第13回)

30. 牛质虽有一子数孙,而血祀(当嗣)亦斩。(第14回)

按:血祀,指祭祀,因古代祭祀必杀牲取血而得名。但文中指牛质子孙断绝,《资治通鉴·汉顺帝汉安元年》:"身首横分,血嗣俱绝。"胡三省注:"或曰:父子气血相传,故曰血嗣。"故文中"血祀"当为血嗣。《姑妄言》第1回有"使他老而无子,斩其血嗣",可为佐证。第12回"然而血祀已斩矣"中"祀"也应为"嗣"。

31. 你这和尚好不知趣,瘟(当膒)臭得熏人。(第15回)

按:膒臭,方言词,形容极臭。《广韵·董韵》:"膒,膒臭貌。"整理者不识方言词,未出校记。今天该词还见用于江苏徐州、安徽安庆等地。

32. 他到了房中,枕头底下一翻,是一个香袋,想道:不知是那个情人送他的,我且要他一要。拆开,把香料掉了,装了一块干屎橛(当橛),仍旧替他放好。(第15回)

按:橛,《说文解字·手部》释为"手有所把也",引申为拔起、翘起、折断等义。文中应是"干屎橛",指大便时用的小竹木片。古人又称之为"厕筹",有时写成"干矢橛"。

33. 朝廷之重臣尚俱为磨兜监(当坚),我辈闽外之臣耳,又何敢言之?(第16回)

按:磨兜坚,亦作"磨兜鞬",诫人慎言,民间习语①。源自宋袁文《瓮牖闲评》卷八:"唐刘洎少时,尝遇异人谓之曰:'君当佐太平,须谨磨兜坚之戒。'谷城国门外有石人,刻其腹曰:'磨兜坚,慎勿言。'故云。"《姑妄言》中讹为"监"。

34. 还有一个《江西(当西江)月》说他两人。(第18回)

35. 乐公道:"此辈庸人,不足与较,且相商此事要紧。为今之际(当计),尊意若何?"(第21回)

按:书中他处以"为今之际(计)"的形式指明"际"应为"计",但上句整理者未加说明。

36. 任凭笑骂看财卤(当奴),总不知羞。(第23回)

37. 还有一件,我们不必拘[衍拘]定要去看江梅,随处有可游赏之地,就盘桓一两日,索性过了元宵回来,便觉清静。(第23回)

---

① 徐时仪:《〈朱子语类〉词汇研究》,上海:上海古籍出版社,2013年,第227页。

38. 再说冯寅、毛羽健二人到家,随即将妻女送了进宫。原来这解语花是冯寅用千金买来的一个妹[衍妹]女戏子,以他做妾。(第 23 回)

39. 智按院道:"门生初进,始历仕途。虽有为民伸冤理枉之心,无奈才力不及何[衍何]。即如易家这一段公案,当何以究之?祈老恩师赐教。"(第 23 回)

40. 钟生取过诗弹[衍弹],递与梅生,拈了斋、侪、怀、偕四韵,道:"用此四韵,不必拘次,任人各用可耳。"遂分了笔砚。(第 23 回)

41. 广南明珠、滇黔丹砂、宜青宝石、豫章磁器、陕西异织文毳、蜀中重锦,并齐楚矿金矿银,搜括羸(当赢)羡亿万计。(第 23 回)

按:赢羡,指赢余、余剩。如唐刘禹锡《唐故兼御史中丞赠太师崔公神道碑》:"岁杪会其所入,赢羡什百。"故"羸"应为"赢"。

42. 有那赶集的人在他店中过夜,次早开发店钱分[衍分],数足了递与了他。(第 24 回)

43. 他把火筒一掼,道:"受瘟罪的,我看开了这些年的店,也不见积的钱在那里,掼(当熓)得七死八活,受这样的罪到那一日。"(第 24 回)

按:前文提到能氏生火,"那柴被雨淋湿了,吹灼又灭,熓得两眼眼泪直流",可知此处"掼"当为"熓"。

44. 掌院黄景昉、冡(当冢)宰李日宣,皆抗疏请复。(第 24 回)

按:冢宰,周代官名,掌管百官辅佐天子治国。如《尚书·周官》:"冢宰掌邦治,统百官,均四海。"明清亦以"冢宰"为吏部尚书的别称。如《明史·职官志一》:"(吏部)尚书掌天下官吏选授、封勋、考课之政令,以甄别人才,赞天子治。盖古冢宰之职,视五部为特重。"冡,《说文解字·冖部》:"覆也。"从文意及已有用法来看,"冡"应为"冢"。

45. 虽然年过三旬,丯(当丰)韵如同昔日。(第 24 回)

按:丯,草芥。《说文解字·丯部》:"丯,艸蔡也。象艸生之散乱也。"段玉裁注："凡言艸芥,皆芔之假借也。芥行而芔废矣。"芔,甲骨文字形为"🌱",金文字形为"芔",小篆字形为"芔",指草木茂盛。《说文解字·生部》:"芔,艸盛芔芔也。"由此引申为丰满的意思。《姑妄言》中误将"芔"写作"芔"。

《姑妄言》创作于清初的南京,书中有一些近代汉语特有的俗语、方言词、名物词等,今人对此已不甚了解,从而造成整理中出现误校、失校的情况。本节主要对台刊全本《姑妄言》中出现误校、失校问题的近50条进行订补。这些问题多数是因为整理者不了解词形造成的,由此可见词语的考释与研究在古籍整理中起着重要的作用。

第三节　《姑妄言》词汇与民俗文化研究

英国语言学家帕默尔说过:"语言忠实地反映了一个民族的全部历史、文化。"《姑妄言》以南京为地域背景,记载了很多文化现象,关于这一点,王长友在其《〈姑妄言〉与南京地域文化》中从南京民风、南京人特点等方面举例说明,并指出《姑妄言》中一个重要的地域文化的特点就是官僚文化、士人文化、商人文化、妓女文化的共存和结合①。而从词语的角度,揭示词语中蕴含的文化信息对民俗文化研究有着积极意义,可为上述观点提供一些佐证。下面结合具体例子,主要从与词语有关的民间艺术、民俗、民族宗教等方面试作分析。

一、《姑妄言》词语与民间艺术

《姑妄言》中有不少诗词曲赋,林钝翁在第24回前总评言:"此部书内,或诗,或词,或赋,或赞,或四六句,或对偶句,或长短句,或叠字句,或用韵,或不用韵,虽是打油,然而较诸小说中无一不备,真可谓善于说鬼话有矣,正与《姑

---

① 王长友:《〈姑妄言〉与南京地域文化》,《明清小说研究》2008年第2期,第275—284页。

妄言》名相合。"

　　小说中诗句不少,既有直接引自他人的诗句,也有作者套用、自创的诗句。引用他人的诗句多"雅",套用或自创诗句中不乏"俗"成分。小说涉及词牌较多,主要有《如梦令》《捣练子》《浣溪纱》《忆王孙》等 27 种,其中《木兰花慢》《意难忘》等多用于正面人物,如赞钱贵的《忆秦娥》:"香馥馥,此中有个人如玉。人如玉,恨庸医误,损他双目。烟花已恸身埋没,遭逢又对痴顽物。"此类文字多用雅文,以文言为主。而《西江月》(13 处)、《驻云飞》(9 处)、《黄莺儿》(13 处)、《花心动》(2 处)、《昼夜乐》(1 处)等都用来形容恶奴、滥婢等俗不可耐之人,内容多粗俗,所用语言中不乏口语词。

　　《姑妄言》还有不少民谣、民歌民曲等,如《银纽丝儿》《劈破玉》《叠落金钱》《挂枝儿》等,这些内容有的是引用而来,有的则是作者仿作的。从其语体来看,引用而来的白话成分不及作者仿作的,但无论是引用的,还是仿作的,其内容中均涉及不少俗语词。例如:

　　第 11 回:"那女子在傍莺声呖呖,唱连像儿边关调侑酒。""连像儿"即连厢,一种西北曲调①。边关调,民间小调名。流行于清初至乾隆年间。乾隆初年苏州王君甫刻本《丝弦小曲》中已录有多首"边关调"。清毛大可《西河词话》:"金作清乐,仿辽时大乐之制,有名连厢词者,连唱带演,以司唱一人,琵琶、笙、笛各一人,列坐唱词;而复以男名末泥,女名旦儿,并杂色人等入勾栏扮演,随唱词作举止……北人至今谓之连厢……"清刘廷玑《在园杂志·小曲》:"小曲者别于昆弋大曲也。……在北则始于边关调。盖因明时远戍西边之人所唱,其辞雄迈,其调悲壮,本凉州、伊州之意。……今则尽儿女之思,靡靡之音矣。"②可见"连像儿"是指艺术形式,而"边关调"则是其曲牌之一。

　　第 15 回:"长舌妇笑道:'我那里会唱,我只会个倒搬桨儿,恐怕唱得不好听。'……好怪哉,坐在家里发横财。"长舌妇所唱"倒搬桨儿",又名"倒扳桨",

---

① 任广世:《清代连厢艺术形态考》,《文化遗产》2008 年第 4 期,第 46 页。
② [清]刘廷玑:《在园杂志》,北京:中华书局,2005 年,第 94 页。

是民间曲调名,因其唱词的末句多重复而得名,在明末清初已经开始盛行,到清代中叶更为普遍①。《姑妄言》中此类唱词较粗俗,口语词多,如"发横财"。"发横财"指用不正当的手段获得不应该得到的钱财,《汉语大词典》卷八第571页仅引《花城》1981年第6期"再看长喜那老实样子和身上穿的破烂衣服,也不像常跑生意、发横财的人"为例,孤证且书证滞后。

《姑妄言》中还有多种民间艺术形式,它们多为俗语白话,其中词语资料丰富,值得研究。

二、《姑妄言》词语与民间习俗

《姑妄言》中涉及很多民俗,土长夂虽有提及,但书中还有很多词语体现了南京等地的习俗文化。

结盟方面,习用乌牛白马,《姑妄言》提及南京当地结拜的仪式。如第9回:"南京风俗,但是结拜,老兄弟是不出钱的。我故此要占这些便宜,这是实话奉告。……三位老爷结义也是一件惊天动地的事,还要乌牛白马,杀牲歃血,作篇盟文祭告天地鬼神才是。""老兄弟"指年纪最小的弟弟,南京风俗,兄弟结拜时最小的不出钱,结拜需要"乌牛白马""杀牲歃血",作盟文祭告鬼神。"乌牛"指青牛,"乌牛白马"即"白马乌牛"盟,最早可以追溯到《史记·匈奴列传》,清初这种盟誓方式又频频出现②。

婚俗方面,清初南京订婚时男方送给女方的钱财有"礼金""执盘"两类,合起来也就是今天所说的彩礼。如《姑妄言》第14回:"我们南京乡风用礼金,原是与他买嫁妆的,执盘钱是与女家买零碎杂用。他既没得赔,我家的箱柜床桌都有,礼金执盘不必用了。"据《汉语方言大词典》卷一,江淮官话、吴语等方言中称之为"礼金钱"。当地以"茶"代指订婚聘礼。明陈耀文《天中记·茶》:"凡种茶树必下子,移植则不复生,故俗聘妇必以茶为礼。""小茶"指未成

---

① 杨玉芹:《传统曲牌"倒搬桨"考略》,《艺术教育》2008年第5期,第84—85页。
② 苏日娜:《简析"白马乌牛"盟的刑牲意义》,《赤峰学院学报》2015年第12期,第24页。

亲前,男方在订婚时预先非正式地送给女家一点礼物。如《姑妄言》第 19 回:"你爹爹同你丈人知心莫逆,故此结下这亲。虽未下大聘,已行过小茶,怎么说是口头话?"结婚九日,新娘回娘家即"回九"。这一习俗今天还在一些地区盛行,如辽宁锦州、吉林通化、山东菏泽等。稍微正式一点的,为"下定""下礼""下聘",即订婚时男方给女方聘礼。如《姑妄言》第 17 回:"到了下定之日,才对王恩说知。"古人重贞洁,习以帕在新婚夜验之,所见处子之血为"元红",《姑妄言》中共见该词 6 次,如第 21 回:"南京人有个恶俗,嫁女之夕,岳母交一幅白绢与女婿取元红,他娘知女儿是久没这件的了,绢幅不敢交与女婿。"

生育方面,婴儿出生后添子之家要送"喜蛋""喜果"给亲戚朋友,亲友"持汤饼"来庆贺,如《姑妄言》第 14 回中易老儿六十多年纪才得子,非常高兴"送喜蛋喜果,吃喜酒喜面"。第 11 回:"及汪生男,刘生女,又同日,里人亲友持汤饼交贺两家。""汤饼"即面食,因借其长来表达长寿的美好祝愿,主家则办酒宴请众人吃"喜酒喜面";满月时众亲戚要"攒份子"请添子家主人吃喜酒。"攒份子"指众人合伙买礼物,分摊所花费的钱财,即今天凑份子。婴儿出生时要穿"百家衣",因向众邻亲友乞取碎布缝制的衣服可以避灾难,易活。后又以"百家衣"指代补丁多的衣服。如《姑妄言》第 20 回:"你身上这件衫子好像百家衣,太难为情。"此外,还有"寄名"的习俗。古人为求孩子平安长命,让孩子名义上认作神佛僧道的弟子或别人的义子,以消灾祈福。《姑妄言》中姚华胄让自己的儿子拜报国寺的住持万缘和尚为师,就是这样的。《红楼梦》中也有类似的情况。

乔迁、生日等方面,乔迁新居等要"温居""贺房",即赴亲友新居贺喜。如《姑妄言》第 16 回:"钟生一到家,贾文物、童自大都来拜望。贺房接风,大家热闹了许多日子。"生日前一晚,亲友要替生日者"暖寿"。第 14 回:"焦氏要等卜通过来暖寿,也不顾儿子饱胀,忙忙撺他睡下。"房子新盖,或是店铺开张,要"挂红"表示庆贺,《姑妄言》中贾文物在扇子上写新作,宦萼等要为此庆贺,即第 12 回:"宦萼又叫斟了三杯与贾文物,道:'这是挂红的酒,也要吃的.'"一般答谢等情况,要送"水礼",泛指一般的非贵重礼物。如第 17 回:"次早饭后,竹思宽押着一架食盒,送了十二色水礼,一坛酒,亲自送来道谢。"

南京当地还有一种借钱的方式,即"摇会"。如《姑妄言》第 15 回:"且是天道最忌满盈,我的财也算多了,再不学好,倘被那红胡子姓火的老爹请我去摇起会来,岂不弄个干干净净?"这是当时"民间的一种信用互助方式。一般由发起人(称"会头")邀请亲友若干人(称"会脚")参加,约定每月、每季或每年举会一次。每次各缴一定数量的会款,轮流交由一人使用,借以互助。会头先收第一次会款,以后按摇骰方式,决定会脚收款次序,直到参加者轮完为止"(《汉语大词典》卷六第 809 页)。

《姑妄言》中还记录一些其他地方的风俗,如第 19 回:"如今亲家那里来说,女儿大了,不拘怎么,赶年底下乱岁的日子接了来罢。""年底下"指农历年底,"乱岁"即乱岁日。春节前几日为乱岁日,又称为"乱岁",这几日灶神不在人间,民间可以不择吉日随意嫁娶,清代北方人有"赶乱岁"的说法。清潘荣陛《帝京岁时纪胜·乱岁日》:"二十五日至除夕传为乱岁日。因灶神已上天,除夕方旋驾,诸凶煞俱不用事。多于此五日内婚嫁,谓之百无禁忌。"《百无禁忌嫁娶忙——清代北方"乱岁"婚俗考察》[①]对此民俗有详细阐述。而《汉语大词典》卷一第 80 页"乱岁"条下仅释"荒乱的年头",词义不完备;"乱岁日"条下,仅以《帝京岁时纪胜》中的例句为例,释为"旧时北京称农历十二月二十五日到除夕为'乱岁日'",没有指明这是清代始有的,也未能提及其文化意义。

三、《姑妄言》词语与民族宗教

语言是文化的一面镜子,"一种语言折射出一个民族的信仰和价值观念"。明初,政府曾经从甘肃等地调回族充实江浙一带。《明实录·英宗正统实录》:"正统元年六月乙卯,徙甘州、凉州寄居回回于江南各卫,被徙者户四

---

① 路彩霞:《百无禁忌嫁娶忙——清代北方"乱岁"婚俗考察》,《民俗研究》2004 年第 1 期,第 140—145 页。

百三十六,口一千四百七十九。"此后又有回族士兵及归顺的回族将领,这些迁徙使得南京回族人口增加①。在明中叶之前南京是穆斯林移进移出最为频繁的一个城市②,后来逐渐成为江南地区回族聚居的主要地之一。清朝是一个多民族共同生存发展的时代,尽管清初统治者对回部采取"轻其教而离其人"的政策,但回民在南京的影响仍很大。《姑妄言》中铁氏、铁化、火氏、哈相公、伍相公、锁相公等均为回族,因此涉及不少回族的民俗文化、宗教生活等资料,这些资料为研究清初南京回族的生活状况提供了实证。回达强在《〈姑妄言〉与南京回族史料》③中从服饰、姓氏、节日民俗、人生礼俗、饮食文化、信仰生活方面分析了《姑妄言》中相关的资料,揭示明末清初南京回族人的生活状况。

　　《姑妄言》中还有不少与此相关的特色词语,如第 2 回:"老师傅同满剌念回回经,即日下葬,都不必细说。"在回族宗教中"老师傅"是指伊斯兰教主持教仪、讲授经典的人,即阿訇。"回回家尸首不停放的,即日殡了",回族葬礼讲究土葬、速葬,一切从简,主持葬礼的多为阿訇。"老师傅"是"对有技艺的年纪较大的人的尊称"(《汉语大词典》卷八第 618 页中义项①仅援引周而复《上海的早晨》中的例句为例,书证滞后),但《姑妄言》中"老师傅"有 7 处,3 处指回教中主管教务的人,4 处是佛教僧人的尊称。《儒林外史》有"老师夫""老师父",《汉语大词典》卷八第 617 页仅据《儒林外史》中的两条书证,如第 5 回"众回子因汤和县枷死了老师夫,闹将起来,将县衙门围的水泄不通"等,出条"老师夫",释为"回教中主管教务的人";同卷第 618 页仅据《儒林外史》第 28 回"牛布衣请老和尚进房来坐在床沿上,说道:'我离家一千余里,客居在此,多蒙老师父照顾'",出条"老师父",释为"对僧侣的尊称"。其实,"老师傅""老师夫""老师父"都是对宗教修道人员的尊称,如上述例子,后来泛化为对有技艺的长者的尊称。

---

①　米寿江:《南京回族地域性历史文化特征》,《回族研究》1996 年 1 期,第 32—36 页。
②　李兴华:《南京伊斯兰教研究》,《回族研究》2005 年第 2 期,第 146 页。
③　回达强:《〈姑妄言〉与南京回族史料》,《中文自学指导》2009 年第 3 期,第 66 页。

《姑妄言》中以黑姑、万缘之流为人物,叙写了佛教、道教等宗教的活动、习俗等。如藏传佛教方面,清朝统治者最初接触到的是西藏地区所传的喇嘛教,藏传佛教的流传在《姑妄言》中亦可窥其一二。书中多次提及"喇嘛",如第5回:"这把馆就像喇嘛的帽子,黄到顶了。"书中也有与宗教相关的其他信息,如第5回"学喇嘛供的喜乐禅佛那样式"中的"喜乐禅佛",即喜乐佛,也即弥勒佛。又如第17回"远路来的行脚僧",从佛教禅宗的修持方法来看,有游访问禅的"行脚僧"。又如《姑妄言》第11回:"要说是个禅僧,却又有一部落腮胡须。要说是留须的宗门僧,却又无眼耳鼻舌。要说是道士,又光着头没道冠。要说是大鼻子回回,却又胡子不曾剪。"

以上举例分析了词汇研究与民间艺术、风俗、民族、宗教等方面的关系。与以往小说相比,《姑妄言》篇幅长,信息量大,保存了丰富的社会史料,记载了南京为中心的江南的经济、社会生活、风俗、回族的生活习俗等,这些为相关学科的研究提供一定有益的资料;书中还涉及戏剧、小说、鼓子词、唱本、宝卷、吴歌等相关艺术作品,为人们研究当时的文化艺术形态提供了"鲜活"的标本。因此,对该书的词汇展开研究不仅可为汉语历史词汇学的研究提供资料,也为其他相关学科研究提供宝贵的资料。

结　　语

　　清初的白话小说《姑妄言》保存了大量的口语词和反映当时社会的政治经济、文化习俗等方面的词语,真实地反映了清初的语言面貌,在近代汉语词汇方面具有很高的研究价值。但因其重新面世较晚,语言学方面的研究成果甚少。我们以汉语历史词汇学理论、语言变异理论等为指导,将共时分析与历时探究相结合,将整体描写与个案分析相结合,对《姑妄言》词汇进行了全面而系统的研究,第一次比较完整地描写了该书词汇的面貌,反映了清初白话口语词汇的特点。本研究为汉语历史词汇学研究提供第一手资料,丰富汉语历史词汇学的研究内容,为辞书编写、《姑妄言》的进一步整理与解读提供依据,为明清时期的社会文化史、民俗史等的研究提供语言证据。特别是引入了语言变异的理论与方法观察书中的隐语的语言特征与社会特征,探求其生成与演变机制,这对专书词汇研究而言是个创新。

　　第一,《姑妄言》的词汇反映了近代汉语向现代汉语转变过程中的大量过渡现象。

　　《姑妄言》的词汇是一个"异质"的系统,包括源自不同时期的承古词、新词,源自不同地区、民族、国家的方言词、外来词,以及源自不同言语社团的行业语、隐语等。承古词源自不同时期,其中明代的词较多,这与汉语词汇发展的稳固性、小说的取材有关。该书使用承古词时,或直接使用,或词义发生变化,新义与原义有联系。这反映了汉语历史词汇构成中的历史层次性与汉语词汇发展的稳定性的特点。新词反映了社会生活的方方面面,产生方式多样。方言词丰富,且来源分布较广,这与江淮方言本身的复杂性、当时南京经济比较繁荣、作者的经历、文学作品的影响等有关。北方人不断南迁,频繁接触,使得吴语成为南京方言的底层,南京方言词汇中必然存在一定的吴语词汇。清初南京经济较好,外地人的到来给当地产生一定的影响,其中最直接的影响就是当地方言词汇中杂有"异质"。作者曹去晶长于辽东,生活于南京,活跃于江阴,这些都会对《姑妄言》的方言使用产生一定影响。此外,书中还有外来词、行业语、隐语等。其中较为显著的是该书中与回民相关的词较多,这与清初回民聚居南京有关。

《姑妄言》词语的结构类型比较齐全,偏正式数量最多,能产性强,并列式仅次于偏正式,而述宾式、主谓式、述补式等数量较少。偏正式是双音节、三音节词语中最为主要的结构。就三音节词语而言,数量最多的是偏正结构的名词,主要有"A+BC""AB+C"形式,"AB+C"居多,"A"或"C"以名词性语素为主,"AB"或"BC"偏正关系占优势。双音节、四音节中并列式词语较多。就单个并列式四音节而言,A 与 C、B 与 D 的词性基本一致,AB 与 CD 的内部结构基本一致。B、D 之间的语义或相关,或相近,或相反。有的 A、C 之间语义也存在相近,或相反,或相关的关系。A、C 或 B、D 可以构成复合词,有时不能构成复合词。此外,《姑妄言》中出现了一些模式词语,多数是并列式的。

《姑妄言》ABB 重叠式比较丰富。A 主要是形容词性语素,BB 主要是由单音节重叠而成的语素,A 与 BB 的组合比较灵活,有时受字形或者字音的影响,ABB 出现异形词现象。四音节重叠式中 AABB 式内部结构复杂,数量上占绝对优势。从词类来看,形容词占绝对优势,动词、名词次之,拟声词又次之。从结构来看,一是构词语素可以是名词性、形容词性、动词性,其中形容词性语素为主,动词性次之;二是有"AB 成词""AB 不成词"两种形式,其中前者占绝对优势。当"AB 成词"时出现 AA、BB 都能成词,AA 或 BB 成词的情况。从语义来看,A、B 所表示的语素义大多相近或相关,且 AB 与 AABB 语义大多相近或相关。重叠式中以形容词为多,主要是因为重叠式有着强化修饰作用,而形容词的语法功能又以修饰、描写为主,两者需要一致。汉语中还有"ABB-AABB"同时出现的情况,"AABB"比"ABB"程度要深。

同素异序词是汉语词汇发展过程中的一种重要的词汇现象。从共时层面来看,《姑妄言》的双音节同素异序词的内部结构以并列式为主;同素异序词的词性与构词语素的词性大多一致;一组同素异序词的词义或没有变化,或在某一义项上相同,或词义不同,但彼此间有一定的联系,其中前两者居多,第三种情况比较少。从历时层面来看,多数同素异序词的两个形式产生于不同时代,形成原因多样。一组同素异序词并存时,因词性、内部结构、意义多有一致性或同义关系,会引起交际的不便,违反了语言经济性原则,最终必然会出现或淘汰一种形式,或两种形式并存的情况。

《姑妄言》中砍斫类概念场的成员在力度、方式、对象等方面各有侧重点,"砍""斫"所指相同,在单用频次、搭配对象等方面,"砍"比"斫"丰富。现代汉语方言中"刹"具有用刀、连续性动作的特点。举物类概念场的成员在方式、用具、对象及其轻重方面各有不同,"捧"强调用双手或单手托起饮食或物体使之向上,"奉"强调恭敬地向前,"端"强调平稳,"托"强调从下托起饮食或物体,"抬"强调合力使重物向上,"举"指使轻的物体向上。这些成员可以单用,且大多可以作为构词语素。《姑妄言》中虽然已经出现"筷/筷子",但"箸(筯)"很强势,仍是主导词。《红楼梦》《歧路灯》仍以"箸"为主,前者出现"筷子""箸子"并存情况,后者出现"箸儿"。此后"筷(子)"逐渐后来居上,现代汉语普通话中"箸"已销声匿迹,但在吴方言中还能见到以"箸"为构词语素的形式。关于愚昧类概念场,一方面,其成员、主导词发生了变化。"愚"在《姑妄言》中已经成为一般成员,但到现代汉语普通话中只能作为构词语素;"蠢"在《姑妄言》中成为主导词,但到现代汉语普通话中成为一般成员;《姑妄言》中出现的"笨(夯、坌)"发展很快,到现代汉语普通话中成为愚昧类概念场的主导词;至于"闇""村"等,在《姑妄言》中只用作构词语素,且频次很低,到现代汉语普通话中已经从愚昧类概念消失。《姑妄言》中"斫-砍""筷-筷子-箸(筯)-箸子""笨-夯"并用,与作者长期在南京生活,熟悉江淮方言,且与江阴等吴语区的人关系密切有一定关系。

第二,隐语是一种与社会因素有关的词汇变异现象,它具有主观隐秘性特点,是一种较好的语言变异研究对象。

与常规形式相比,《姑妄言》中隐语在形式、内容等方面语言特征明显:内部结构类型较为齐全,偏正式最为丰富;语义不明晰,不同隐语的语义明晰度有所不同,隐语以单义词居多。

作为一种社会方言,隐语的使用与使用者的身份、年龄、性别及使用场合等有关。《姑妄言》中隐语使用者的社会阶层不高;在使用隐语的数量、范围上,男性要远远超过女性,中青年的优势比较明显,这些都与其社会化程度有关;隐语几乎都用于私密场合,这与隐语的隐秘性一致。隐语是使用者社会身份和社会关系的标记,具有显著的社会特征。

作为词汇组成部分,隐语的形成、发展必然遵循着汉语词汇发展的基本规律,但也有其独特之处。隐语源自不同时期、不同地区、不同言语社团。隐语的造词方式既与其他汉语词汇造词方式有着相通之处,即大多是汉语词汇常用的造词方式,也有着自身的独特之处。造词方式:一是常规造词类,即派生造词法、复合造词法。二是改变形式类,包括代码式、隐缺式、换素式、融合式等,其中前两种情况的隐语是新词形新词义,都是隐语系统中的单纯词,代码式是隐语特有的构词方式。三是改变语义类,即采用常规形式,但所指发生变化,即产生新的隐语义。新的隐语义主要是通过比喻、比拟、借代等修辞方式形成的。就一般词汇而言,新词、新义是在不知不觉中逐渐产生的,具有渐变性;就隐语而言,它是社会中某个言语社团故意使用某个常规形式表达隐含的内容,无论是新词还是新义其产生具有突变性。作为一种词汇变异现象,单个隐语的形成经历了"个体词汇变异→模仿变异→言语社团变异"的过程。单个隐语产生之初具有临时性、偶然性的特点,隐喻、转喻是隐语的产生机制。在隐语形成的过程中群体的认同态度是其得以扩散的内在条件,交际的频繁则是外在条件。社会因素、交际需要等是隐语产生的原因,但社会因素最主要。

言语社团之间的不断接触,使得隐语不断"外溢","接触→接受→遵守"是隐语的传播过程中的一般形式。白话作品在促进隐语传播中起到积极作用。一般来说,进入文学作品的隐语的隐秘性大多开始呈现出弱化的态势。隐语演变的语言事实主要有消失、保留两种情况:一是隐语在汉语词汇中消失。主要有两种情况:或词形、词义都消失,成为历史词,这类情况较多;或词形不变,但因失去隐秘性,成为方言词,有的最终进入共同语。就单个隐语而言,它源自常规形式,可能会随着频繁接触而逐渐扩散,被社会群体之外的人获知,且渐传渐广,一旦失去隐秘性就有可能成为汉语词汇中新的常规形式。可见,隐语与方言(或通语)之间往往具有一定的互动性。二是隐语继续在汉语词汇中沿用。主要有两种情况:或词形、隐语义原样保留,这种情况极其少见;或部分保留,即词形不变,但隐语所指发生变化。隐语内部成员的发展演变具有不平衡性。大多数隐语在一定时间内是经常使用的较为稳定的语言形式,相对而言隐蔽性强的隐语多数情况下发展变化较慢。因为这类隐语具有很强的隐蔽性,不容易被外人获知。社会因素是隐语发展演变的主要原因之一。

第三,詈词是骂人的词语,表达比较强烈的感情,它的使用跟社会因素紧密相关。

詈词的结构类型不够丰富,以偏正式为主,某些构词语素灵活。詈词的感情色彩强,诅咒、以粗俗物或行为骂人、以低劣骂人是《姑妄言》詈词的主要语义类型。詈词的用法比较灵活,多数情况下单用,但也有单个叠用或多个连用的情况。一般情况下,叠用、连用时的感情色彩强。就整个詈词系统而言,詈词以"致詈"为主;就某个詈词而言,不同语境中部分詈词"致詈"的程度不同。

詈词的使用者遍及社会各阶层,身份、性别、场合等是考察詈词使用状况的观察项。社会身份较高的男性,一般使用的詈词数量少、类型较单一,使用的詈词具有一定的攻击性,骂詈对象往往是男性;社会身份较高的女性,尤其是家庭中比较强势的主妇,一般使用的詈词数量多,类型丰富,攻击性较强,使用对象以家庭成员为主,兼及仆人等;社会地位较低的男性,使用詈词的数量不多,但类型较为丰富,内容比较粗俗;社会地位较低的女性,使用詈词的类型较为丰富,攻击性强。权势方使用的詈词多数具有"骂意",《姑妄言》中铁氏、侯氏等在家庭里属于权势方,她们不仅打骂仆人,还打骂丈夫,使用的詈词大多骂意很强,但有时她们使用的詈词骂意不强,甚至带有亲昵的色彩,这多用于私密场合。

《姑妄言》中多数詈词源自不同历史时期,源自不同地域,方言一直是詈词的主要来源;其产生方式,主要是利用既有詈词构词语素造词,或借用已有词形造词。就詈词系统而言,虽然部分内部成员发生变化,但詈词系统变化的速度较慢。主要表现在几个方面:一是语义类型比较稳定,其中与生殖相关的詈词仍是詈词中骂詈程度较强的,多数沿用至今。二是有的詈词语素一直是詈词中较灵活的构词语素。詈词的内部结构仍以偏正式为主,且人多是名词性的,具有一定的指代作用。此外,文献中的詈词的类型、詈意强弱等主要与作者创作需要、用词习惯有关。

第四,《姑妄言》词语研究不仅为辞书编写、古籍整理提供了依据,也为社会文化史的研究提供了语言证据,还对探讨作者的身份、经历、写作旨趣等文学问题具有重要的参考价值。例如,在分析《姑妄言》的方言词、詈词、隐语、词义系统等中,我们发现作者是一个长期在南京生活,与江阴等吴语区的人关系密切,文化修养不高的底层文人。

今天,语言变异理论是主流语言学理论之一,从社会角度研究语言变异是语言学研究的重要范式。语言变异研究主要采用观察、实验、语料库等对现代汉语口语中语音、词汇、语法等层面展开研究。语言学家们既要关心现实生活中的语言变异和变化,也要关注历史上的语言变异和变化[①]。词汇变异现象研究是语言变异研究的重要内容。隐语主要是一种与社会因素密切相关的词汇变异现象,是一种较好的语言变异研究对象。文献研究法是一种很好的"非接触性"的研究方法[②],近代汉语专书词汇研究,目前除了要继续重

---

① 徐大明、蔡冰:《语言变异与变化》,上海:上海教育出版社,2006年,第5页。
② 秦伟、吴军等:《社会科学研究方法》,成都:四川人民出版社,2000年,第186页。

视普通词语的研究外，还要关注隐语之类社会方言词的研究。明清时期是隐语发展的重要阶段，明清白话小说中隐语数量多、形式丰富，能全面地反映明清隐语的状态，是隐语研究必不可少的语料。我们可以把明清白话小说作为语料，用语言变异理论观照其中的隐语，这是近代汉语研究的重要课题，是隐语研究的新视角，也将是我们今后继续进行的研究工作。

此外，本研究目前仅以五个概念场为个案分析，对该书的词义系统研究而言，深度、广度都远远不够。从《姑妄言》选取更多代表性的概念场，借鉴相关理论知识，对其展开更广、更深的研究也是我们今后要继续进行的研究工作。

参 考 文 献

一、著作类

［东汉］许　慎：《说文解字》，北京：中华书局，2012年。

［南朝］梁宗懔：《荆楚岁时记》，长沙：岳麓书社，1986年。

［南朝］刘　勰：《文心雕龙》，上海：上海古籍出版社，1980年。

［明］顾起元：《客座赘语》，北京：中华书局，1987年。

［明］王　圻、王思义：《三才图会》，上海：上海古籍出版社，2011年。

［明］顾炎武著，陈垣校注：《日知录校注》，合肥：安徽大学出版社，2007年。

［清］段玉裁：《说文解字注》，上海：上海古籍出版社，2010年。

［清］龚　炜：《巢林笔谈》，北京：中华书局，1981年。

［清］顾张思：《土风录》，上海：上海古籍出版社，2015年。

［清］桂　馥：《札朴》，北京：中华书局，1992年。

［清］胡文英著，徐复校议：《吴下方言考校议》，南京：凤凰出版社，2012年。

［清］李　渔：《闲情偶寄》，北京：中华书局，2007年。

［清］刘廷玑：《在园杂志》，北京：中华书局，2005年。

［清］孙锦标：《通俗常言疏证》，北京：中华书局，2000年。

［清］赵　翼：《陔余丛考》，北京：中华书局，2006年。

［清］福　格：《听雨丛谈》，北京：中华书局，2007年。

［清］钱德苍：《缀白裘》，北京：中华书局，2005年。

［清］叶梦珠：《阅世编》，北京：中华书局，2007年。

［清］翟　灏：《通俗编》，北京：商务印书馆，1988年。

曹　炜：《现代汉语词汇研究（修订本）》，广州：暨南大学出版社，2010年。

陈长书：《〈国语〉词汇研究》，北京：中国社会科学出版社，2014年。

陈　克：《中国语言民俗》，天津：天津人民出版社，1993年。

陈松岑：《语言变异研究》，广州：广东教育出版社，1999年。

陈益源：《从〈娇红记〉到〈红楼梦〉》，沈阳：辽宁古籍出版社，1996年。

陈　原：《社会语言学》，上海：学林出版社，1983年。

程湘清：《宋元明汉语研究》，济南：山东教育出版社，1992年。

崔山佳：《宁波方言词语考释》，重庆：巴蜀书社，2007年。

董秀芳：《词汇化：汉语双音词的衍生与发展（修订本）》，北京：商务印书馆，2011年。

董志翘：《〈入唐求法巡礼行记〉词汇研究》，北京：中国社会科学出版社，2000年。

董志翘：《中古近代汉语探微》，北京：中华书局，2007年。

方龄贵：《元明戏曲中的蒙古语》，昆明：云南人民出版社，2014年。

方一新：《中古近代汉语词汇学》，北京：商务印书馆，2010年。

方一新：《东汉魏晋南北朝史书词语笺释》，黄山：黄山书社，1997年。

符淮青：《现代汉语词汇》，合肥：安徽教育出版社，1985年。

符淮青：《汉语词汇学史》，北京：外语教学与研究出版社，2012年。

傅憎享：《金瓶梅隐语揭秘》，天津：百花文艺出版社，1993年。

葛本仪：《现代汉语词汇学（修订本）》，济南：山东人民出版社，2001年。

郭风岚：《语言变异与语言应用研究》，北京：北京语言大学出版社，2007年。

郭　熙：《中国社会语言学（第3版）》，北京：商务印书馆，2013年。

郭作飞：《〈张协状元〉词汇研究》，成都：巴蜀书社，2008年。

韩书瑞、罗友枝：《十八世纪中国社会》，南京：江苏人民出版社，2008年。

郝志伦：《汉语隐语论纲》，成都：巴蜀书社，2001年。

江蓝生：《近代汉语探源》，北京：商务印书馆，2000年。

姜亮夫：《昭通方言疏证》，上海：上海古籍出版社，1990年。

蒋冀骋、吴福祥：《近代汉语纲要》，长沙：湖南教育出版社，1997。

蒋冀骋：《近代汉语词汇研究》，长沙：湖南教育出版社，1991年。

蒋冀骋：《近代汉语词汇研究（增订本）》，北京：商务印书馆，2019年。

蒋礼鸿：《敦煌变文字义通释》，上海：上海古籍出版社，1981年。

蒋绍愚：《古汉语词汇纲要》，北京：北京大学出版社，1989年。

蒋绍愚：《近代汉语研究概况》，北京：北京大学出版社，1994年。

蒋绍愚：《汉语历史词汇学概要》，北京：商务印书馆，2015年。

蒋绍愚：《近代汉语研究概要》，北京：北京大学出版社，2005年。

蒋绍愚：《唐诗语言研究》，北京：语文出版社，2008年。

雷冬平：《近代汉语常用双音虚词演变研究及认知分析》，北京：中国社会科学出版社，2008 年。

李福印：《认知语言学概论》，北京：北京大学出版社，2008 年。

李　申、王本灵：《〈汉语大词典〉研究》，北京：商务印书馆，2015 年。

李仕春：《汉语构词法和造法研究》，北京：语文出版社，2011 年。

李学勤：《字源》，天津：天津古籍出版社，2013 年。

李宗江：《汉语常用词演变研究（第二版）》，上海：上海教育出版社，2016 年。

刘福根：《汉语詈词研究——汉语骂詈小史》，杭州：浙江人民出版社，2008 年。

刘叔新：《汉语描写词汇学（重排本）》，北京：商务印书馆，2005 年。

陆澹安：《戏曲词语汇释》，上海：上海古籍出版社，1981 年。

吕叔湘：《汉语语法论文集（增订本）》，北京：商务印书馆，1999 年。

吕叔湘：《吕叔湘文集》，北京：商务印书馆，1990 年。

马清华：《文化语义学》，南昌：江西人民出版社，2000 年。

马庆株：《现代汉语》，北京：中国社会科学出版社，2010 年。

潘庆云：《中华隐语大全》，上海：学林出版社，1995 年。

齐　浚：《持守与嬗变——明清社会思潮与人情小说研究》，济南：齐鲁书社，2008 年。

秦　伟、吴　军等：《社会科学研究方法》，成都：四川人民出版社，2000 年。

曲彦斌：《中国隐语行话大辞典》，沈阳：辽宁教育出版社，1995 年。

曲彦斌：《汉语历代隐语汇释》，北京：研究出版社，2020 年。

邵燕梅：《现代汉语隐语研究语言》，北京：中国社会科学出版社，2021 年。

石　锓：《汉语形容词重叠形式的历史发展》，北京：商务印书馆，2010 年。

束定芳：《认知语义学》，上海：上海外语教育出版社，2008 年。

孙维张：《汉语社会语言学》，贵阳：贵州人民出版社，1991 年。

汪维辉：《汉语词汇史》，上海：中西书局，2021 年。

汪维辉：《东汉——隋常用词演变研究》，南京：南京大学出版社，2000 年。

王宝红、俞理明：《清代笔记小说俗语词研究》，成都：巴蜀书社，2012 年。

王光汉：《词典问题研究》，合肥：安徽大学出版社，2010 年。

王　力：《汉语史稿》，北京：中华书局，1980 年。

王希杰：《汉语修辞学》（第 3 版），北京：商务印书馆，2014 年。

王学奇、王静竹：《宋金元明清曲辞通释》，北京：语文出版社，2002 年。

王　锳：《近代汉语词汇语法散论》，北京：商务印书馆，2004 年。

王　锳：《宋元明市语汇释（修订增补本）》，北京：中华书局，2008 年。

王云路：《中古汉语词汇史》，北京：商务印书馆，2010 年。

文孟君：《骂詈语》，北京：新华出版社，1998 年。

吴福祥、王云路：《汉语语义演变研究》，北京：商务印书馆，2015 年。

吴量恺：《清代经济史研究》，武汉：华中师范大学出版社，1991 年。

吴为善、严慧仙：《跨文化交际概论》，北京：商务印书馆，2009 年。

向　楷：《世情小说史》，杭州：浙江古籍出版社，1998 年。

向　熹：《简明汉语史（修订本）》，北京：高等教育出版社，2010 年。

邢永革：《明代前期白话语料词汇研究》，南京：凤凰出版社，2017 年。

徐朝华：《上古汉语词汇史》，北京：商务印书馆，2003 年。

徐大明、蔡　冰：《语言变异与变化》，上海：上海教育出版社，2006 年。

徐大明、陶红印、谢天蔚：《当代社会语言学》，北京：中国社会科学出版社，1997 年。

徐　珂：《清稗类钞》，北京：中华书局，1986 年。

徐时仪：《〈朱子语类〉词汇研究》，上海：上海古籍出版社，2013 年。

徐时仪：《古白话词汇研究论稿（修订本）》，北京：商务印书馆，2021 年。

徐时仪：《汉语白话史（第二版）》，北京：北京大学出版社，2015 年。

徐时仪：《近代汉语词汇学》，广州：暨南大学出版社，2013 年。

徐通锵：《历史语言学》，北京：商务印书馆，1991 年。

徐通锵：《语言学是什么》，北京：北京大学出版社，2007 年。

许政扬：《评新出〈水浒〉的注解》，《许政扬文存》，北京：中华书局，1984 年。

薛　亮：《明清稀见小说汇考》，北京：社会科学文献出版社，1999 年。

杨爱姣：《近代汉语三音词研究》，武汉：武汉大学出版社，2005 年。

杨端志：《汉语词义的探析》，济南：山东大学出版社，2002 年。

杨　琳：《汉语俗语词词源研究》，北京：商务印书馆，2020 年。

殷晓杰：《明清山东方言词汇研究——以〈金瓶梅词话〉〈醒世姻缘传〉〈聊斋俚曲〉为中心》，北京：中国社会科学出版社，2011 年。

俞理明：《汉语缩略研究——缩略：语言符号的再符号化》，成都：巴蜀书社，2005 年。

游汝杰、邹嘉彦：《社会语言学教程（第 3 版）》，上海：复旦大学出版社，2016 年。

袁　宾：《近代汉语概论》，上海：上海教育出版社，1992 年。

遇笑容：《〈儒林外史〉词汇研究》，北京：北京大学出版社，2001 年。

张美兰：《近代汉语论稿》，南昌：江西教育出版社，2004 年。

张美兰：《明清域外官话文献语言研究》，长春：东北师范大学出版社，2011 年。

张永言：《词汇学简论》，武汉：华中工学院出版社，1982 年。

张志毅、张庆云：《词汇语义学》（第三版），北京：商务印书馆，2012 年。

赵　明：《明清汉语外来词史研究》，厦门：厦门出版社，2016 年。

赵艳芳：《认知语言学概论》，上海：上海教育出版社，2000 年。

中国戏曲研究院：《中国古典戏曲论著集成》，北京：中国戏剧出版社，1959 年。

周　荐：《词汇学词典学研究》，北京：商务印书馆，2004 年。

周琳娜：《词的嬗变研究：以清代为例》，沈阳：辽宁人民出版社，2016 年。

祝畹瑾：《社会语言学概论》，长沙：湖南教育出版社，1992 年。

［英］帕默尔著，李　荣等译：《语言学概论》，北京：商务印书馆，2013 年。

［日］太田辰夫：《中国语历史文法（修订译本）》，蒋绍愚、徐昌华译，北京：北京大学出版社，2003 年。

［美］威廉·拉波夫：《语言变化原理：社会因素》，石锋、魏芳、温宝莹译，北京：商务印书馆，2021 年。

二、论文类

（一）期刊论文

白维国：《〈金瓶梅词话〉切口语的构成》，《语言研究》1995 年第 2 期。

白维国：《〈金瓶梅〉和市语》，《明清小说论丛》1986 年第 4 期。

鲍明炜：《南京方言历史演变初探》，《语言研究辑刊（第一辑）》，南京：江苏教育出版社，1986 年。

曹聪孙：《汉语隐语说略》，《中国语文》1992 年第 1 期。

曹廷玉：《近代汉语同素逆序同义词探析》，《暨南学报（哲学社会科学）》2000 年第 5 期。

曹小云：《〈唐律疏议〉同素异序双音词研究》，《安徽理工大学学报（社会科学版）》2009 年第 4 期。

曹小云、甘小明：《"砍"字出现时代考》，《贺州学院学报》2013 年第 2 期。

曹　炜：《关于汉语隐语的几个问题——兼论隐语与黑话的区别》，《学术月刊》

2005 年第 4 期。

　　晁　瑞：《〈元刊杂剧三十种〉三音节词语构词研究》，《淮阴师范学院学报》2010 年第 6 期。

　　陈昌来：《中国语言学史研究的现状和思考》，《上海师范大学学报（哲学社会科学版）》2018 年第 3 期。

　　陈家愉：《〈红楼梦〉中"蹄子"的源流及用法，曹雪芹研究》2019 年第 2 期。

　　陈　辽：《奇书〈姑妄言〉及其作者曹去晶》，《南京理工大学学报（社会科学版）》1999 年第 5 期。

　　陈明娥：《敦煌变文同素异序词的特点及成因》，《中南大学学报（社会科学版）》2004 年第 5 期。

　　陈明富：《〈老残游记〉清代口语词例释》，《南京理工大学学报（社会科学版）》2010 年第 1 期。

　　陈明富：《"泼"作为詈词演变轨迹考察》，《天中学刊》2013 年第 5 期。

　　陈伟武：《骂詈行为与汉语詈词探论》，《中山大学学报（社会科学版）》1992 年第 4 期。

　　陈卫恒：《从文献资料看"王八"的形成过程——兼与杨琳先生商榷》，《中国文化研究》2010 年第 4 期。

　　陈秀兰：《敦煌变文与汉语常用词演变研究》，《古汉语研究》2001 年第 9 期。

　　陈益源：《〈中国通俗小说总目提要〉补遗》，《明清小说研究》1997 年第 2 期。

　　陈益源：《丁日昌的刻书与禁书》，《明清小说研究》1997 年第 2 期。

　　陈益源：《〈姑妄言〉素材来源二考》，《明清小说研究》1997 年第 4 期。

　　陈章太：《略论我国新时期的语言变异》，《语言教学与研究》2002 年第 2 期。

　　程志兵、赵红梅：《〈近代汉语大词典〉部分词语释义、立目商榷》，《西南交通大学学报（社会科学版）》2012 年第 5 期。

　　崔溶澈：《曹去晶的〈姑妄言〉——新发掘的清代艳情小说》，《学海》1999 年第 3 期。

　　崔山佳：《再说"跳槽"》，《汉字文化》2008 年第 5 期。

　　刁晏斌：《新时期语法变异现象研究述评》，《语言文字应用》2003 年第 5 期。

　　丁崇明：《语言变异的部分原因及变异种类》，《北京师范大学学报（人文社会科学版）》2000 年第 6 期。

　　丁喜霞：《关于"常用词演变研究"命题的思考》，《语言研究》2013 年第 3 期。

丁喜霞：《论常用词的层级性》，《洛阳师范学院学报》2014 年第 4 期。

丁喜霞：《〈杂字类编〉的汉语词汇及其汉语史价值》，《河南大学学报（社会科学版）》2020 年第 1 期。

丁小豹：《"夯货"之"夯"音义考》，《河北科技师范学院学报（社会科学版）》2014 年第 4 期。

董国炎：《论〈清风闸〉的演变及其意义》，《黑龙江社会科学》2008 年第 1 期。

董志翘、赵家栋：《也谈晋语"竖"的语义来源》，《辞书研究》2012 年第 6 期。

杜启联：《多元视域下语言变异的分类研究》，《新乡学院学报》2016 年第 1 期。

樊中元：《〈儿女英雄传〉四音节重叠式研究》，《广西师范大学学报（哲学社会科学版）》2009 年第 1 期。

方　梅：《汉语对比焦点的句法表现手段》，《中国语文》1995 年第 4 期。

冯　帅：《从〈红楼梦〉看"奶奶"称谓语语用流变及原因》，《法制博览》2018 年第 27 期。

傅憎享：《〈金瓶梅〉隐语揭秘》，《社会科学辑刊》1990 年第 5 期。

傅憎享：《论〈金瓶梅〉的骂语与骂俗》，《学术交流》1990 年第 2 期。

傅憎享：《歇后语杂碎姑妄言》，《社会科学辑刊》2002 年第 1 期。

傅憎享：《雪芹脂叔去晶姑妄言》，《保定师范专科学校学报》2004 年第 3 期。

高国藩：《市语的文化内涵及其现实意义——〈江湖市语〉序》，《盐城师范学院学报（人文社会科学版）》2009 年第 1 期。

高　岩：《清代四川契约文书词语考释二则》，《齐齐哈尔大学学报（哲学社会科学版）》2015 年第 9 期。

龚　逸：《曹雪芹〈红楼梦〉创作时间探讨》，《红楼梦学刊》2018 年第 4 期。

郭风岚：《北京话话语标记"这个""那个"的社会语言学分析》，《中国语文》2009 年第 5 期。

郝志伦：《论生殖隐语与原始禁忌》，《贵州师范大学学报（社会科学版）》1994 年第 3 期。

贺卫国：《〈中国古代孤本小说〉词语札记》，《河池学院学报》2012 年第 1 期。

贺卫国：《晋词"兔子"考》，《广西民族师范学院学报》2011 年第 4 期。

何天杰：《〈姑妄言〉的启示》，《华南师范大学学报（社会科学版）》1997 年第 6 期。

何新华：《〈红楼梦〉骚达子词义考析》，《红楼梦学刊》2014 年第 4 期。

何自然、吴东英：《内地与香港的语言变异和发展》，《语言文字应用》1999 年第

4 期。

胡剑波:《我国詈语研究综述》,《西南农业大学学报(社会科学版)》2009 年第
2 期。

黄德烈:《〈红楼梦〉詈词描写的审美价值》,《学术交流》1994 年第 2 期。

黄廷富:《〈姑妄言〉校点本的几个问题》,《古籍整理研究学刊》2007 年第 2 期。

黄　星:《隐语研究的认知语用学视角》,《西南民族大学学报(人文社科版)》2008
年第 S2 期。

回达强:《〈姑妄言〉与南京回族史料》,《中文自学指导》2009 年第 3 期。

贾海建:《明代小说家清溪道人考辨》,《明清小说研究》2013 年第 2 期。

江结宝:《骂詈的构成与分类》,《安庆师范学院学报(社会科学版)》2000 年第
1 期。

江结宝:《骂语词"狗"的文化内涵阐释》,《安庆师范学院学报(社会科学版)》2004
年第 4 期。

蒋绍愚:《打击义动词的词义分析》,《中国语文》2007 年第 5 期。

蒋绍愚:《汉语词义和词汇系统的历史演变初探》,《北京大学学报(哲学社会科学
版)》2006 年第 4 期。

蒋绍愚:《汉语史的研究和汉语史的语料》,《语文研究》2019 年第 3 期。

蒋绍愚:《近代汉语研究的新进展》,《陕西师范大学学报(哲学社会科学版)》2018
年第 3 期。

蒋绍愚:《常用词演变研究的一些问题》,《汉语学报》2021 年第 4 期。

金茗竹、邹德文:《朝鲜系列汉语教科书〈骑着一匹〉疑难词语考释》,《黑龙江社会
科学》2016 年第 6 期。

李　朵:《古代汉语詈语中的文化蕴含》,《黔南民族师专学报》1999 年第 2 期。

李　平:《〈红楼梦〉詈词"忘八"及其跨文化传播》,《红楼梦学刊》2015 年第 5 期。

李淑兰、付金高:《〈醉醒石〉研究综述》,《宁夏大学学报》2008 年第 6 期。

李兴华:《南京伊斯兰教研究》,《回族研究》2005 年第 2 期。

李宇明:《析字构词——隐语构词法研究》,《语言研究》1995 年第 4 期。

林华东:《从复合词的"异序"论汉语的类型学特征》,《泉州师范学院学报(社会科
学版)》2004 年第 3 期。

刘宝霞:《程高本〈红楼梦〉异文与词汇研究》,《红楼梦学刊》2012 年第 3 期。

刘丹青:《〈南京方言词典〉引论》,《方言》1994 年第 2 期。

刘福根：《汉语詈词浅议》，《汉语学习》，1997年第3期。

刘福根：《〈红楼梦〉詈语使用分析》，《浙江教育学院学报》2007年第5期。

刘敬林：《"泼皮破落户""辣子"释义辨正》，《红楼梦学刊》2014年第5期。

刘　曼：《同义词"好、喜、爱"的平行演化》，《合肥师范学院学报》2015年第2期。

刘艳玲：《〈醒世姻缘传〉詈词使用状况的考察》，《常熟理工学院学报》2011年第1期。

刘艳玲：《〈醒世姻缘传〉詈词的分类考察》，《蒲松龄研究》2011年第4期。

刘艳玲：《〈醒世姻缘传〉詈词的分类考察（续）》，《蒲松龄研究》2012年第1期。

刘艳玲：《〈醒世姻缘传〉詈词的分类考察（续）》，《蒲松龄研究》2012年第2期。

刘中富：《秘密语社会化的表现及其原因》，《汉语学习》1997年第1期。

刘中富：《汉字字形特点与秘密语造词》，《汉字文化》2003年第3期。

刘中富：《成语的界定与成语的层次性》，《山东师范大学学报（人文社会科学版）》2016年第4期。

卢海鸣：《六朝时期南京方言的演变》，《南京社会科学》1991年第2期。

陆忠发：《释"箸"》，《古汉语研究》2000年第2期。

路彩霞：《百无禁忌嫁娶忙——清代北方"乱岁"婚俗考察》，《民俗研究》2004年第1期。

罗　杰：《〈姑妄言〉中云南竹枝词的跨文化书写策略》，《西南石油大学学报（社会科学版）》2017年第5期。

吕俭平：《〈海国图志〉中外来词的特点》，《邵阳学院学报（社会科学版）》2020年第4期。

米寿江：《南京回族地域性历史文化特征》，《回族研究》1996年第1期。

聂志平：《〈儿女英雄传〉中的ABB式状态词及其在现代汉语中的继承与发展》，《浙江师范大学学报（社会科学版）》2019年第2期。

牛鹏桦：《社会语言学视角下当今社会中"逼"类词的语义内涵研究》，《汉字文化》2021年第1期。

潘国英：《动词AABB重叠式语法构成探源》，《湖州师范学院学报》2018年第7期。

潘洪钢：《清代的赌博与禁赌》，《江汉论坛》2008年第9期。

潘　攀：《〈金瓶梅词话〉ABB、AABB构词格》，《华中师范大学学报（哲学社会科学版）》1997年第4期。

乔全生：《山西方言的几个晋语后缀》，《方言》1996 年第 2 期。

曲彦斌：《汉语民间秘密语（隐语行话）语法概要（上）》，《文化学刊》2014 年第 2 期。

曲彦斌：《汉语民间秘密语（隐语行话）语法概要（下）》，《文化学刊》2014 年第 3 期。

曲彦斌：《〈江湖切要〉原出明人所辑再考》，《文化学刊》2018 年第 5 期。

任广世：《清代连厢艺术形态考》，《文化遗产》2008 年第 4 期。

容肇祖：《反切的秘密语》，《歌谣》1924 年第 52 期。

桑　哲：《〈三国演义〉骂詈语的类型、特色和接受》，《明清小说研究》2017 年第 4 期。

邵燕梅：《论隐语与相关术语的关系与区分》，《山东师范大学学报（人文社会科学版）》2013 年第 6 期。

邵燕梅：《汉语基本隐语造词手段与造词法分析》，《文化学刊》2014 年第 2 期。

申　畅：《明代中州小说大家方汝浩及其代表作〈禅真逸史〉》，《河南师范大学学报（哲学社会科学版）》1991 年第 1 期。

苏日娜：《简析"白马乌牛"盟的刑牲意义》，《赤峰学院学报》2015 年第 12 期。

孙华先：《〈红楼梦〉中"辣子"词义分析》，《古汉语研究》2003 年第 1 期。

滕华英：《"龟"类詈词的文化阐释》，《湖北科技学院学报》2004 年第 10 期。

童芳华：《高安方言詈词的民俗内涵》，《湖北第二师范学院学报》2019 年第 3 期。

王宝红：《清代笔记中的藏语、蒙古语》，《西藏民族学院学报（哲学社会科学版）》2010 年第 4 期。

王绍新：《〈红楼梦〉词汇与现代汉语词汇的词形异同研究》，《中国语文》2001 年第 2 期。

王绍新：《〈红楼梦〉词汇与现代词汇的词义比较研究》，《语言教学与研究》2002 年第 3 期。

汪维辉：《论词的时代性和地域性》，《语言研究》2006 年第 2 期。

汪维辉：《〈红楼梦〉前 80 回和后 40 回的词汇差异》，《古汉语研究》2010 年第 3 期。

汪维辉、秋谷裕幸：《汉语"站立"义词的现状与历史》，《中国语文》2010 年第 4 期。

汪维辉：《近代汉语中的"～老"系列词》，《古汉语研究》2013 年第 3 期。

汪维辉：《说"困（睏）"》，《古汉语研究》2017 年第 2 期。

汪维辉：《汉语史研究要重视语体差异》，《南京师范大学文学院学报》2020 年第 1 期。

汪维辉、史文磊：《汉语历史词汇学的回顾与展望》，《辞书研究》2022 年第 3 期。

王长友：《〈姑妄言〉的语言特色》，《明清小说研究》1999 年第 4 期。

王长友：《〈姑妄言〉与江阴》，《明清小说研究》2006 年第 2 期。

王长友：《〈姑妄言〉与南京地域文化》，《明清小说研究》2008 年第 2 期。

王长友：《关于周越然与〈姑妄言〉残抄本和残刊本》，《文献》2000 年第 2 期。

王焕彪：《北方官话方言词"行子"考释》，《大庆师范学院学报》2012 年第 5 期。

王　静：《〈儿女英雄传〉儿化词浅析》，《安庆师范学院学报（社会科学版）》2010 年第 4 期。

王　琪：《从"箸"演变到"筷子"的再探讨》，《古汉语研究》2008 年第 1 期。

王希杰：《论黑话》，《河池师专学报（文科版）》1990 年第 1 期。

王　阳：《元代买地券称谓词语考释》，《成都大学学报（社会科学版）》2021 年第 1 期。

王迎春、谭景春：《谈谈异形词整理中的理据性原则》，《语言文字应用》2021 年第 4 期。

王永健：《〈红楼梦〉与〈姑妄言〉》，《东南大学学报（哲学社会科学版）》2005 年第 3 期。

王永健：《集中攻击晚明恶习的世情小说——曹去晶〈姑妄言〉思想内容初探》，《福州师专学报》2001 年第 1 期。

王永健：《略论〈姑妄言〉在明清章回小说史上的地位和影响》，《闽江学院学报》2003 年第 3 期。

吴恩祥、全晓云：《詈语的语用认知价值探讨》，《术语标准化与信息技术》2007 年第 2 期。

吴福祥：《语义演变与词汇演变》，《古汉语研究》2019 年第 4 期。

伍皓洁：《"砍"对"斫"的历时替换小考》，《兰州教育学院学报》2013 年第 3 期。

肖永凤：《〈红楼梦〉中的贵州方言词语释例》，《六盘水师范学院学报》2014 年第 5 期。

邢永革：《明代前期汉语词汇特点分析——基于史部类白话语料》，《浙江师范大学学报（社会科学版）》2012 年第 4 期。

徐大明：《言语社区理论》，《中国社会语言学》2004 年第 1 期。

徐大明：《中国社会语言学的新发展》，《南京社会科学》2006 年第 2 期。

徐大明：《语言的变异性与言语社区的一致性——北方话鼻韵尾变异的定量分析》，《语言教学与研究》2008 年第 5 期。

徐时仪：《〈朱子语类〉知晓概念词语类聚考探》，《上海师范大学学报（哲学社会科学版）》2012 年第 5 期。

徐时仪：《〈朱子语类〉愚昧、痴狂概念词语类聚考探》，《陕西师范大学学报（哲学社会科学版）》2013 年第 5 期。

徐时仪：《〈朱子语类〉欺骗概念词语类聚考探》，《江西科技师范大学学报》2013 年第 3 期。

徐时仪：《〈朱子语类〉执拗概念词语类聚考》，《南阳师范学院学报》2017 年第 2 期。

徐时仪：《古白话的形成与发展考探》，《陕西师范大学学报（哲学社会科学版）》2017 年第 1 期。

徐通锵：《语言变异研究和语言研究方法论的转折（上）》，《语文研究》1987 年第 4 期。

徐通锵：《语言变异的研究和语言研究方法论的转折（下）》，《语文研究》1988 年第 1 期。

徐文堪：《略论〈汉语大词典〉的特点和学术价值》，《辞书研究》1994 年第 3 期。

颜洽茂、王浩垒：《"拦截"概念场主导词的历时更替》，《浙江大学学报（人文社会科学版）》2012 年第 5 期。

杨爱娇：《近代汉语三音词发展原因试析》，《武汉大学学报（人文社会科学版）》2000 年第 4 期。

杨　琳：《"跳槽"考源》，《中国语言文字研究》2016 年第 2 期。

杨　琳：《龟、鸭、王八语源考》，《中国文化研究》2006 年第 2 期。

杨　帅：《从"别敬"看晚清"官场规则"及对国家影响》，《北方文学》2017 年第 17 期。

杨同军：《谈佛教词语"业"向"孽"的嬗变》，《宗教学研究》2004 年第 4 期。

杨小平、潘文倩：《清代南部县衙档案俗语词考释五则》，《绵阳师范学院学报》2020 年第 7 期。

杨玉芹：《传统曲牌"倒搬桨"考略》，《艺术教育》2008 年第 5 期。

杨振华：《近代汉语"丢弃"概念场动词的历时演变考察》，《语文研究》2016 年第

1 期。

　　尹　群:《汉语詈语的文化蕴含》,《汉语学习》1996 年第 2 期。

　　殷晓杰:《再谈"人客"》,《中国语文》2008 年第 6 期。

　　殷晓杰、吴瑞东、赵　娟、徐伟栋:《"饥""饿"历时替换考》,《浙江师范大学学报（社会科学版）》2018 年第 1 期。

　　殷晓杰、张家合:《"找""寻"的历时替换及相关问题》,《汉语学报》2011 年第 3 期。

　　殷晓杰、张家合、张文锦:《汉语"躺卧"义词的历时演变研究》,《语言研究》2019 年第 1 期。

　　殷晓杰、胡寻儿:《汉语"店铺"义词的历时演变及相关问题研究》,《古汉语研究》2021 年第 1 期。

　　曾昭聪:《论现代汉语复合词词源阐释的原则与方法》,《吉林师范大学学报（人文社会科学版）》2020 年第 3 期。

　　翟　燕:《元代 ABB 式三音词激增原因分析》,《齐鲁学刊》2006 年第 2 期。

　　张爱民:《徐州方言詈词"丈人"的词义词性变化和句法特点》,《徐州师范学院学报》1993 年第 4 期。

　　张鸿勋:《〈姑妄言〉与明清笑话——〈姑妄言〉素材探源之一》,《天水师范学院学报》2017 年第 3 期。

　　张家合:《元刊杂剧重叠构词研究》,《聊城大学学报（社会科学版）》2007 年第 3 期。

　　张美兰:《汉语常用词历时演变的新视角——以版本异文为视角》,《合肥师范学院学报》2013 年第 2 期。

　　张美兰、刘宝霞:《"遇见"义动词"碰""撞"的历时发展及地域分布》,《陕西师范大学学报（哲学社会科学版）》2014 年第 2 期。

　　张美兰:《汉语常用词演变研究与个性化语料选用》,《阅江学刊》2017 年第 6 期。

　　张生汉:《〈歧路灯〉词语杂释》,《河南大学学报（社会科学版）》2000 年第 1 期。

　　张　泰:《〈聊斋俚曲集〉同素异序词研究》,《蒲松龄研究》2017 年第 3 期。

　　张廷兴:《民间詈词詈语初探》,《民俗研究》1994 年第 3 期。

　　张　巍:《关中方言同素逆序词的历时考察及优选论分析》,《上海师范大学学报（哲学社会科学版）》2010 年第 5 期。

　　张文冠、黄沚青:《也谈"竖"及其作詈语的来源》,《西南交通大学学报（社会科学版）》2012 年第 3 期。

张文冠：《"逆鞑"考——兼谈词语考释中的三个问题》,《语文研究》2019 年第 5 期。

张文文：《〈醒世姻缘传〉同素异序词及其与现代汉语比较分析》,《汉字文化》2013 年第 1 期。

张小艳：《敦煌佛教疑伪经词语考释五则》,《中国语文》2019 年第 1 期。

张谊生：《论与汉语副词相关的虚化机制——兼论现代汉巧副词的性质、分类与范围》,《中国语文》2000 年第 1 期。

张永言、汪维辉：《关于汉语词汇史研究的一点思考》,《中国语文》1995 年第 4 期。

张月明：《释"不当"》,《辞书研究》2006 年第 4 期。

赵丽明：《湘西苗族隐语的使用情况和社会功能》,《语言·社会·文化：首届社会语言学学术讨论会文集》,北京：语文出版社,1991 年。

赵永明：《徽州契约文书词语释读》,《淮北师范大学学报(哲学社会科学版)》2018 年第 4 期。

赵永明：《敦煌契约文书特殊语词考释七则》,《西昌学院学报(社会科学版)》,2019 年第 2 期。

赵元任：《反切语八种》,《"中研院"历史语言研究所集刊》第 2 本第 3 分册,1931 年。

赵子阳、章　也：《内蒙古西部区方言晋词的分类与民俗文化》,《内蒙古师范大学学报(哲学社会科学版)》2007 年第 S1 期。

真大成：《谈当前汉语常用词演变研究的四个问题》,《中国语文》2018 年第 5 期。

周华玲、彭家法：《动词 AABB 式重叠试析》,《九江学院学报(社会科学版)》2019 年第 4 期。

周　敏：《当代汉语词汇变异的认知语用研究》,《学术交流》2013 年第 1 期。

周慎钦：《释"不当人子"》,《淮阴师范学院学报(哲学社会科学版)》1984 年第 3 期。

周志锋：《近代汉语词语探源两则》,《语言研究》2006 年第 3 期。

朱　军：《评注性副词"动不动"的用法与来源》,《语言研究》2012 年第 4 期。

朱　萍：《〈姑妄言〉的发现与研究述评》,《江淮论坛》2002 年第 6 期。

祝克懿：《论隐语及其下位类型》,《汉语学习》2003 年第 4 期。

邹秋珍、胡　伟：《"无 A 无 B"框架构式研究》,《广西社会科学》2012 年第 11 期。

祖生利：《〈景德传灯录〉的三种复音词研究》,《古汉语研究》1996 年第 4 期。

（二）学位论文

晁　瑞：《〈醒世姻缘传〉方言词研究》，南京师范大学 2006 年博士学位论文（指导教师：董志翘）。

陈羿竹：《〈高僧传〉复音词研究》，东北师范大学 2014 年博士学位论文（指导教师：傅亚庶）。

胡庆章：《〈红楼梦〉三音词研究》，东北师范大学 2019 年硕士学位论文（指导教师：彭爽）。

黄廷富：《〈姑妄言〉研究》，北京师范大学 2007 年博士学位论文（指导教师：邹宗良）。

姬　慧：《敦煌社邑文书常用动作语义场词语研究》，兰州大学 2018 年博士学位论文（指导教师：王晶波）。

李兵岩：《〈孽海花〉复音词研究》，扬州大学 2017 硕士学位论文（指导教师：谢明）。

梁　浩：《唐代几组常用动词研究》，吉林大学 2014 年博士学位论文（指导教师：武振玉）。

梁　洁：《社会语言学视域下的〈醒世姻缘传〉研究》，华中师范大学 2017 年博士学位论文（指导教师：范新干）。

刘冰洁：《〈儒林外史〉双音词研究》，南京师范大学 2007 硕士学位论文（指导教师：马景仑）。

马秀兰：《太平天国文书特色词汇研究》，山东大学 2012 年博士学位论文（指导教师：吉发涵）。

齐瑞霞：《宋代笔记俗语词研究》，山东大学 2016 年博士学位论文（指导教师：冯春田）。

罗　嬛：《〈唐话辞书类集〉及其所录词汇研究》，上海师范大学 2018 博士学位论文（指导教师：徐时仪）。

申明秀：《明清世情小说雅俗流变及地域性研究》，复旦大学 2012 年博士学位论文（指导教师：梅新林）。

肖　慧：《现代汉语词汇、语义及语法变异现象研究》，华中师范大学 2017 博士学位论文（指导教师：陈佑林）。

徐小婷：《晚清四大谴责小说称谓词语研究》，山东大学 2009 博士学位论文（指导教师：吉发涵）。

许秋华：《九部宋人笔记称谓词语研究》，山东大学 2013 年博士学位论文（指导教师：唐子恒）。

袁耀辉：《〈通俗常言疏证〉及其所录通俗词语研究》，吉林大学 2019 年博士学位论文（指导教师：禹平）。

张庆庆：《近代汉语几组常用词演变研究》，苏州大学 2007 年博士学位论文（指导教师：蔡镜浩）。

张　威：《晚清四大谴责小说词汇研究》，山东大学 2008 年博士学位论文（指导教师：杨端志）。

张　夏：《〈红楼梦〉词汇研究》，山东大学 2009 年博士学位论文（指导教师：杨端志）。

周琳娜：《清代新词新义发展演变研究》，山东大学 2009 年博士学位论文（指导教师：杨端志）。

胡庆章：《〈红楼梦〉三音词研究》，东北师范大学 2019 年硕士学位论文（指导教师：彭爽）。

（三）报刊论文

郭　醒：《也谈〈姑妄言〉的作者"曹去晶"》，《光明日报》2002 年 10 月 9 日。

三、工具书类

白维国、江蓝生、汪维辉：《近代汉语词典》，上海：上海教育出版社，2015 年。

白维国：《白话小说语言词典》，北京：商务印书馆，2011 年。

岑麒祥：《汉语外来语词典》，上海：商务印书馆，1990 年。

陈　崎：《中国秘密语大辞典》，上海：汉语大词典出版社，2002 年。

郭廉夫、丁　涛、诸葛铠：《中国纹样辞典》，天津：天津教育出版社，1998 年。

何克俭、杨万宝：《回族穆斯林常用语手册》，银川：宁夏人民出版社，2003 年。

华　夫、丁忠元、李德壎、李一行等：《中国古代名物大典》，济南：济南出版社，1993 年。

黄　霖：《金瓶梅大辞典》，成都：巴蜀书社，1991 年。

蒋宗福：《四川方言词源》，成都：巴蜀书社，2014 年。

李格非主编：《汉语大字典（简编本）》，成都：四川辞书出版社；武汉：湖北辞书出版社，1996 年。

李　荣：《现代汉语方言大词典》，南京：江苏教育出版社，1998 年。

罗竹风：《汉语大词典》，上海：汉语大词典出版社，1986—1993 年。

吕宗力、田人隆、刘　驰、李世愉等编：《中国历代官制大辞典》，北京：北京出版社，1994 年。

闵家骥、范　晓、朱　川、张嵩岳：《简明吴方言词典》，上海：上海辞书出版社，1986 年。

慕容翊：《中国古今姓氏辞典》，哈尔滨：黑龙江人民出版社，1985 年。

宁夏百科全书编纂委员会：《宁夏百科全书》，银川：宁夏人民出版社，1998 年。

钱乃荣：《上海话大语典》，上海：上海辞书出版社，2007 年。

曲彦斌：《俚语隐语行话词典》，上海：上海辞书出版社，1996 年。

曲彦斌：《中国隐语行话大辞典》，沈阳：辽宁教育出版社，1995 年。

石汝杰、宫田一郎：《明清吴语词典》，上海：上海辞书出版社，2005 年。

吴汉痴：《全国各界切口大词典》，上海：上海东陆图书公司，1924 年。

吴汉痴：《切口大词典》，上海：上海文艺出版社，1989 年。

吴新雷：《中国昆剧大辞典》，南京：南京大学出版社，2002 年。

徐复岭：《〈金瓶梅词话〉〈醒世姻缘传〉〈聊斋俚曲集〉语言词典》，上海：上海辞书出版社，2018 年。

许宝华、宫田一郎主编：《汉语方言大词典》，北京：中华书局，1999 年。

许少锋：《近代汉语大词典》，北京：中华书局，2008 年。

袁　宾、康　健：《禅宗大词典》，武汉：湖北长江出版社、崇文书局，2010 年。

翟剑波：《中国古代小说俗语大辞典》，上海：上海辞书出版社，2013 年。

张自烈、廖文英：《正字通》，北京：中国工人出版社，1999 年。

郑　恢：《事物异名分类词典》，哈尔滨：黑龙江人民出版社，2002 年。

中国社会科学院语言研究所词典编辑室：《现代汉语词典（第 7 版）》，北京：商务印书馆，2018 年。

宗富邦、陈世铙、萧海波：《故训汇纂》，北京：商务印书馆，2003 年。

后　记

拙著是在我的博士论文的基础上增删、修改而成的。

读博以及博士论文写作是我人生道路上最难忘的经历。在这段经历中，有辛苦，有收获，更有感激。时至今日，回想起来仍是感慨万千。

读博之初，我曾经为选题纠结了很久。　开始打算做《尚书》的训诂学史研究，但在资料搜集的过程中，我发现《尚书》学文献浩繁，我所熟悉的仅是其中"一粟"，基础薄弱，即便"沉浸式"学习，还是有不能按期完成论文写作的可能，何况按照惯例，读博期间我还要完成一定的教学任务，在"骨感的现实"面前，我有些畏难，再三考虑，不得不放弃。恩师钱宗武先生对我极好，同意我"另起炉灶"的想法，他以"你能写"的标准，给我提供了多条思路。多次讨论后，我决定做专书词汇研究。专书词汇研究最为关键的是语料，我花了很长时间去寻找语料，一时难以敲定。一次，朋友陈国华老师跟我提到《姑妄言》，认为该书的作者、产生时代明确，文本状况较好，语言极富口语化，是"好语料"。真是"众里寻他千百度"，我豁然开朗！购得台刊全本，抓紧细读，发现该书内容主要围绕市井小民展开，除了少数引用外，口语色彩浓厚。有的语言虽然比较粗俗，但"接地气"，与市井小民的"人设"相符，因此，最是真实。"锁定"语料后，余下的工作就"有的放矢"了。

博士论文的写作中，我得到了诸多指导与帮助。钱老师全程关注与指导我的论文写作，在我博士延期阶段常常借助微信、电话等督促我。白兆麟、张美兰、黄南津、柳宏、徐林祥、于广元等先生在我论文的开题、答辩之时提出诸多宝贵意见。朱岩老师曾是我的同事，后来又是同门，对我负笈求学的博士生涯给予莫大的帮助。朋友陈国华时常关注我论文的修改，且在我读博的延期期间,替我完成了部分教学工作,让我有更多时间与精力完成论文。

　　时间真如白驹过隙!不知不觉,博士毕业已五载。日常工作诸事繁杂,又多次参加项目申请,为了寻找新的研究点,常常是"东一榔头,西一棒子",读书较杂。尽管申请屡败屡战,但所见渐广,回头再看博士论文,发现尚有需要完善之处,便计划修改。不巧的是,患上恼人的"耳石症",修改计划被搁置。一直到去年暑假,才如愿完成修改任务。感谢上海古籍出版社给我出版这本书的机会,顾莉丹主任多次审读拙稿,并在微信上专门花时间就某些问题和我进行了讨论,提出来诸多重要的意见和建议。在此一并深表感谢。

王祖霞

2023 年 11 月于盐城师范学院